THE RECKONING

账簿与权力

[美] 雅各布 · 索尔（Jacob Soll）著　侯伟鹏　译

Financial Accountability
and the Rise and Fall of Nations

中信出版集团 | 北京

图书在版编目（CIP）数据

账簿与权力 /（美）雅各布 · 索尔著；侯伟鹏译
. -- 北京：中信出版社，2020.5
书名原文：The Reckoning: Financial
Accountability and the Rise and Fall of Nations
ISBN 978-7-5217-0838-7

Ⅰ. ①账… Ⅱ. ①雅… ②侯… Ⅲ. ①会计史－研究
－世界 Ⅳ. ① F23-091

中国版本图书馆 CIP 数据核字 (2019) 第 227994 号

账簿与权力

著　　者：[美] 雅各布 · 索尔
译　　者：侯伟鹏
出版发行：中信出版集团股份有限公司
（北京市朝阳区惠新东街甲 4 号富盛大厦 2 座　邮编　100029）
承 印 者：北京诚信伟业印刷有限公司

开　　本：787mm × 1092mm　1/16　　印　　张：20.75
字　　数：264 千字　　插　　页：16 面
版　　次：2020 年 5 月第 1 版　　印　　次：2020 年 5 月第 1 次印刷
京权图字：01-2014-3996　　广告经营许可证：京朝工商广字第 8087 号
书　　号：ISBN 978-7-5217-0838-7
定　　价：79.00 元

本书献给玛格丽特·雅各布（Margaret Jacob）

目录

引言　001

第一章　早期会计核算、政治和财务问责简史　011
第二章　既要信仰，也要金钱　027
第三章　辉煌美第奇：警世之歌　043
第四章　数学家、朝臣及世界之主　067
第五章　荷兰式审计　095
第六章　会计师与太阳王　117
第七章　首次救助　135
第八章　“名声与利润”：全靠韦奇伍德花瓶　155
第九章　巨额债务、天量数据及法国大革命　173
第十章　自由的代价　193
第十一章　铁路公司　215
第十二章　狄更斯迷局　231
第十三章　审判日　245

结语　265
致谢　271
注释　275
参考文献　303

引言

2008年9月，我刚刚写完一本书，那本书讲述的是法国国王路易十四（Louis XIV）手下广为人知的财务大臣让-巴普蒂斯特·柯尔贝尔（Jean-Baptiste Colbert），我发现了一个值得注意的现象：柯尔贝尔接受委托，为太阳王（Sun King）提供微型的金制账簿，以方便国王放在大衣口袋里随身携带。从1661年开始，路易十四会每年两次收到这类账簿，了解自己的开销、收入和资产状况。这是历史上首次君王对会计核算表现出如此大的关注。因此，这看起来就成了现代政治和问责的发端：一位随身携带会计记录簿的国王，随时可以对自己的统治疆域进行推算。

随后我意外得知，这场实验是如此的短命。1683年，柯尔贝尔一死，路易十四就把这些账簿抛在了一旁。由于他好大喜功，经常发动战争，军费支出不菲，他大兴土木，修建凡尔赛宫等的花销惊人，国家财政收支一直处于赤字状态。路易十四并不认为会计账簿是实施有效管理的财务工具，而认为这是自己为君失败的切实证明。他曾经创立了一套会计记账和可靠诚信的账簿体系，而后来，他又开始破坏王国的中央集权。其后果就是没人能够将各部门的账户记录整合起来，形成一套清晰、集中的会计账簿，而此前的柯尔贝尔曾经做到过这一点。这种做法的后果还不止于此，没有哪个部长可以评论国王的财政状况，更不用说要把它搞清楚了。如果好的会计记录意味着当情况不妙的时候要勇敢面对现实，对路易十四来说，看起来他更喜欢懵懂无知。作为曾经说出“朕即国家”（L’Etat c’est moi）这句名言的人，他显然确实是这么认为的。再也没有任何势力能够干涉他的个人意志了。1715，在临终之时，路易十四承认，他实际上已经把法兰西挥霍一空了。

有关路易十四的起起落落，并不是岁月流走的残垣断壁，对我来说，在我研究太阳王的黄金账簿的过程中，这段经历更像是一段熟悉的过往。也正是在2008年9月的那一周，随着雷曼兄弟银行（Lehman Brothers Bank）的倒塌，一段同样令人诧异的类似故事正在上演。作为美国乃至世界资本市场的象征，雷曼公司突然之间看起来就如同海市蜃楼一般虚幻。路易十四曾经扼杀政府治理中好的会计记账举措，以此牢牢抓住统治的权力，与此类似，美国的这些投资银行也曾经积聚起无数的财富，但采取的手段是通过那些估值过高的次级抵押债券和信用违约掉期产品交易，伪造会计记录，因此给公司带来了灭顶之灾。这套曾经被会计师和监管者等认为健康稳健的金融体系，如今向人们展示的，却是从制度设计上就天然存在缺失。

如果说路易十四更希望不去了解真相，那对于华尔街及其监管者来说，看起来他们选择性地忽视了那些可能危及整个金融体系的风险根源。说到纽约联邦储备银行（New York Federal Reserve）主席蒂莫西·盖特纳（Timothy Geithner），人们认为他至少应当具备金融市场的专业知识，但看起来，他不知道或者至少不完全知道，距离自己几个街区之外的地方正在发生着什么。对美国证券交易委员会（The Securities and Exchange Commission，简写为SEC）来说，其职责是把优秀的企业会计实践推广开来，但人们发现它同样毫无知觉，正如当时四大会计师事务所德勤（Deloitte）、安永（Ernst &

Young）、毕马威（KPMG）和普华永道（PricewaterhouseCoopers）一样。从表面来看，没有人曾经对银行账户实施过有效的审计。他们都没有发觉那些一眼望去就能看到的事实，即雷曼兄弟公司利用会计舞弊来操纵会计记录，使公司表面上满足了偿付能力的要求。[1]

就在2008年9月雷曼兄弟公司倒闭后不久，其他几家美国投资银行也开始倒塌，世界金融体系面临着崩坏的威胁。2008年10月，布什政府介入，对银行实施救助并为金融体系提供支撑。之后通过的问题资产救助计划（Troubled Asset Relief Program，简写为TARP），为那些出现问题的银行提供了大量资金，为美国的资本主义经济打上了政府支撑的烙印。2009年，贝拉克·奥巴马（Barack Obama）成为总统，任命盖特纳为美国财政部部长（Secretary of the Treasury）。但是，尽管奥巴马呼吁推动美国进入会计诚信的新时代，华尔街依然弥漫着免受惩罚的不良心态。对美国银行体系3 500亿美元的注资，成功避免了金融体系的崩坏，消除了对世界经济的拖累威胁。但是，国家对这些注资并没有什么约束，对于银行如何使用这些资金，也从来没有实施过任何审计。美国经济磕磕绊绊，但对这些银行来说，至少它们逃避了一次账目清算。

6年之后，因不良会计记录影响导致遭受金融危机冲击的，已经不再限于银行机构了。对于美国、欧盟和中国等大的经济体来说，它们发现，在会计演算和诚信记录方面各自面临着更大的风险。从希腊、葡萄牙、西班牙和意大利的遮遮掩掩的银行记录和主权债务问题，到世界范围内的政府救助，对于资产负债表和各类报告中的负债水平和养老责任，其可信程度越发令人怀疑。人们对私人审计师和公共监管者的信心也在不断削弱。就在我们最需要细致审计以便对资产负债表进行评估的关键时刻，SEC却面临着费用不足的问题，同时，政府监管机构也在限制当时四大会计师事务所对公司实施过度审计。

不管是在私下还是在公众场合，对于极度脆弱的财务问责制度，人们都很少甚至根本没有什么抗议之声。一方面，人们会听到对银行免责的抱怨，另一方面，对于政府对华尔街自由运作实施的干预，人们又会对这些预料之内的措施表示愤慨。但是，人们也从来没有认真讨论过，到底什么是财务问责制度，其运作机理如何，其源头来自何方，现代社会为什么会在金融体系和政治诚信两方面都面临着诚信危机，政府和市民为什么都既不能也不愿让公司和自己保持诚信。

《账簿与权力》这本书试图探寻这种背离的源头，通过回顾 700 年前财务问责的历史发端，挖掘财务问责难以实现的根源。会计核算是企业、国家和帝国建立的根基。它曾经帮助众多领导者制定大政方针，衡量权力的威慑。但是，如果操作不当或者对其视而不见，会计核算也会助纣为虐，正如我们在 2008 年金融危机中所清楚看到的一样。从文艺复兴时期的意大利到西班牙帝国，从路易十四统治下的法兰西到荷兰共和国、大英帝国以及早期的美国，有效的会计核算和政治问责，正是社会起伏兴衰的原因所在。历史一次次地重复着，好的会计核算行为能够增加信息可信度，对政府的稳定和资本主义社会的运行起着十分重要的作用，而糟糕的会计核算以及随之而来的诚信缺失，则会导致金融业乱象丛生，引发经济犯罪和形势动荡，甚至带来更坏的影响。这些情况，不仅可以解释如今我们所面对的天量债务数据和巨额财务丑闻，也同样适用于佛罗伦萨的美第奇家族（Florence of the Medici）、荷兰的黄金时代（Dutch Golden Age）、大英帝国的盛世华章，当然还有 1929 年的华尔街。一路走来，貌似只有在财务问责真正发挥作用的有限时间里，资本主义经济和政府运作才能够实现繁荣富强。从人们知道如何恰当地进行会计核算至今，已经有近1 000年的历史，但众多的金融机构和政权组织往往与此背道而驰。历数那些成功的政权和社会，不仅仅需要具备坚实的会计核算基础和浓厚的经商氛围，还需要努力构建其良好的道德文化框架，才能妥善应对这样的现实：人类往往习惯于忽略、扭曲以及难以达到诚信核算的要求。本书所要探究的正是，面对这样一个简单的道理，为什么人们却迟迟难以学会。

人类历史上第一个成功的资本主义社会制定了会计核算制度和相应的财务和政治诚信体系。1340年，热那亚共和国（the Republic of Genoa）在其政府办公室里设置了一本大型账簿。它通过复制记账法将该城邦国家的财务状况记录在册。伴随会计核算而来的，是有关政治合法性的全新思维：分类账目记录的，不仅仅是商业经营的繁荣，也有政府治理的稳健。当时，这个海上共和国既能了解自身的财务状况，还能针对未来的问题提前做好安排。热那亚人（Genoese）、威尼斯人（Venetian）、佛罗伦萨人（Florentine）和其他商人联盟，或者说至少这些城邦的统治者能够维持一定的诚信水平。这就是我们理想中的现代政府治理的发端：较为理性、秩序井然而且总体诚信。[2]

但是，尽管曾经有过成功的记录，事实证明，诚信社会和政府往往难以为继。16世纪，随着意大利共和国的式微和君主制的兴起，人们对会计核算的兴趣也逐渐消退。虽然商人对复式记账法日益熟稔，但作为政治管理工具的会计记账已经销声匿迹，瑞士和荷兰也只是将其作为君主制浪潮下守卫民主制的工具。1480—1700年，在文艺复兴达到高潮以及随之而来的科技革命期间，统治者也关注过会计核算。英格兰国王爱德华七世（King Edward VII）、西班牙国王菲利普二世（King Philip II）、英国女王伊丽莎白一世（Elizabeth I）、伟大的奥地利皇帝、法国国王路易十四以及德国、瑞典和葡萄牙国王都曾认真查看账户记录，并设置了司库和会计账簿。但是，没有人曾经成功做到或者最终希望设立这种稳定、统一的复式记账制度，这与14世纪的热那亚人和意大利北部联邦曾经的做法大相径庭。实际上，设置良好的财政账簿，意味着国王要遵从资产平衡表的逻辑。尽管管理者也曾经试图改革管理制度，但他们最终发现，自己需要向上帝负责，而无须理会记账员。这种政治权力与财务可信度之间的内在冲突，是导致欧洲长达几个世纪出现金融危机的因素之一。

王权统治认为，清晰透明的会计核算行为是危险的，而事实也的确如此。在法国大革命爆发前8年的1781年，作为路易十六（Louise XVI）的财务大臣，韦尔热讷伯爵（comte de Vergennes）发觉，自己的国家因北美独立战争（American War of Independence）负担债务而步履维艰。他警告说，这些债务绝不能公开，因为一旦把皇家账户的收支公布于众，就会严重动摇人们对君主统治的信仰：君主统治必须讳莫如深。最后，韦尔热讷对法国已经所知甚少了，实际上，当时法国也已经临近破产，但是，他对君主统治看法的正确性毋庸置疑。摊开这些会计账簿，也就打开了会计问责的闸门。在18世纪80年代，人们在政治辩论中首次对皇家账户以及皇室的财务困难程度进行公开讨论时，路易十六君权统治的神秘性就开始部分褪色了。再加上其他一系列因素的影响，他随后头颅落地。

但是，即使19世纪那些表面上公开、民选的政府逐渐出现，会计问责依然并非能够轻易实现。19世纪时，大英帝国疆域无限，英国正是世界金融中心，其财政管理仍然不时受到腐败和专制的侵扰。19 世纪时，美国精心设计了财务问责机制，但同样，面对众多财务会计欺诈、丑闻以及镀金时代（Gilded Age）因强盗贵族（robber baron）[①] 而引发的危机，它也难以脱身。世界上从来没有持续可靠的完美问责机制。即使在民主国家，公司和政府层面的财务问责制度仍然难以把握。

面对持续不断的金融危机的冲击，正如我们如今所处的形势一样，看起来到了回顾一下财务问责历史的时候了。奇怪的是，几乎没有历史学家选择从事这项工作。他们历数了各国的金融史，却很少意识到会计核算和问责制度在大国崛起和衰落过程中的核心作用。作为真正属于西方发明的事物，复式记账法被置于欧洲和美国经济史的核心位置，看起来是再自然不过了。通过对会计核算和问责制度的研究，我们就会明白，从根本上来说，各种制度和各类社会形态是如何成功，又是如何失败的。我们会认识到，美第奇银行（Medici Bank）、荷兰商业和大英帝国都曾经成功过，当然它们现在已经烟消云散了。因此，如果说这些制度都曾见识过灿烂的辉煌，那它们也都曾经历过衰落和消亡，在这个过程中，会计占有重要的一席之地。回顾财务问责的历史长河，资本主义的发展，既非简单的上升前行，也不是繁荣与萧条的单纯重复。实际上，资本主义制度和现代政府存在内在的缺陷：危急时刻，会计核算和财务问责制度的崩塌，即使并非金融危机和政治危机的导火索，也会起到火上浇油的效果。一种社会形态要想取得成功，至少从经济方面来看，在很大程度上需要熟练运用会计核算和财务问责制度，并随后对其成功地实施管理。

如果没有复式记账法，现代资本主义制度和现代国家都不可

① 强盗贵族是指在某个时代由于政策的监管不力而造就的垄断市场经济的金融资本家。——编者注

能存在，因为这种记账法是计算利润和损失的重要工具，也是实施财务管理的基础要求。1300 年左右，复式记账法在托斯卡纳（Tuscany）和意大利北部地区出现。此前，远古时代和中世纪（Middle Ages）都不曾有过复式记账。复式记账法的出现，标志着资本主义历史和现代政治制度的发端。那到底什么是复式记账法呢？像收支平衡表这样的单式会计记录，只是对单一账户的资金进出进行记录。而与此形成对比的是复式记账法，这是一种精确控制和准确计量利润、损失以及资产价值的记账方法。它通过账簿记录中间的一条垂直线，将账户的贷方与借方分割开来。针对计入账户的每一笔贷方额度，必须有一笔借方额度与其匹配。人们把收入和费用记入账簿的各列，然后将其加总。借贷必相等。例如，每次出售一只山羊，其利润就记在左边，而出售的物品则记在右边。随后就可以计算出相应的利润或损失，或者说这笔账目就平衡了。一旦账目平衡，交易就结束了，双方都有相应的记账处理。我们因此随时可以看到利润和损失。[3]

对于复式记账法，我们还可以通过会计师所说的会计恒等式来加以理解。一家公司所掌控的资产总额，总是准确等于其债务人和股东对这些资产可以索取的额度。这使得企业和政府能够掌握其资产和负债状况，并避免或者防止盗窃的发生。以财富和收入以及最重要的利润作为指标来衡量业绩表现，这使得复式记账法成为财务规划、管理和问责的有效工具。[4]

从亚当·斯密（Adam Smith）到卡尔·马克思（Karl Marx），现代经济学思想的奠基人认为，复式记账法是经济和现代资本主义成功发展的重要因素。1923 年，作为德国社会学和资本主义理论的先驱，马克斯·韦伯（Max Weber）写道，现代公司要接受会计问责的约束：“根据现代记账法和试算平衡法进行计算，这确定了公司的营业收入赢利能力。”韦伯认为，会计是推动复杂的资本主义社会发展的众多文化动力之一，并将其置于新教工作伦理（Protestant work ethic）基本特点的行列之中，并认为后者是推动早期美国人掌握资本主义文化的重要推动力量。[5]

更为激进的，是富有影响力的德国经济学家维尔纳·桑巴特（Werner Sombart）：“我们难以想象，如果没有复式记账法，资本主义将会是个什么模样。二者就如同内容和形式一样密切相关。”约瑟夫·熊彼特（Joseph Schumpeter）是美籍奥地利经济学家、政治科学家以及“创造性破坏”（creative destruction）一词的创造者，他不仅认为会计是资本主义的核心，同时也在感叹经济学家并没有给予其足够的重视。他写道，只有通过对会计实践的历史检索，才能构建起有效的经济理论。[6]

这些思想家认为，会计是经济腾飞的重要因素，是了解经济史的关键所在。但他们没有看到的是，政权的稳定要依赖于问责制的传统，而这又离不开复式记账的会计制度。复式记账法之所以重要，不仅是因为它可以计算出会计利润，还缘于与其相伴而生的有关资产负债平衡的重要理念，人们可以借此对政治治理实施评判和问责。在中世纪的意大利，资产负债表既反映了上帝审判的一面和世俗的罪恶，同时也体现了良好的业务经营和健全的治理结构。当然，仅仅设立一套价值体系是一回事，问题在于价值体系的维持，而不管是过去还是现在，实施财务问责都是一项持续的挑战。本书所展示的，是当人们不仅把会计简单地视为金融交易的一部分，而且看作道德和文化框架的重要内容时，财务问责的作用将会得到更加充分的发挥。从中世纪到20世纪早期，凭借全面的文化渗透，下列社会曾经成功运用会计核算，长期保持财务问责和诚信传统：佛罗伦萨和热那亚等意大利共和国（Republican Italian）时期的城邦国家、黄金时代的荷兰，以及 18 世纪和 19 世纪的英国和美国。在它们的教育体系、宗教思想、道德判断、艺术、哲学和政治理论中，都伴随着会计核算的身影。在但丁（Dante）、荷兰大师、奥古斯特·孔德（Auguste Comte）、托马斯·马尔萨斯（Thomas Malthus）、查尔斯·狄更斯（Charles Dickens）、查尔斯·达尔文（Charles Darwin）、亨利·戴维·梭罗（Henry David Thoreau）、路易莎·梅·奥尔科特（Louisa May Alcott）和马克斯·韦伯的作品中，会计成为神学和政治著作、绘画作品、社会和科学理论以及小说的描绘主题。这就形成了一个良性循环，在将现实的商业核算提炼升华为更深层次的人文思考时，上述社会不仅将会计核算的作用发挥到极致，还构建起复杂的问责文化传统，并针对这类文化所带来的问题衍生出相应的自觉应对意识。伴随着问责文化的发展，资本主义制度和代议制政府也相伴而生。

会计核算和财务问责之间的相互作用，能够决定一家公司甚至是一个民族的前途和命运。因此，金融的历史并不仅是金融危机的往复循环，也不仅是经济数据的起伏跌宕，它也是个人和社会的历史。他们更熟练地对会计核算及其文化生态之间的关系实施把控，但也经常顾此失彼，发现自己陷入预料之外、本可避免而且有时是灾难性的金融危机中。在这段历史长河中，会计核算和财务问责有时候显得平凡无奇又难以把控。值得我们关注的是中世纪意大利会计核算的经验教训，它们既对财富积累和政治稳定极其重要，又十分难以把控、脆弱无比甚至危机四伏，正如 700 年前一样，这些经验教训在今天依然适用。

第一章

早期会计核算、政治和财务问责简史

《末日审判书》(*Domesday Book*)记录的情况,如同末日审判(the Last Judgment)一样,是不可更改的。

——理查德·菲茨涅格尔(Richard Fitznigel),

伊利主教,1179 年

如今罗马皇帝奥古斯都(Emperor Augustus)的大名无人不知,这从他的建筑、雕像中可见一斑,也是因为在古代历史记录以及罗伯特·格雷夫斯(Robert Graves)的小说《我,克劳迪斯》(*I, Claudius*)中,他被塑造成一个十分谦和而又过于慈祥的角色。他曾经宣称,自己发现罗马城的时候它还只是一座粗制滥造的城市,但他给后人留下的是一座金碧辉煌的都城。但从奥古斯都的自述《奥古斯都大帝的神迹》(*The Great Deeds of the Divine Augustus*,约公元 14 年)中,我们才能真正发现其统治权力的关键。在这本书中,他历数了自己的建筑、军功和伟绩。他也引用了大量数据。奥古斯都以此来描绘自己的成功,他炫耀称,自己从个人金库中拿出 17 000 万塞斯特斯(sesterce,古罗马货币单位)用以奖励得胜归来的罗马士兵。作为奥古斯都丰功伟绩的象征,这些财务数据是从基本的会计账户中摘录而来的。作为朱利诺-克劳狄王朝（Julio-Claudian dynasty）的真正创始人和罗马帝国的缔造者，他把会计核算和清晰的数据与王朝正统及丰功伟绩联系在了一起。[1]

正如其他会计历史所记录的情况一样，没有人曾经注意到这一点。奥古斯都这位皇家会计师的故事，从来没有人传唱。而后来的那些帝王，尽管可以追随并模仿这位罗马帝国之父，却没有人能够完全复制他的功业。即使知道或者理解其政权账户中的各类数据，也很少会将其公布于众并以此彰显皇家伟业。

奥古斯都的时代，属于会计信息易于获取甚至是广为流传的时代，接受奥古斯都的罗马教育的族长或者贵族，并不会羞于展示自己可以运用会计信息。尽管奥古斯都时代就利用会计核算作为管理和执政手段，但是直到大约1700年之后，政治领袖们才敢于公布会计账簿中的财务数据，以此彰显政治权力和政治举措的正当性。奥古斯都认为正确无比的举措，在今天看来也是再正常不过的行为了，却花了1 000多年的时间才真正固定下来。会计核算在古代的美索不达米亚（Mesopotamia）、希腊和罗马等地发展缓慢，直到中世纪的意大利将其改造成复式记账法，才成为资本主义企业进行利润核算和政府管理的强大工具。

数千年来，中世纪的人们沉浸在会计账户的世界中，创新却始终乏善可陈，几乎没有人能像奥古斯都一样对会计工具的利用得心应手。单式会计曾出现在古代美索不达米亚、以色列、埃及、中国、希腊和罗马等地。希腊人、托勒密王朝下的埃及人和阿拉伯人的文明曾经达到相当高的水平，几何学和天文学方面的成就数不胜数，但他们都没有创造出复式记账法，而其对准确计算利润和损失是至关重要的。[2]

古代记账的范围仅限于店铺核算，也就是基本的存货盘点。马克斯·韦伯认为，究其原因，是家庭活动与业务经营的分离，以及古人缺乏利润核算的概念，并且没有定期（比如一年）对总资产进行评估的想法。但是，尽管缺乏对资本和利润的现代理解，会计文化和核算思维在古人的公共活动中还是占据着重要的一席之地。[3]

不管在什么地方，只要有记录，就会有记账或基本的核算行为发生。在美索不达米亚地区，贸易合同、仓库文件和交易记录都会构成基本的账户内容，常见的有面包店的存货记录等。会计核算的目的主要是为了存货盘点，但也可以用来计算剩余粮食的多寡，在此基础上才有了长久宁静的乡村、田地，并进一步孕育出广阔无垠的文明景观。公元前 3500 年，苏美尔人（Sumerian）发明了土制符号，以此记录所换出或收到的物品。不久之后，土制符号就被平滑的泥板文献取代，后者可以把基本的货物信息以书面形式记录下来，这在亚述人（Assyrian）和苏美尔人的手工艺品中已经十分常见了。巴比伦人的《汉谟拉比法典》（Code of Hammurabi，约公元前 1772 年）之所以有名，不仅是因为该法典“以眼还眼，以牙还牙”的规定（这是会计核算的雏形），还因为其针对商业交易制定了基本的核算原则，提出了城邦审计的管理要求。第 105 条规定，收到资金时，如果没有用章签字，任何代理人都不能就收款行为进行账务处理。城邦制作了其当前资产的目录清单，并在金库中记录在案，甚至利用存货记录的会计账户，跟踪谷物生产和面包坊的经营情况。[4]

一旦城邦开始涉入会计和审计工作，数据、道德和政治问题就开始互相交叉。在古代雅典，人们认为会计核算与政治责任是紧密相关的。从一开始，一套复杂的账簿记录和公共审计体系就始终位于民主政制的核心位置。人们认为雅典国库神圣无比，将其办公地点设在提洛岛（Delos），位于司库的监督之下。底层市民和奴隶经过培训，被雇用为会计人员。总体来说，雅典人更愿意让奴隶成为审计官和审计师，因为他们更能经受住各种考验，而自由民则难以做到这一点。还有更高级别的长官和账务检查人员，他们负责监督政府账户。在寡头政治体制下，少数政治强人大权在握，不存在财务问责制度，与此相反，雅典民主制下存在财务问责制。在朴素的民主政治理念指导下，所有雅典公职人员的账户都要接受审计。即使是参议院议事会（Areopagus，即高等法院）成员，包括牧师和女祭司在内，都需要完整解释资金流动情况，且范围不仅限于公事，还要将礼品等包括在内。雅典居民禁止离境，不能向天神敬献物品，在接受公众问责之前，不能订立遗嘱。在研究雅典政制的最后著作中，亚里士多德（Aristotle）将公共审计官称为罗基斯塔埃（Logistae），他们负责对公职人员和城市行政官的账目实施审计。在得知腐败案件之前，这些审计官要对有问题的公职人员的账目实施公开审计。[5]

但即使存在这类会计核算和政治问责等制度设计，腐败问题依然层出不穷，雅典人费了很大力气，才将问责制维持下去。作为将军和政治家的阿里斯提德（Aristides，前 530—前 468）备受人们的尊敬，他抱怨说，对于罗基斯塔埃实施的严格审计，人们认为这是一种不好的行为。对于一定水平的腐败，人们可以理解和容忍，而对于严格的审计行为，人们却认为这是破坏现状的举动。历史学家波利比乌斯（Polybius）注意到，即使某一城邦设有 10 名审计师及同样多的官印和公众监督官，依然不能保证某些人的诚信。这隐含的意思是，聪明人总是可以做假账。[6]

不管诚信与否，会计核算都得到了长足的应用，并成为罗马帝国国内经济的基石。对于房屋或财产等公共财物的管理，亚里士多德有自己的认识，他将其称为经世致用（oikonomia），也就是“经济学”（economics）一词的根源。经世致用并非现代经济学意义上以利润为导向的财务管理，而是指对政府和家庭的经营管理。罗马人采纳了亚里士多德的观点，私人家庭会计由此开始兴起，罗马政府要求一家之主持有家庭账簿，税收专员可以对此实施审计。家族主人还设有一本流水账（对所有收支的日常记录），每个月可以登记收入和支出情况，他也经常会将未来收入以及未决债务登记在内。银行家也设有同样的基本单式账簿。为了满足城市或省级行政官的审计需要，银行家或市民也需要将账户结平。[7]

罗马共和国和早期的罗马帝国都是有众多审计员的，他们也被称为财务监督官，负责对公共财政人员实施监督。普林尼（Pliny）在著作《博物志》（*Natural History*）中写道，公元前 49 年，也就是恺撒（Caesar）越过卢比孔河（Rubicon）的那一年，罗马国库中藏有 17 410 磅黄金，22 070 磅白银，6 135 400 塞斯特斯铸币。当时的国库司库与铸币厂的会计及助理人员频繁沟通，以确保可以满足财政支出的需要，尤其是作为大头的军费支出。[8]

罗马财务监督官掌管着国库的钥匙，国库就在萨图尔诺农神庙（Temple of Saturn）中，现在已经成为罗马最古老的圣迹，此地还有《罗马法》碑文。国库文书也要按月记录资金的收入和支出情况，详细记录每笔交易的经手人员、日期和交易性质。记载负债情况的账户和军队及省级财务官的往来账户，必须分开记录。至于中央会计处，也就是所说的档案馆，也要受到主管人员的监督，中央会计处所需人手要由监督者、记录员、会计和出纳人员构成。[9]

如同在雅典一样，罗马的财政会计制度也岌岌可危，腐败诈骗随处可见。在《反腓力辞》（*Philippics*，前 44—前 43）中，西塞罗（Cicero）就会计坏账问题抨击马克·安东尼（Mark Antony），后者在债务和财务交易方面存在诸多问题。西塞罗声称，马克·安东尼的会计账目十分糟糕，而且在这个过程中，他将从恺撒那里偷来的钱“挥霍无数”，甚至还伪造账簿和签名。尽管西塞罗揭发了这些坏账，但作为行政副官的马克·安东尼并没有因此入狱。随后不久，作为与莱皮杜斯（Lepidus）和屋大维（Octavius，也就是后来的奥古斯都大帝）同盟的协议方之一，马克·安东尼重回权力巅峰，他对西塞罗穷追猛打直至将其捕获，并将其脑袋和双手砍下，在罗马广场上公开示众。这更加印证了一条至理名言：对于那些要求其公开会计账簿的人，掌权者的反应并不怎么友好。[10]

但是对于那些不良会计记录的肇事者来说，他们也往往会遭到报应。奥古斯都反过来又杀死了马克·安东尼（其军事组织才能与会计做账本领难分高下），攫取了大权，登基为帝，使乱作一团的帝国重新恢复了秩序，让帝国账簿焕然一新。与竞争对手不同，奥古斯都的会计记录准确，也被称为理性之书（rationarium）。实际上，罗马历史学家塔西佗（Tacitus）认为，奥古斯都在就任帝国皇帝（公元前 27—公元 14）之前，就已经亲自保管这些会计账簿了。这些账簿所记载的，是有关帝国财务状况的汇总信息、帝国军队和建筑工程的数据资料以及各行省税收账户中的资金额度等。[11]

奥古斯都转而利用这些个人账户的数据信息，为“奥古斯都神的功业”添加注脚，这些业绩被铭刻在公共建筑物的正面墙壁上，并张贴在帝国各处的宣传展板上。即使罗马帝国每年财政收入高达 5 亿塞斯特斯，奥古斯都依然十分重视，包括各类辉煌建筑、雄伟大军以及最重要的向士兵发放的个人补助等，这些功绩所需的资金都出自他自己的腰包。他也注意说明，自己的个人财富从何而来，为麾下将士征用的货物向城镇支付补偿，并提及各项支出的金额，以展示自己的慷慨大度。通过这种方式，奥古斯都积极思索着如何才能管理好整个帝国，并利用自己的个人账簿记录，作为项目构想和规划实施的工具，同时也利用其进行个人的宣传推广。[12]

随后，将帝国账簿记录信息进行公开的行为就成为一项传统。尽管提比略大帝（Emperor Tiberius）并没有延续这一传统，但卡里古拉大帝（Caligula）偏偏向公众展示了帝国账户的基本情况。尼禄大帝（Nero，36—68）因为对黄金情有独钟而广为人知，他提名执政参议员负责管理位于萨图尔诺农神庙的国库。这充分表明，至少到戴克里先大帝（Diocletian，244—311）统治期间，奥古斯都统治下的帝国财政管理体制依然在发挥作用。[13]

尽管这种会计制度在帝国管理中发挥了重要作用，甚至为维护帝国统治的合法性做出了重要贡献，但该制度依然存在许多重大缺陷。会计账簿被妥善保存，会计记录也要接受审计，但腐败舞弊等依然存在（而且得到了普遍的容忍，在涉及重要数据的时候更是如此）。同时，罗马帝国的经济实践并不重视利润和未来的收益，而这正是复式记账法的主要功能。地中海上航运和贸易的繁荣，支撑起庞大的罗马帝国，却没有形成统一的经营理念或运作体系，对贸易发展的实践进行理论归纳。而贷款依然遵循着典当经纪的模式，阻碍了信用文化的发展。人们更喜欢把珠宝藏在宫殿中，把黄金囤积起来，却不希望把财富作为资本投资出去来赚取利润。尽管从理论到实践都有大量的案例，却从来没有出现过业务经营的理念。[14]

随着时间的推移，财务官的办公地点也在发生变化，这集中体现了帝国皇帝的意志变迁。伴随着帝国的衰落，公共财政账户越来越多地受到帝国皇帝个人权限的影响，结果就是，正如爱德华·吉本（Edward Gibbon）所说，每个人都被反复灌输这样的思想，即认为“所有的资金支出都源于帝王个人的馈赠”，而并非帝国的财政。后期的帝王认为国库十分神圣，到康斯坦丁大帝（Constantine，325）统治时，他把罗马帝国的新首都设在了博斯普鲁斯（Bosporus），此时的国库主管已经只是贵族称谓，而并非专业的行政官僚了。[15]

随着公元476年罗马帝国的坍塌，帝国陷入了君主、国王和勋爵各自占山为王的境地，这意味着审计实际上已经不再可行了，因为这些贵族人士已经取代了官僚统治的帝国。但是，尽管西罗马帝国（Western Empire）已经消亡，天主教会及无数的修道院作为帝国继承者，依然在通过基本的会计核算和审计工作，对土地、货物和资金支付等实施管理。而且随着哥特人（Goth）、法兰克人（Frank）和维京人（Viking）的入侵，从查理大帝（Charlemagne，742—814）、奥托大帝（Emperor Otto，912—973）到征服者威廉（William the Conqueror，1028—1087）等帝国新王再次发布各项规定，以图更好地攫取财富，管理自己所征服的领土。所谓封建制度，是指在日耳曼（Germanic）王国、郡县以及古罗马帝国制度的融合过程中，随之出现的领主、封臣和农奴等制度不断变化的社会形态，封建制度最大的悖论之一就是，个人对公有土地的占有，却导致了法律文书和会计核算缓慢而稳定的发展演进。中世纪维持社会形态的基石，不仅包括基督源于教父的理念及其修士宗派等内容，还包括查理大帝在记载其执政的法典中所推崇的税权天赋及财产神圣不可侵犯的理念。会计依然是政府管理的重要工具，但对于那些腰缠万贯的修道院僧侣、法兰克国王和地主来说，他们并不会像奥古斯都那样，主动披露财务信息。

在千年之交，随着贸易的繁荣，文书、记录、法律事务也发展起来，会计核算的重要性不断提升。当1066年征服者威廉入侵英格兰的时候，他面临着一个千载难逢的机会。在一举攻陷了整片领土之后，他可以从零开始，任意起草全部的统治规章，实现对整个国家的统治，却无须遵循传统的封建统治模式。随着时间的推移，统治传承和联姻通婚会逐渐将王朝肢解，最终导致存在争议的领地乱作一团。随后，诺曼人（Norman）征服英格兰之后，统治者有机会强化自身的管理体系，在此过程中产生了大量新的封建土地合同，这就要求世俗统治者和宗教领袖都要进行更为清晰准确的财务会计核算。《末日审判书》（1086）属于威廉的个人记录，是对财产权、法律特权、义务和宗教权力的说明，也明确了按照此前的皇室协议，威廉可以就哪些方面征税的问题。该文件的名字意思就是“世界末日”，清晰明确地将皇家的审计与上帝的最终认同放到了同等重要的位置，声称所有人都必须遵守。[16]

时间来到了 13 世纪，随着贸易的复苏和货币流通日益频繁，各国统治者和地主都开始提高记账的质量，各类手工记录迅速增加：特许权证明及法律规章、证明文件、许可证、令状、财务账、财务调查及租赁合同、法律记录、年鉴、编年史、房产契据（世俗及宗教契据）、登记簿（法律登记簿或管理用登记簿，通常由法院和议会持有）以及高雅作品和文学作品。所有这些书面材料都与会计账簿记录存在关联。法律规定、财产权利和征税行为都需要进行会计核算和记载，对相关资料进行记录、收集和保存，这是一国信息体系的构建基础。在英格兰，国库或皇家财务官开始设置十分细致的各类账户记录，因为其类似羊皮纸卷起来的形状，也被称为国库档案，用以记录各类收入、支出和罚款等。这类记录的目的，主要是为了汇总皇家收入情况，而不是用来计算因资本或人力而带来的利润。[17]

这些国库文件不仅会存放在大臣府邸和市政厅里，也会在法律规定以及议会所在的卡尔特修道院那里保管，以便于律师对此进行研究。此外，地方法官、部长大臣以及王公贵族等也会私下保存这些资料。作为封建贵族的落脚地和中世纪经济的主体，领主庄园成为会计核算的中心。尽管封建领主还没有利润的概念，他们还是会努力经营自己的封地以实现盈余的积累。书面记账是他们享有的一项特权，因为羊皮纸十分昂贵，而且如果大规模推广的话，账簿记录的成本也很高。有经验的书记员十分稀缺，培训费用相当昂贵。很多账户只是记载日常支出情况，根本没有长期保存的打算。[18]

在英格兰，管理人、托管人或法定的土地经营者会学习基本的单式记账法，主要涉及厘清收据资料、为交易和财产（如马匹）誊写恰当的标题以及进行基本的对账核算等。起初，管理人需要搞清楚欠款信息，要根据收据和其他形式的财产收入进行入账登记。随后，对于那些房产和人工方面无法查明的材料成本，他也需要一一列明。[19]

对于司法人员和警务人员来说，他们要负责检查政府官员，尤其是税务员和司库的账户信息，因此审计工作显得十分重要。“审计”一词是在统治者和领主聆听而不是视察其账户信息的时候才出现的。它源于“听众”这个词，即君主或领主通过听取口头报账来验证账目。13 世纪时，审计官也被称为国库财务审计（Auditors of the Exchequer Account）。英国的财政支出和税收收入受到议会越来越严格的审查。我们甚至可以说，英国财政要接受各级政府的检查，混合政体骨子里深深铭刻着审计的烙印。国王的费用支出和个人收入尽管可能数目不菲，却往往秘而不宣。尽管他可能向议会公布过自己费用支出的大体情况，但这种情况十分罕见，也没有有效的审计制度加以规范。正如欧洲其他国王直到 19 世纪依然坚守的一样，爱德华三世（Edward III，1327—1377 年在位）公然声称：除了上帝之外，国王的账目不会向任何人公开。[20]

面对这些账簿记录和信息资料，我们不禁会感到怀疑：它们能够起到基本的作用吗？显然，对一位优秀勤勉的会计师来说，每天进行日常记录，应当可以保证一定的会计核算水平。涉及现金和存货管理方面，确实能够做到这一点，但即使是在这两个方面，他们也难以做到万无一失。没有阿拉伯数字，因此也没有分数，罗马数字体系存在内在缺陷。无论账簿记录人如何敬业，过多的 X、L 和 I 的存在，导致数据烦琐无比，比如 DCCCXCIII（893），而且根本没有使用分数的余地。要想使复杂的贸易活动能够发展繁荣，急需一套新数字和新会计核算方法的出现。[21]

到 12 世纪时，意大利北部成为欧洲最富有和最著名的地区，遍布着商人主政的共和国城邦，比如佛罗伦萨、热那亚和威尼斯等。这些城邦没有国王，贵族阶层也已经城市化，认同城邦政府的统治权威，意大利北部成为全新的存在：它们由富裕的城邦国家构成，由贵族商人进行管理，商人通过贸易积累了不菲的财富。正是在这片土地上，多人合伙公司、银行业和长途贸易蓬勃发展起来，随之而来的，是资本主义利润和复式记账法等概念的兴起。

因与东部的拜占庭（Byzantium）的联系，意大利北部受其影响较深。拜占庭的皇帝、法院、货币及其奢侈品市场，对意大利北部的影响无处不在，从追求甜品的风气、日历到宝石、丝绸以及希腊古代文化卷轴等都有所体现。罗马帝国的希腊遗址提醒着意大利人曾经的辉煌，引起他们对华贵风尚的追忆。威尼斯、热那亚、佛罗伦萨、米兰（Milan）、卢卡（Lucca）、比萨（Pisa）和其他贸易城市，出发的货船源源不断，由此，在地中海东部地区的繁华贸易地带，各行各业如雨后春笋般蓬勃兴起。教皇作为神父、大祭司（Pontifex maximus）和主教，也是罗马帝国的世俗统治者，通过红衣主教和王公贵族收税，制定法律，并操纵着从西欧到拜占庭东正教（Byzantine Orthodox Church）的外交动态。

尽管名义上要受到神圣罗马帝国皇帝（Holy Roman Emperor，德国人或奥地利人）的管辖，意大利的城邦和市镇却十分令人羡慕，它们属于独立的商业共和国，由行业公会、各委员会、参议院和总督等实施管理。官员通常是通过选举产生的，就如同公司的经理人一样，任期固定并领取薪水。[22] 在这种商业城邦遍布的大环境下，会计核算的潮流以及城邦管理和问责理论蓬勃兴起。按照商业经营的原理，商人实现了自我治理。有充分的证据表明，当时单式记账法已经十分普遍了。1202 年，比萨市商人莱昂纳多·斐波那契（Leonardo Fibonacci，约 1170—1240）写下了有关会计核算的奠基之作——《珠算原理》（*Liber Abaci*）。在阿尔及利亚的布日伊市（Bougie），也就是如今的加耶（Bgayet）等地中海港口城市从事贸易活动的时候，他掌握了有关珠算和阿拉伯数字的知识。作为一名商人和政府职员之子，斐波那契的著作，远远超出了如何进行纸面速算的实用手册范畴。书中借用了阿拉伯人发明的代数学知识，用来解决复杂的数学问题，比如“一对兔子一年内将繁衍出多少只后代（377）”等问题。书中还列出了很多问题，比如“辣椒与生姜交易”和“三人开设一家公司”等，还有计算兑换比率的问题，并就如何解决这些问题进行了论述。[23]

尽管斐波那契并非使用阿拉伯数字的首位基督徒，但在将阿拉伯数字介绍给意大利北部的商人群体的时候，他的著作发挥了关键作用。在这本书之后，人们才意识到，算盘不只是一块木框，它内部还有插槽和算盘珠，并可以上下移动。如前所述，仅仅通过罗马数字是无法进行小数计算或复杂运算的。阿拉伯数字所带来的是计算精度和运算速度的提高，而珠算的引入，则意味着可以利用数学方法来解决现实问题，并满足即时交易的需求。[24]

到了 13 世纪末期，托斯卡纳（Tuscany）地区的珠算学校已经十分常见了，也有很多著名的教授，他们大多来自佛罗伦萨地区，不仅开始散布斐波那契的著作内容，推广使用阿拉伯数字，而且还推广使用算盘。1277 年，维罗纳市（Veronese）一份正式公告提到，该市存在利用算盘进行会计核算的情况，1284 年，该市政府任命了一个名叫 Maestro Lotto 的人，他是来自佛罗伦萨的公共珠算教授。对意大利的共和制城邦国家来说，珠算学校成为商人公民的通俗教育中心。这些学校会讲授应用数学和其他知识，比如字母表、散文入门、教义问答等。[25]

这些中世纪的意大利商人的行为，是那些古希腊人、波斯人以及罗马人、伟大的亚洲王国的人民以及封建领主所不曾做到过的：不声不响间，他们发明了复式记账法，实现了会计利润的精确核算，迈出了革命性的重要一步。对此，唯一的解释就是，意大利商人需要复式记账法，以此来核算合伙企业经营状况、权益额度和经营利润等，为响应这种需求，复式记账法应运而生。尽管对于到底是谁最先使用这种记账法，我们不得而知，但从托斯卡纳商人这里，复式记账法开始得到发扬光大。相关记录主要在一些辩论中，但公认最早使用复式记账法的记录，是下面的账簿记录中的一个：交易范围涉及全欧洲贸易市场的瑞尔菲尼兄弟公司（Rinieri Fini brother firm, 1296），或者是往返于佛罗伦萨和普罗旺斯（Provence）之间开展贸易的法罗尔菲商人之家（Farolfi Merchant house, 1299—1300）。法罗尔菲公司并没有设置简单的账簿，而是采取了更特别和更新潮的记账方法：它们设置的记账制度，能够实时计算业务经营和资产状况。交叉索引的借贷记录显示，双方实际上是互相抵销的。不仅如此，在法罗尔菲的会计记录中，将预付租金作为递延费用进行处理，这正是复式记账理念的具体运用。它针对一间房屋，提前 4 年预付了 16 图尔里弗尔（livres tournois，简称里弗）。在第一年年末的时候，公司将 4 里弗计入了当期费用账户，而剩下的 12 里弗依然留在账上，作为随后的递延支出。[26]

除了这些账目之外，对于复式记账法到底何时出现，我们似乎看不到任何相关资料，也无法确定关键节点。其出现并不是单一数据作用的结果。但是，关于为什么复式记账法会出现在 1300 年前后的意大利，确实存在一些基本的理论铺垫。阿拉伯数字的推广是一个因素。此外，随着贸易的繁荣，市场产生了更多的资本需求，合伙企业逐渐出现。中世纪的会计师不再将记账视为财富持有的手段，而是认为，这是在多个投资合伙人之间进行权益计算和分配的一种工具。利用这种会计核算方法，商人不仅可以记录收入和支出状况，还能汇总核算累计利润情况，满足投资者的索取需要。如果没有复式记账法，就难以对不断增长的利润情况进行核算：随着时间的推移，只有通过复杂的会计核算方法才能对投资权益进行分别核算。同时需要计算收入和支出的情况下，会计核算原理仍然是一样的：如果通过分期付款的方法，定期偿还债务，那通过复式记账法就可以随时计算出还有多少剩余债务。[27]

随着贸易范围的不断扩大，商人不能像往常一样亲自运送货物，这就导致他们对代理人的依赖不断增强。货物从仓库发出后，在等待销售收入确认期间，复式记账法会将其确认为损失。只有借贷双方平衡，才能把货物发出和收入入账这两边结平。[28]

最初，复式记账法采取了段落记录的形式，借方段落与贷方段落相互对应。随后，这些段落变成了双边的，也就是分别把它们并排记在纵列的两侧，并以纯粹的数字取代了相关的段落和表述。有关复式记账法的最早案例之一，是 1340 年热那亚商人 Jacobus De Bonicha 的账簿记录，其获利不菲的胡椒交易被记载于该市政府的总账中。这条会计记录的来源，是已知现存最早的采用复式记账法的重要政府账簿。考虑到热那亚这座城市与拜占庭之间庞大的商船规模和繁荣的贸易往来，在这里出现这种情况并不令人惊讶。通过这本记录，我们能够感受一下，双边记录及相应合计数的早期复式记账法到底是个什么样子。[29]

尽管在实施记账核算方面，银行家把各城邦国家远远地甩在了后面，热那亚人却搞清楚了如何才能利用复式记账法，来管理和记录这座城市的各类财务交易活动，其范围从税收收入、城邦支出到该市的贷款和债务等无所不包，甚至还包括向士兵支付的抚恤金以及总督的个人账户等。如经营一项业务一样，热那亚城会借出资金，并针对其实施的投资活动开设交易账户，不仅将各项费用记录下来，更重要的是还要核算账户的损益情况。该市的总账记录了贸易货物的详细信息，比如中国的丝绸和胡椒，还包括海关收据等。他们不仅会严格根据复式记账法的要求把账户结平，城邦会计员还要提供具体的索引信息，包括完整的页码编号，保证每笔交易在过入总账之前，都要首先进行详细的记录。总账每年都要进行结账处理，没有完成的交易要继续转到新的账户中。[30]

1340 年热那亚城邦管理者手册

1340 年 8 月 26 日	1340 年 8 月 26 日
借方 Jacobus de Bonicha，第 61 页贷方 Anthonio de Marinis，49 里布（Libbre），4 索尔多（Soldo）	贷方 Jocobus，替热那亚城向 Taxarolii 军队进行的舰船和其他所需项目所做的支付，如本账第 231 页所述。这些项目是应公爵及其委员会的要求而做出的，其决议由公证人 Lanfranchi de Valle 于 1340 年 8 月 19 日撰写
事项。9 月 5 日。贷方 Marzocho Pinello，第 92 页，12 里布，10 索尔多	
事项。1341 年 3 月 6 日。贷方，新账户第 100 页，本账户余额 16 索尔多	62 里布，10 索尔多
总计 62 里布，10 索尔多	

热那亚管理者账簿并不仅仅是为了财务核算和记录之用，它们还被用于内部的问责。财务报告中的舞弊始终存在。因此管理者要求，所有的交易都需要由公证人见证才能进行记录。账簿记录不允许修改，在交易入账之前，账簿所有页面都需要连续编号并加以验证。最重要的是，根据 1327 年一款“所有账簿记录都要仿效银行”的法律要求，上述财务审计制度逐渐成形，要求该城邦的所有业务都要由两名正式会计共同记录，并且城邦每年都会对其进行审计。[31]

学习现代金融和政府治理的学生会对这些账簿记录感到惊奇。这些记录清晰明确，数据契合无误，并且有防止舞弊的内部审查制度。这种会计核算和财务问责制度的设计，远远超出了古人。尽管这种制度十分新颖且设计高效，其推广范围却没有超出意大利文艺复兴（Renaissance Italy）的范畴。在接纳这些传统的商业共和管理制度方面，北部地区强大的君主制国家总是慢人一步。经过了 600 年漫长的时光之后，人们才重拾复式记账法，再次将其作为政府管理的工具，用于中央政府的账簿记录和联合政体的财务审计。在欧洲政府有效利用会计工具之前，面对必要的财务秩序，以及预料之内的在基督看来不道德的资金核算行为，中世纪和文艺复兴时期的思想家不得不在二者之间求取平衡。

第二章

既要信仰，也要金钱

天威难测。

——鲁斯帕（Ruspe）的傅箴修（Fulgentius），533 年

1383 年 1 月 10 日，弗朗西斯科·达梯尼（Francesco Datini）从教宗国阿维尼翁（Avignon）回到了佛罗伦萨北部的故乡普拉托（Prato）。当时托斯卡纳富商和银行家的数量不断增多，正如其中许多人一样，达梯尼在与教会的贸易过程中逐渐积累起财富。他涉足外汇交易，在法国和英国的百年战争（Hundred Years' War）过程中贩卖武器，并投资于羊毛贸易，通过这些投资，当时来自英国、卡斯提尔（Castile，西班牙古国）、佛兰德斯（Flanders，欧洲古国）、香巴尼（Champagne）以及佛罗伦萨等地那些目光敏锐的商人发了大财。达梯尼克服了国际贸易中的重重困难，投资收益率为 9% 左右，他的经营业绩很优秀，以至于熟悉他的邻居都会称他为 il ricco，也就是“富翁”，但当地收税员对此一无所知。“我们不知道他的财富有多少，”他们困惑地说，“但是上帝知道。”达梯尼十分谦逊，一心向主而又严格自律。最重要的是，他是一个很好的会计员。但是，在他心头挥之不去的，是他认为，自己赚钱的本领也是一种罪恶。[1]

1386 年，回到佛罗伦萨 3 年之后，他宣布自己在普拉托的资

产为 3 000 弗罗林（florin）。收税员想当然地认为，其大部分投资都在外地，而如果自己没法找到这些资产，那也就不用对其征税了。当时，一头猪的价格为 3 弗罗林，一匹好马的价格是 16~20 弗罗林，一名女佣一年的薪水是 10 弗罗林，一名女奴（达梯尼有一名女奴，并与其结合生下了其唯一认可的孩子）价格是 50 ~ 60 弗罗林，而一件深红色长袍，比如达梯尼画像中所穿的那件，其价格为 80 弗罗林。达梯尼在普拉托为自己盖了一所房子，并结婚成家，于 1389 年搬到了佛罗伦萨并继续经商。他参与艺术品的买卖，并以红色长袍的形象出现在众多油画中，其中最著名的，当数弗拉·菲利波·里皮（Fra Filippo Lippi）的杰作《圣母马利亚》（*the Madonna del Ceppo*）中的“尊者”，该作品如今依然存放在普拉托市民博物馆（Civic Museum）中。到 1410 年去世时，他留下了约 100 000 弗罗林的财富，这可是一笔巨款。[2]

正如今天一样，在 1383 年的时候，要想赚钱，必须得拥有特殊的技能。黑死病（Black Death）将半数的欧洲人（包括达梯尼的双亲）永远带离了人世，30 多年之后，尽管存在土匪和海盗对贸易路线的劫掠，但以意大利北部为中心，经济仍然繁荣发展了起来。到 14 世纪 40 年代，意大利人已经发明了复式记账法、汇票、海上保险，他们还通过内部转账、各类票据和口头协议等方式，进一步丰富和完善了付款制度。资金和羊毛正是从这里出发，经由英格兰、佛兰德斯和卡斯提尔等地走向世界的。佛罗伦萨是银行业的中心，其闻名于世的不仅有文化巨匠，比如但丁，还有弗罗林本身，这是该城市的一朵小“花”。该货币有 5 分镍币这么大，一面印着佛罗伦萨的百合花，另一面印着施洗约翰（John the Baptist，因为没有任何君王的头像能够为该城邦共和国的硬币增光添彩），以 24 克金计算，该硬币约重 111 克，不论是当时还是现在，都是一枚价值不菲的硬币。为了防止有人通过锉边而偷取货币，在流通和交易过程中，人们通常用正式密封的皮带把弗罗林包裹起来。弗罗林得到人们的高度推崇，以至于佛罗伦萨的银行家使其成为全欧洲的标准货币。[3]

达梯尼的第一桶金来自阿维尼翁，当时他为教皇从事贸易和理财服务。早期银行业往往在教会及法院周围，后者在收到众多什一税和各类税收之后，需要有人为这些资金提供流通、汇兑和储存服务。中世纪最为富有的，当数以佩鲁齐（Peruzzi）和阿尔贝蒂（Albeiti）为代表的那些佛罗伦萨银行家，这些人的财富中，部分就属于满足教会需求所带来的收入。新的信贷和汇兑手段的出现，使得教会成员通过储蓄理财和利息收入等方式赚取不菲的收入，并将自己的财富转移给家人。在阿维尼翁，达梯尼是一个小商人，他与合伙人一起，以 800 弗罗林的本金起家，赚取了 10 000 弗罗林的利润。达梯尼之所以能够发家致富，不仅是因为他在银行业的经营能力，也是由于他对各类国际贸易得心应手，而这一切都在教会周边蓬勃发展起来。达梯尼销售的货物有盔甲、布匹、奴隶、香料、酒和橄榄油等。1399 年 4 月，在他的女儿 Ginevra 大婚的时候，盛大的婚礼晚宴上有 50 多道菜，包括意大利面、小牛肉、馅饼、鸭肉和鸽肉等。上述所有信息都一一列明并记载于他的账册中。[4]

达梯尼的文档资料仍然保存完好。去世时，他留下了 124 549 封商业信件，573 本账簿资料，它们仍保存在普拉托博物馆中，这也是现存规模最为庞大的中世纪个人文档资料。这些资料细致入微，全面展示了中世纪意大利人的生活方式，体现了商业经营的高度复杂性，并展示了复式记账法所需的高度复杂的记账技巧。资料列示了购买家庭用品，比如食品、衣物、奴隶、狗、狨猴以及孔雀等的费用支出。其所有的个人物品都经过了仔细的盘点，从家具到搜集的珠宝玉石，甚至还包括酒的价格等（当地红酒每瓶价格为 1 里弗，或者 20 枚银币）。[5]

尽管达梯尼在 700 多年前就已经去世，但他的经营理念并不让人感到陌生。他之所以成功，是因为通过合伙的方式募集了投资资本。他本人投资并不多，但总是能够吸引合伙人和投资者的加入。要想实现这一点，就必须具备专家级的会计核算能力，因为要想把投资业务打理得面面俱到，不仅需要基本的会计记账，还需要强大的核算能力，随时能够将合伙人和投资者的权益和应得利润计算清楚。每位合伙人的权益份额和最终分红，都与其初始投资相匹配。部分投资者按照 7%~8% 的利率取得固定利息。[6]

达梯尼所处的时代，要想使用复式记账法，不仅需要专门的培训和数学知识，还需要记账者能够在浩繁的账册资料中记录、分析和辨别信息。如今看来，达梯尼所采用的复式记账法的演进，就如同一部巨大的皮质、纸质和木质计算机器的发展变化一样。在达梯尼去世一个世纪之后，他的复式记账法才出现在会计手册中。之后荷兰画家展示了达梯尼的记账情况。马里努斯·范·雷莫斯维勒（Marinus van Reymerswaele）的《两名收税员》（*Two Tax-Gatherers*，约 1540 年，藏于伦敦国家图书馆）展示了账簿、剪贴簿、原始手册以及盛放账簿的木箱子等。达梯尼有许多账簿，其中部分由他的总经理康比尼（Cambioni）保管，也有许多由他本人亲自保管，上面还盖着他的印章。[7]

会计核算的第一步，就是要将当日交易的内容，比如收入和支出、票据、收据和账单等，记载于备查簿（memoranda book）中，这是兼有剪贴簿和笔记本特点的手册。同时记录的还有日常生活情况，比如购买一名奴隶、一顿丰盛的晚宴、给达梯尼买的铙钹礼物、一只狗、一副眼镜以及一头骡子等。随后，达梯尼会把这些原始信息归纳整理，按照更为合理的先后顺序，记入一本名为纪念册（Memoriali）的书中。随后，所有交易都会按照复式记账法进行处理，并记入皮面装订的、整洁的总账。每家公司都有对应的总账记录。[8]

对于公司以小额现金所进行的日常交易，达梯尼一直保持着借贷记录，同时也记载自己的负债状况。各家公司、各笔买卖、各项交易都十分复杂，因此要想管好公司的“大金库”，对上述这类账簿实施综合管理就显得十分重要。还有其他一些账簿，记录了各类存货状况，包括仓库库存、不动产、薪资，及其在普拉托的制衣工厂。最后，还有他的个人家庭账簿，记录的是表单支出、蜡烛煤炭支出、食品和家庭薪资开支，还有达梯尼在华贵礼服上面那些精打细算的开支。还有一本账，可以概括上述所有账簿的内容，那就是他的私密账簿——机密账（libro segreto）。当时所有中等规模的商人和大商人都有秘密账簿，其中部分内容属于会计记录，部分内容属于日记资料，这里是可以坦诚记录自己财务状况的安全之所。正是在这本账簿中，达梯尼记载了各项业务的真实（通常是逃税）交易情况。就一份机密账而言，其中会列出所有的契据、公司每位合伙人的股份及存款情况，还有一些更为私人的内容，以类似日记的方式，记载孩子的出生、先人的事迹以及日常的思考等。没有比这些更加个性化的文字记录了，其中包含了经营获利的内容。在达梯尼昂贵而又奢华的祈祷书中，其中最主要的内容之一，就是他向教会的慷慨捐赠以及向穷人的慈善布施。他把一部分经营利润捐给了教堂，而他每次买奢侈品，比如购买鲱鱼、橙子或者酒的时候，都会捐出一部分给救济院或者修道院。机密账还包括公司的最终经营状况，而这可能与总账的公开记载数据有所出入。[9]

达梯尼账册的记录范围和数据资料十分广泛。把这些记录下来是一项艰巨的工作，需要个人和管理者的双重自律。达梯尼很喜欢美酒、华服，享受松鸡的美味和珠宝的豪奢，也很喜欢其女仆，但他也在有条不紊地工作。他曾经写信给自己的公司经理，告诫他要不断思考如何做好自己手头的工作，持续做好记录和核算工作，实时保持警醒。[10]

对于家族的衰败和企业的破产，达梯尼始终忧心忡忡。他写道，这些压力“令人烦恼”。为了使业务经营长盛不衰，他需要保持良好的会计记录，却无法单纯指望下属员工来从事这项工作。通过各项惩罚性措施，他建立起相应的规则。在实际收到现金之前，不得在账簿中进行记录，如果柜员没有做到这一点，达梯尼就会对其实施惩罚。对于每一步入账错误，柜员将被罚款 1 索尔多。达梯尼认为，累积到 10 索尔多的罚款后，将会保证柜员再也不会出现记账的错误。该惩罚具有一种赎罪的色彩。确实，这种方法看起来是有效的，因为全部证据表明，达梯尼的财富并非由某一笔大额交易带来的，而是由许多的小额交易积累而成。细节决定成败。[11]

把达梯尼的所有账簿综合起来看，我们可以看到现代金融和信息时代的诞生轨迹。达梯尼的账簿让我们对其熟悉起来：这是一位看重数据、资料和会计记录工作的商人的形象。马克斯·韦伯声称，资本主义诞生于新教伦理，就其产生的基础而言，当数严格自律以及西格蒙德·弗洛伊德（Sigmund Freud）所说的延迟享乐、克制欲望的原则。马克斯·韦伯也因此而声名大振。但是，达梯尼的经历表明，尽管他也喜欢女仆、美食和华服，但西欧原始资本主义工作伦理的发端，正是这种高度自律、常怀敬畏之心、一心向主、天主教义下的意大利贸易活动，以及其与拜占庭和奥斯曼帝国（Ottoman Empire）的沟通交流。意大利人创造了复杂的多头合伙企业、银行业和复式记账法，这些都需要严格的职业道德为其提供保障。达梯尼记述了他在阿维尼翁的某位名叫博宁塞尼亚·迪·马泰奥（Boninsegna di Matteo）的合伙人，这位合伙人一直在阅读和记录会计信息，达梯尼十分确定地写道，他“除非把工作都做完，否则是不会从椅子上站起来的”。这种模式其实很简单。一个人需要全心全意地投入到账簿工作中，进行清晰明确的会计核算。他还需要常怀忧患意识，时刻保持警醒。1395 年，达梯尼给爱人写信说，他完全被工作给包围了，甚至担心自己失去理智。忧患意识推动着达梯尼辛勤工作，而良好的会计记录使得一切都井然有序。达梯尼的一位经理抱怨说，他两年来都没有睡过一个好觉，并对那些告诉他们要“躺在温暖的床上享受生活”的人嗤之以鼻。[12]

尽管自己要求严格，却很少有其他商人使用复式记账法，这让达梯尼感到很惊讶。有人可能想当然地认为，很多与达梯尼交易的人都可以看到，他一直进行会计记录，他的备忘录也都是公开的，并且在交易的时候需要用到这些账簿。一回到普拉托，达梯尼就向朋友斯托尔多·迪·洛伦佐（Stoldo di Lorenzo）抱怨道，家乡的其他商人都不记账，而是试图用脑子记住各种事情。“天知道他们怎么会管好企业！”[13]

尽管达梯尼认为，复式记账法是准确核算和有效管控的主要手段，但他周围的人往往忽视这一点。普拉托的药剂师贝内代托·迪·塔科（Benedetto di Tacco）所用的就是一种十分初级的记账方式：一本流水账，一本补充账。在总账中，他记载了应收款项和应付款项，还有 106 个人的债务信息。而在更小的账簿中，他详细记录了交易情况，比如以 1 索尔多和 4 第纳里（denari）出售的羊皮。迪·塔科随后会把这些汇总数据誊抄到总账上去。把这些信息打上叉之后，这笔账就结了。他还提道，在可以擦除的黑板上以表格记账，或者跟其他人一样，在松散的纸片或其他账簿中记账，时间一长也会丢失。迪·塔科也进行会计记账，却没有采用复式记账法，也就无法核算出真正准确的数据，因此其精确性或完整性自然无法与达梯尼的账簿相提并论。他采用了基本的会计核算方法，但从记账制度来看，这种方法并不健全。当然也有许多商人，通过单式记账法，凭借好的记性进行核算，业务经营也很成功。但是达梯尼知道，如果没有一套记账制度来进行数据信息管理，像自己下属公司这等规模的企业是无法实现成功运营的。[14]

达梯尼不断收到警告，有人一直对他的经营行为和会计核算举动表示不满。银行业整体是反对教会法规的，因为后者虽然在执行上存在较强的灵活性，但仍然会谴责资金借贷行为。作为一名典型的托斯卡纳人，他一方面虔诚信教，另一方面对财富孜孜以求。他的格言“既要信仰，也要金钱”，正试图将一旧一新这两个互不相容的概念捏合在一起。

中世纪的银行家和商人承受着沉重的罪恶感，这在如今看起来很难想象。圣安布鲁斯（Saint Ambrose，337—397）警告说，高利贷或计息贷款以及收入高于给予，都是一种罪恶。1179 年第 3 届拉特兰会议（Lateran Council）拒绝让高利贷者按照基督教仪式下葬：高利贷与资本的贪婪原罪相关联，被认为等同于盗窃、撒谎、暴力、骚扰等罪行。但丁将贷款人描绘成窃贼，他们把朴实的民众推到一贫如洗的境地。他在作品《地狱篇》（*Inferno*）中描述道，钱袋缠绕在高利贷者的脖子上，他们因此而饱受折磨。犹太人是可以计息借款的，但《旧约全书》（Old Testament）限制他们只能借钱给本教区之外的人。无论如何，他们都不得不扮演着获利丰厚但又令人痛恨的角色。[15]

一如既往的是，教会道德卫士不断寻找各种方式，绕开禁令。托马斯·阿奎那（Thomas Aquinas）利用“公平定价”的概念，破例允许商人可以因货物损坏而收费，而不管对损坏如何界定。对于词汇的解读存在多种方式，这就是不管过去还是现在都需要一位优秀律师的原因所在。达梯尼时代一位知名的传教士弗拉·雅各布·巴撒凡迪（Fra Jacopo Passavanti）抱怨说，在诸如存款、储蓄、购买、出售等词汇的背后，往往隐藏着资金借贷的影子。巴撒凡迪警告说，不管货币交易叫什么名字，它们都是“令人憎恶的”。[16]

针对高利贷法，商人和教会经常能够找到打擦边球的方法。达梯尼因货币兑换而赚了大钱，而这正是中世纪银行业运行的根基。银行家会签发一张票据，该票据在巴黎、伦敦、日内瓦、布鲁日（Bruges）等地都可以兑换成外国货币。汇率的计算，遵循有利于债权人的原则。从本质上看，这属于有息借款，而这是不符合教会规定的。但无论如何，教会也需要借钱，而富有的高级牧师也需要安全稳定的渠道，对财富进行投资和保管。红衣主教以及事实上的教皇可以把资金交给银行家，由后者审慎保管，这就意味着银行家可以向存款人支付一定金额的自由支配收益，或者说是礼物，这实际上就是利息。支付金额是根据银行的利润确定的，而某些年份可能不会支付，但是几乎没有什么不确定性。像达梯尼以及美第奇家族成员这样的银行家都经营着多项业务，而计息贷款只是其中的一项。

对于那些既追逐财富又虔诚的中世纪商人来说，如何对待利润确实是个问题。中世纪的意大利人有各自的账簿记录，却从来没有忘记，当最后时刻来临时，凡人是无法实施最终清算的。但是个人依然可以尝试做好自己的工作能够对自己的罪孽和善举进行自我清算。实际上，教会在其中提供了帮助。宗教罪恶感与会计核算是相互交织的，甚至对后者的发展起到了至关重要的作用。

达梯尼并不觉得自己是在为上帝赚钱，这在他的信里也有充分的体现。他核算的既有自己的财富也有自己的罪行，甚至还有他认为自己亏欠上帝的债务。一直到临终时，他才把二者联系在了一起。如果可以把偿还道德债务称为救赎，这也会涉及核算行为。在复式记账法出现之前，会计核算是手把手进行的，这种核算带有道德文化的色彩。这正是精神生活的核心所在。中世纪基督徒对待财富的态度，让我们明白了为什么尽管会计记账是一种有效的工具，有些人坚持，有些人却始终对此表示怀疑，甚至拒绝这样做。

随着希伯来、希腊以及最新的基督教文化的相互融合，圣马太（Saint Matthew）将会计核算文化引入了基督教的教义中。但是，马太的态度也并非十分明确。他声称，正直的人应当进行良好、诚实的会计核算，不应浪费金钱，但他也同时赞同，要抵制贪欲（Mammon）以及世俗的诱惑。马太［Matthew，也称李维（Levi）］是希律王（King Herod）和罗马人的一名犹太人收税员。耶稣（Jesus）邀请马太从税关出来，跟随他一同赴宴并转换信仰。耶稣为转换信仰而辩护说，他此行“并非召唤正直之人，而是唤醒有罪之人”［《马可福音》（Mark）第 2 章第 17 节］。马太有过数学和会计核算的培训经历，掌握多种语言，耶稣看到了马太的这些本领。马太拥有其他使徒所不具备的本领，成为耶稣的十二门徒之一，也是第一位福音传道者，也成为银行家、收税员、会计师以及香料商（人们认为，他把自己的木棍变成了一棵芳香的果树）的守护神，一直到今天。

中世纪和文艺复兴时期的艺术家在描绘马太时，通常描述其持有从业工具的形象：要不是手持福音书（Gospel），要不就是坐在账桌前。他的角色是一位资金记录员或者宗教预言家。各种形象都很类似。卡拉瓦乔（Caravaggio）的作品《圣马太的灵感》（*The Inspiration of St. Matthew*，1602 年，罗马圣王路易堂）显示，马太正在抄写福音书，这也很像他坐在账桌旁的举动。其他艺术家对他的描绘，也是手持会计账簿或是坐在账桌边的样子。[17]

马太的形象，时刻提醒着人们要诚实对待财富，同时财富也可能成为世俗和潜在的罪恶根源。在“天资的寓言”（Parable of the Talents）中，他劝告老实人要勤劳致富。如果不能做好再投资，那就不应当借债。有人扬帆海外，就把货物托付给仆人，在其外出期间由其代为保管。该仆人十分懒惰，就把其天资（金币）拿走，埋在了地下。主人回来之后，不禁责骂他没有通过投资来创造更多的财富：“你应该把这些钱委托给银行家打理，这样我回来的时候就会连本带利都有了。”[18]

马太并没有明确，在世间创造财富是否属于人们的职责。他警告说：“你不能既侍奉上帝，又侍奉贪欲。”人们应当努力工作，发财致富，但也要认清，最终这都只是贪欲或者贪婪的罪孽。马太设定了二分法，奥古斯丁（Augustine）随后使其发扬成为反对物质主义者的精神格言：“然后他对他们说，恺撒的事情归恺撒，上帝的事情归上帝。”这段话具有一定的迷惑性。中世纪的教会可能觊觎过财富，却布道反对贪欲。

基督教思想中对会计类比的使用一直存在。5世纪早期，作为中世纪教会的主教，奥古斯丁在描述基督教的人性救赎时，使用了结算账户的概念。对奥古斯丁而言，基督就如商人一样，购买的正是人性的重生和永生：“为了支付我们的赎金，主在十字架上张开了双臂。”[19]

作为以往的修辞学专家和美酒的狂热信徒，奥古斯丁布道传经，要求以清教徒般的狂热抵制自己曾经生活于其中的世俗之所。从摩尼教徒（Manichaean）的视角出发，他认为肉体和世俗都是邪恶的，只有精神世界是美好的，从而要求信徒摒弃世俗知识和亚里士多德的宏伟科学体系。相反，人性应当转而信仰上帝之城（City of God)，在这座城市中，人们应当全情投入，并要偿还自己的罪恶之债和基督为救赎他们而挥洒的热血之债。

在黑死病肆虐之后的一段时间里，满世界都充斥着虔诚的宗教氛围，对启示的形象描绘并非属于捕风捉影。在《十日谈》(*Decameron*)中，乔万尼·薄伽丘(Giovanni Boccaccio)描述了1348年瘟疫席卷佛罗伦萨的情形，疾病将这座管理有方而又富裕繁荣的城市洗劫一空，街道上堆满了死尸。薄伽丘提醒读者，生命稍纵即逝，死亡却是永恒存在的。[20]

当达梯尼向妻子写信，告知其瘟疫正自东方肆虐而来的时候，面对上帝的怒火，我们能够切实感觉到他的绝望无助。弗朗西斯科·特拉伊尼(Francesco Traini)在比萨大教堂(Cathedral of Pisa)创作的壁画《死亡的胜利》(*Triumph of Death*，1350年前后)完成于1348年的黑死病肆虐之后，体现的是这样的一种社会思潮，即无论人们如何努力，最终都难逃一死。类似这样的描绘，加上教会的传经布道和当时的伟大艺术作品，展示了人类处于无助状态下的情景。尤其是在佛罗伦萨，像但丁和薄伽丘这样伟大的作家，他们感叹生命的脆弱，沉思因人类的缺陷和所犯的罪孽而付出的代价，他们都知道，在达到顶层的天堂之前，他们需要逃离最底层的地狱，攀越炼狱之巅，在这个过程中承受自己所犯罪恶的苦果。但丁写道，每个人都必须经历这段旅程，因为这是清算的组成部分：

亲爱的读者，但我不会，
现在就告诉你，上帝会让我们偿还所欠的债务，
否则你就会偏离正道。
无须执迷于惩罚的外在形式：
想一想接下来将会发生什么；最差的情形，

也不会超过末日审判。[21]

到 14 世纪，信仰、善行和罪孽都已经公然出现在会计核算的比喻词汇中。正如但丁所说，所“欠”的债务是可以偿还的，因为就在人们开始攀越炼狱之巅的时候，教会就已经开始想办法来改变上帝手中账簿的核算数据了。真正的信徒必须坦承罪恶，一旦功过核定之后，他们就需要通过赎罪来结平自己的道德账簿，要想偿还所欠上帝的债务，要不就多行善举，要不就捐赠金钱，后一种方式与传统相悖，随后卢瑟（Luther）也对此进行了谴责。教会化身万千，既是神灵的化身，也属于外交机构，还是印钞的“机器”，但更是与精神寄托、法律事务和伦理道德密切相关的一处场所。会计师站满了教皇宫殿的广阔大厅，在这里，数字成为神圣的衡量指标，因为真正的信徒为自己所犯的罪恶购买赎罪券（indulgence），从而支付了大笔的资金。[22]

达梯尼也支付了，他不但苦修赎罪，还把大部分财产都留给了穷人。通过这种方式，他的利润以及记账体系就契合了道德核算的要求。在瘟疫的影响下，加上百年战争以及罗马与阿维尼翁教会的分裂，教会内部的有志之士感到，对于死亡的巨大恐惧和来世的飘忽不定，赎罪能够为人们带来一定程度的慰藉。购买赎罪券，相当于减少人们花在忏悔赎罪或祈祷布告行为上的时间，从而也就缩短了炼狱赎罪的时间。教会可以发挥自己的影响力，为个人进行说情解释。[23]

与简单的因罪孽而偿债相比，基督教中的清算概念要深刻得多。法国多米尼加（Dominican）红衣主教圣谢尔（St. Cher，1200—1263）认为，基督的血“储存在教会库房的容器内，其钥匙由教会所有”。只有教会才拥有开启该宝藏的钥匙，才能洗刷人类的罪恶。

“基督之血大量挥洒而为教会赢得的”是“取之不尽的道德财富”。[24]

许多基督教徒之所以接触到会计核算的概念，是因为他们认为，基督的圣血加上自己的善举和忏悔，可以减轻自己的罪孽，从而换得来生更短的炼狱之旅。道德品行方面的积累、传播和沉淀，都是取得救赎的必要内容。克雷莫纳（Cremona）地区的帕劳提涅思（Praepostinius）于1206—1209年担任巴黎大学校长，他更为激进，声称付钱请求赦免的人就可以得到宽恕。于是，人们所亏欠的罪孽之债可以通过支付金银来偿还了。尽管后来新教徒抱怨称，中世纪的这些传统给基督教义带来了陌生的铜臭气息，但马太和奥古斯丁都表示，这种现象一直存在。它源于有关赎罪的核心理念，即通过偿还基督之血的欠债以及虔诚信徒的祈祷而实现救赎。[25]

正如达梯尼的情况所展示的，正是这种亏欠上帝和担心最终清算的想法，推动了个人问责意识的觉醒。事实确实如此，达梯尼一直挣扎在上帝和利润之间，直至老死。达梯尼每天都会将利润记入账中，而每天他都会觉得，自己被从上帝身旁推得越来越远。15世纪20年代，锡耶纳（Siena）的贝尔纳迪诺（Bernardino）宣称，孝敬父母的人将得到上帝的奖励，而不孝敬父母的人将会遭受贫困的惩罚。但达梯尼并没有觉得自己因善于经营而离上帝更近一步。他善于经营的部分内容就是资金借贷业务。实际上，他也承认自己放高利贷，也知道这是罪恶的，并为此而忧惧不已。[26]

账簿记录按照有利于他的节奏在不断延伸，这就意味着，达梯尼亏欠上帝的债务规模也在不断扩张。因此，达梯尼的账本不仅仅在计数其经营利润，还在衡量着他需要偿还上帝的罪恶。尽管达梯尼并不十分虔诚，但他仍在寻求通过各种方式来偿还上帝之债。1395年，在聆听了一场四旬斋（Lenten）布道之后，他向妻子写信说：“我此生所犯的罪行，已经到了一个人所犯罪孽的极致，这是因为我律己不严，也不知道克制自己的欲望……我是很乐于付出罚金的。”正如同时代的其他人一样，他也畏惧最后的审判，1400年，瘟疫再次席卷欧洲东部，并逼近佛罗伦萨，出于对这场瘟疫的恐惧，他加入了一场比安奇家族（the Bianchi）的忏悔朝圣之旅，在10天的行进过程中，他身着带有兜帽的白色长袍，赤足前行，诚心祈祷。[27]

此外，僧侣也在劝说达梯尼把财产留给穷人。达梯尼的朋友警告说，他的一切善行，都只会让皮斯托亚（Pistoia）的主教中饱私囊，但达梯尼并没有听进去这些劝告，而是把钱留给了普拉托神职人员做善事，比如救助病人、为穷困的女子找到丈夫以及消除贫困等。他坚持要求，由自己的商人朋友执行遗嘱，这样就能把资金全部用于救助穷人了。按照他的遗愿，他100 000弗罗林的巨额财富被用于为穷人建造一所医院，以便让弗朗西斯科·马可救助穷人。在普拉托市民博物馆，弗拉·菲利波·里皮的绘画作品《圣母马利亚》中达梯尼的形象仍然栩栩如生。600多年之后，达梯尼建造的儿童医院也仍然矗立在那里，在古老的大门上方刻有对达梯尼的称谓，“为基督穷苦子民而行商之人”。如今，普拉托市依然集会庆祝他的生日。但在临死之时，达梯尼奇怪地发觉，自己本应早就离开人世。尽管一生虔诚向主并做出过慷慨的捐赠，达梯尼这位热诚的会计师却发现，自己还是不愿接受上帝的裁决。[28]

第三章
辉煌美第奇：警世之歌

如果商人手指总是沾满墨迹，那可是个好兆头。

——莱昂·巴蒂斯塔·阿尔贝蒂（Leon Battista Alberti），1437 年

佛罗伦萨真是一个奇异的地方。如果光线合适，傍晚干爽的海风吹拂大地，这里就是世界上最美妙的地方。巨大的岩石因此散发着玫瑰色，烟雾缭绕的日子里，空气中温润与干爽的部分混合交织，整座城市看起来好像从环绕的众山之中飘荡起来，直达尘间圣地菲耶索莱（Fiesole）。但佛罗伦萨还有另外的一面，更加冷酷无情的一面。夏天热浪扑来时，没有一丝凉风，佛罗伦萨坐落在山谷中，群山将城市牢牢锁定，整个城市散发出腐臭潮湿的气味。然后它又进入了短暂、狂躁的冬季，狂风暴雨从东北部穆杰罗（Mugello）的绝壁上席卷而来，山上的黑森林里野猪遍地，这正是美第奇家族的诞生地。当亚平宁山脉（Apennines）的气候影响到达这里时，佛罗伦萨的石头颜色就开始变深，仿佛散发着煤炭的冷酷气息。寒冷的感觉既潮湿又坚定，人们唯一的出路是躲在巨石后面，贴近熊熊烈火，寻求甘蓝菜、热面包和基安蒂（Chianti）葡萄酒的安抚。这种美丽而残忍的双重特性，正是美第奇家族的写照。

会计核算既可能成为一种推动力量，也可能是潜在的陷阱，为了理解会计的这种双重特性，我们有必要了解一下美第奇家族，厘清其与佛罗伦萨的关系，认清其对金融历史和西方文化发展进程的决定性影响。美第奇家族正是在佛罗伦萨向世界展示了稳健财务管理的威力，但也因受到诱惑而陷入了忽视会计核算的旋涡。美第奇银行的那些杰出管理者借助会计核算，打造出一套高效运转的金融机器，这让他们在文化和政治影响方面都一时难觅敌手，也把之前的家族都甩在了身后。但是仅仅一代人之后，他们就几乎丧失了一切，这不仅是由于其会计核算不健全，还有一个原因是，他们不再把会计核算视为自己及后代所应掌握的重要知识。最大的讽刺之处在于，最终，美第奇家族的影响力不再根植于其银行业务。这一变化并不见得是出于他们的自愿选择。实际上，美第奇家族的银行业务一蹶不振。

科西莫·德·美第奇（Cosimo de’ Medici，1389—1464）是一位顽固的银行家。他是一名中世纪银行家的孩子，被称为长者，死后被尊称为国父。美第奇家族是佛罗伦萨首屈一指的大家族，而科西莫的父亲乔万尼·迪·比奇·德·美第奇（Giovanni di Bicci de’ Medici）曾经被授予“保护者”的荣誉称号，这是一份不大不小的荣誉，他还临时担任过教会掌旗员，也曾经是佛罗伦萨共和国的高级官员。尽管我们可以向上溯及一个古老而又显赫的家族，但他们并非佛罗伦萨最为富裕和最受尊崇的市民。他们之所以积累起不菲的财富，一方面是由于精明过人，另一方面，正如此前的其他成功银行家一样，是由于他们与教会的贸易往来。科西莫的父亲赚了相当一大笔钱，去世时留下的遗产超过 113 000 弗罗林，这比达梯尼的遗产更为丰厚。[1]

如果说科西莫的父亲使得美第奇家族发展起来，那科西莫才是让家族银行成为跨越国界的超级银行的人，并一跃成为当时的欧洲首富。美第奇家族精心积攒的财富，有的用于维持佛罗伦萨文艺复兴的艺术光辉，有的用于辅佐美第奇家族自身的政治权力。因此，意大利文艺复兴的伟大光芒，要依赖于良好的会计核算行为所打下的世俗基础。作为文艺复兴的主要维护者，科西莫促进了文艺复兴的概念化发展，大力资助甚至亲自推动了传统文艺复兴的进程。但就在围绕自己构建一个新大陆的同时，他也保留了自己父亲作为中世纪商人的许多习惯。

科西莫也出生在一个黄金年代，15 世纪初期，佛罗伦萨在许多方面都是基督教王国（Christendom）的中心，而在贸易、金融、教育方面，佛罗伦萨甚至是当时世界的中心。共和国大臣科卢乔·萨卢塔蒂（Coluccio Salutati，1331—1406）本人就是一位著名的文艺复兴学者，他声称自己所处的就是黄金时代，并公开发问："无论但丁、彼得拉克（Petrarcha）、薄伽丘所处何时，难道当时不是黄金时代吗？"其他地方还曾出现过但丁、彼得拉克、薄伽丘式的大师吗？这些划时代伟人的出现，不仅奠定了托斯卡纳语在意大利方言中的统治地位，也引发了对现代文艺和人文主义的研究思潮。人们认为，通过对历史的研究，佛罗伦萨人能够重回古希腊和罗马的光辉岁月与富足荣耀。古典主义文艺复兴注重对实用知识的研究，推动了人文主义与早期资本主义和相关产业的萌芽发展。[2]

佛罗伦萨既是银行和贸易中心，也是欧洲首屈一指的文化教育中心。托斯卡纳地区的教育水平很高，当地有关读写教育的很大一部分，都与商业记录核算有关。佛罗伦萨的 120 000 名居民中，有 8 000 ~ 10 000 人在任意给定的时间会入校学习，其中半数为珠算学校。大量记录表明，即使是工人和技师也都能阅读、书写和记账。人文主义者从字面上就意味着是一名拉丁学者和教授，而佛罗伦萨遍布着艺术家、诗人以及哲学家。银行家、商人、工匠以及律师都要掌握本行业的知识，但他们也都会听从和学习像亚里士多德以及毕达哥拉斯（Pythagoras）等古代学者的教诲和哲学思想。尽管1300年之后大多数人学习的内容是有关珠算的运用，但也有学校专门讲授实用算术知识。对精英人士来说，他们可以在高等院校学习，1321年，大学正式成立，人们可以在此学习古人的智慧。像科卢乔·萨卢塔蒂等大家族的成员，他们根据柏拉图的理念组建了学院，人们在学院中对世俗知识进行研读，对广阔宇宙展开思索，对伦理道德加以梳理。在与教皇及其他城市的交流沟通过程中，萨卢塔蒂效仿彼得拉克，并按照西塞罗的风格写信。政治、商业和知识在早期人文主义者的头脑中相互交织。萨卢塔蒂甚至把拜占庭学者、希腊人曼纽尔·克利索洛拉斯（Manuel Chrysoloras）从君士坦丁堡（Constantinople）带来，试图让西方世界早已经遗忘的古希腊语重回人间，并重新发掘柏拉图和亚里士多德的作品，希望在一个世风日下、人心不古的世界中，让这些智慧之光重新焕发光彩。[3]

尽管对精明的商人来说，佛罗伦萨是一个能让他们发家致富的地方、能让他们提高政治地位的城市，但与达梯尼共和城邦的全盛时期相比，这座城市正日益变得由精英人士统治。柏拉图说，哲学家应当成王，而在佛罗伦萨受到教育的精英阶层中，柏拉图思想的影响力无与伦比，可以预见的是，它或许日益将其文化成就与道德以及世俗的领导权威联系起来。1398—1406年，科西莫的幼年导师罗伯托·德罗西（Roberto de' Rossi）针对佛罗伦萨上层家族的孩子开设了一家免费学校。他与克利索洛拉斯一起，将希腊和柏拉图的哲学思想传授给一群年轻人，后者成年后将成为佛罗伦萨的领导者，而作为银行家和柏拉图思想传人的科西莫·德·美第奇就是其中的一员。这是金钱和古代智慧的一次令人沉醉的融合，毫无疑问，这也将让那些佛罗伦萨精英人士体验到权利的感觉。[4]

这就是达梯尼和科西莫的区别所在，前者是白手起家的商人，而后者作为银行世家的后代，不仅受到文艺复兴时期人文主义等新文化的影响，崇尚圣弗朗西斯（Saint Francis）和圣母马利亚（Virgin Mary），也像异教徒一样注重学习古代文化。美第奇家族的政治影响力与佛罗伦萨贫困地区存在关联，但以朴素著称、喜欢驴子更胜过骏马的科西莫，仍然是一位文化精英，也是历史上文学创作的最大主顾之一。他不怎么参加公众聚会，在街上会为老人让路，甚至在公众游行的时候会躲在后面。但这位低调谦逊的市民，正是佛罗伦萨的铁血统治者。马基雅弗利（Machiavelli）形容科西莫在攀登权力之巅的路途中既谨慎又狡猾，这一表述可真是恰如其分。但他对金钱的使用侵蚀了佛罗伦萨共和国的自由基石。马基雅弗利声称，这些资金“给共和国带来了白色恐怖”。[5]

这位谦逊、安静、衣着朴素的人经常愿意免除债务，原谅一位不称职的银行经理人，也经常为艺术家和学者提供资助，但也因为冷酷无情而饱受指责。当时若非如此，他就无法在意大利掌权。尽管佛罗伦萨法律禁止公开处死其市民，但这里仍然是一片动荡之地。科西莫接管了教堂的翻新工作并把其他赞助者踢出局，从而使得这项工作的荣耀由自己独享，为此他声名鹊起。他将不忠的家庭成员放逐出去，拆散他们，审查他们的书信往来，通过付钱，让意大利的法院和广场上站满了知情人，甚至有人说他拷打自己的对手。[6]

作为佛罗伦萨的管理者和意大利大部分地区的主人，以及欧洲金融的掌控者，科西莫让自己的工作台成为这个金融和政治帝国的中枢神经。各类文书、包裹、加密信息、报告和账簿资料接连出现。他会任命伦敦的银行经理，并协商确定支付给各行、合伙人、存款人以及借款人的现金额度。他还会讨论丝绸的质量和瑞士货币的成色。他还负责人员管理，促使他们提高工作效率，提高语言能力，甚至插手他们的形象管理：有些追求外表过了头，有些对穿着毫无抵抗力。在资金问题上，个性稳重至关重要，而科西莫是一位敏锐的观察员，可以准确判断个人的品行，及时发觉危机的苗头。在看到威尼斯共和国作为盟友的价值之后，他果断借给它 150 000 弗罗林，使其避免陷入被教皇逐出教会的境地。这笔投资奠定了美第奇家族与威尼斯共和国的永久联盟关系。[7]

作为为天主教会提供服务的银行家以及国际贸易汇兑的掌门人，科西莫无疑是欧洲最富有的人，他的银行也是当时影响力最大的机构。教会收取的什一税和赎罪券等收入，需要跨越欧洲各国，历经艰难险阻才能运回罗马。美第奇银行使得资金转移变得简单起来，它签发的汇兑票据可在伦敦或布鲁日被购买，然后在佛罗伦萨按照有利于美第奇银行的汇率，将该票据重新赎回。票据购买人承诺，将按照一定金额还给美第奇银行。美第奇银行随后就会按照同样的金额签发汇兑票据，并把票据发往伦敦或布鲁日，在保证一定利润的情况下进行票据兑换。通过这类汇兑交易，美第奇银行每年的利润率是 13%～26%。票据购买人按照原先的金额进行偿还，而美第奇银行保留剩余的部分作为利润，这一切都是正当的，在教会许可范围之内。除了汇兑交易之外，美第奇银行还借钱给各城邦及自己的城市政府，后者通常以佛罗伦萨和托斯卡纳地区的城市税收进行偿还。他们也为富人（其中就包括教皇和红衣主教等）管理储蓄账户，并投资于农场和织布厂，其贸易范围十分广泛，从杏仁到独角鲸的长牙等无所不包。[8]

1380—1464 年，美第奇家族积累了巨额财富。1427 年，就在科西莫的父亲乔万尼・迪・比奇・德・美第奇去世并将家业留给他掌管的两年前，美第奇银行的总资产已经高达 100 047 弗罗林。仅 1451 年一年，光银行业的利润就超过了 75 000 弗罗林，尽管这还要在几个合伙人之间分享。1460 年，这家银行米兰分行的资产已经达到了 589 298 弗罗林。[9]

科西莫以金钱为手段，使得佛罗伦萨在托斯卡纳地区的影响力不断扩大，甚至为意大利北部那些面临战火威胁的城邦国家买来了和平。他还挑起了一场残忍而不得人心的战争，以征服佛罗伦萨旁边的卢卡城。但是，他用自己的雇佣兵取代了佛罗伦萨的军队，从而削弱了共和国的独立自主地位。1433 年，他的敌人把他囚禁在佛罗伦萨中央广场的比萨智慧宫（也称作小旅馆）高塔顶层的小房子里，并判处他死刑。但就在对这一判决进行慎重思考的 3 周时间里，有人拉响警钟，召集了一场巴利亚（balia）议会会议，在此期间，科西莫正在忙个不停，向市政领导者签发承诺文书，并免除其相应的债务。零零散散 1 000 弗罗林就让他们心满意足了。对于所付出的微不足道的代价，科西莫感到很惊讶，后来他承认，如果俘虏他的人开口要求的话，他已经做好了付出 10 倍于该金额赎金的准备。他也向雇佣兵支付了赎金，换得后者不在佛罗伦萨劫掠的承诺。当他把这些弗罗林撒下去的时候，巴利亚议会把他的死刑判决改成了放逐。他被允许逃往帕多瓦（Padua），随后他又逃到他曾经赚得盆满钵满的盟友威尼斯那里。流放期间，他在美第奇银行威尼斯分行那里工作了一年，财富与日俱增，最终出钱把他所有的敌人都收买了，并进行了大笔捐赠，目标是教会、自己那些有权势的人文主义学者以及艺术家朋友。最终，他出钱收买并瓦解了对手，以无可争议的领导者身份，重新回到了佛罗伦萨。[10]

对于科西莫自身的财富，人们经常将其视为家族和银行财富的代名词，这是一个天文数字，只能进行估算。根据 1427 年的法律，每位佛罗伦萨的地主或商人都要按照复式记账法做账，以供政府税收审计之用，财产登记记录如今依然存在。每个善于经营的商人都有两套账簿，其中机密账属于只有自己才能看到的秘密账簿，此外还有合理的公开账簿供政府审计。当 1440 年科西莫的兄长去世时，根据对其共同财产的审计，财产登记记录的资产是 235 137 弗罗林，但这并非科西莫的全部财产，其数额一直在不断增加。财产登记记录没有包含其收藏的宝石、艺术品和书籍。伟大的洛伦佐（Lorenzo the Magnificent）是科西莫的曾孙，随后成为佛罗伦萨的领导者，在回忆录中，他声称，1434—1471 年，花在慈善捐赠和公共建筑缴税上的资金为 663 755 弗罗林，其中 400 000 弗罗林用在科西莫在世期间。当时，一座体面辉煌的城市豪宅的花费约为 1 000 弗罗林，而城市中大多数人甚至交不起 1 弗罗林的税费。科西莫甚至可以为国王支付赎金，因为与大多数国王及其统治下的国家相比，科西莫要富有得多。[11]

科西莫为佛罗伦萨的宏伟文艺工程提供资金支持。作为公民人文主义者，他挥金如土，资助像布鲁内莱斯基（Brunelleschi）等艺术家的建筑工程，后者建造了佛罗伦萨圣洛伦佐大殿（Basilica of San Lorenzo），这是那个时代最为新潮的大型建筑工程。他还资助公共艺术并设立各类奖学金。这些给他带来的，是美好的名声、巨大的权势和无边的威望。艺术家和人文主义者都很喜欢科西莫，佛罗伦萨很多市民也是如此，因为他不仅很有教养，也很慷慨，他还很懂得免除债务的方式方法。随着人文主义顾问以及宫廷画家成为欧洲各国国王的座上宾，这些人对科西莫的推崇，使他在国际上的实力不断增强，在国内的影响力也与日俱增。

对科西莫来说，金钱就代表着权力，而他在赚钱方面很有心得，这在很大程度上是由于他知道如何管理金钱。让科西莫受益匪浅的，不仅有他所接受的当时最先进的人文主义教育，还有他在父亲开办的银行的罗马分行所受到的训练，当时他在那里负责管理罗马教皇账户，因此对具体业务的方方面面都了如指掌。大量工匠协会都要求其成员采取复式记账法记账，这也是城邦财产登记税的强制规定。如果发生财务争端，账本也可以被视为法律合同。佛罗伦萨的法官有根据财务记录来确定财产权利的习惯。在争议过程中，糟糕的会计记录是无法起到应有的作用的。[12]

商人接受的初始教育，就是账簿核算，像科西莫这类领导人物在很小的时候就掌握了这些知识。不管在哪个家族产业中，年轻的成员都要在家族店铺或者海外分支机构中经历学徒生涯的磨炼，只有通过经验积累，才能掌握真正的账簿核算知识。佛罗伦萨在贸易和记账法规的指引下，沉淀出如此深厚的会计文化底蕴。它已经融入了当地的文化传统和法律规定。商人们需要把店铺运作的全部细节都机械地记下来，其内容从复印、抄写汇兑文书到会计记录等无所不包。

尽管之后科西莫把很多职责都移交给了自己的经理人，但他仍然切实履行着监管者的角色，而他之所以能有如此大的底气，最重要的是早期就完全掌握了会计核算的各项内容。佛罗伦萨的档案资料显示，科西莫本人也记账，并经常亲自管理自己的农场。一份1448年的记录显示，科西莫通过基本的会计核算，对穆杰罗的农场进行管理，他所使用的是简单的复式记账法，在账簿的同一页上展开记载双线（平行）借贷项目。会计工具是他筹划所有工作的亲密伙伴，从个人的橄榄油生产到他掌控的庞大金融体系运作，都离不开会计核算。如果没有这一工具，他根本没法搞清楚一家店铺或分支机构的业务活动，更无法对其实施有效的管理。科西莫需要实时了解这些业务活动，在业务的现场交易和办公管理中加强管控。

管理者只有站在店铺的地板上，才能领会业务经营的实质，而能够实现实时记载业务经营情况的，也只有复式记账法了。[13]

复式记账法成为银行业经营的必备工具，这是因为，不存在任何其他手段，可以保证对如此众多的交易活动进行实时利润核算和记录。随着资金占用补偿行为（为签发支票而必须存入一定的资金）的日益普遍，只有复式记账法才能对在各个账户之间流动的资金进行跟踪记录。作为简单货币兑换的替代手段，这种资金流通方式显然更加难以核算和记录。很多企业都存在多项资金流入、流出和转移的行为，这就意味着资金处于持续的流动状态，需要每天对其进行核算。印刷厂、葡萄酒商、裁缝店、布料商人、银器匠、奶酪制造商、肉贩、文具商、旅店、杂货铺、国际贸易商和银行，以及各城邦及其金融机构等，都属于庞杂交易和分类账户中的一个节点。[14]

与达梯尼的业务经营不同，美第奇银行并不属于中心化实体。每家分行自身就是一家企业，由一位合伙人担任经理，而最主要的合伙人毫无例外总是美第奇家族的成员。这就意味着，如果一家分行经营失败或者因违反合同遭到起诉，也不会影响其他分行。塔玛索·波尔蒂纳里（Tommaso Portinari）曾经因为 9 包羊毛的打包存在问题而遭到起诉，他成功地抗辩称，这些包裹是由伦敦分行负责打包的，因此布鲁日分行无须对此负责。[15]

从佛罗伦萨的大银行到羊毛和丝绸生产厂，还有欧洲各家美第奇家族企业的分支机构，科西莫在 11 家不同的企业担任高级合伙人。之所以能做到大权在握，是因为他在各家企业担任主要投资人和总审计师。1455 年合伙成立美第奇布鲁日银行时，公司章程的相关规定让这一切都为大众所知。在业务决策过程中，美第奇家族会赋予其经营合伙人一定的自主权，但他们也会坚持相关的原则。

章程第七条规定，禁止阿尼奥洛・塔尼（Agnolo Tani）在办公房间内玩纸牌、掷骰子和与女性厮混。章程第八条规定，阿尼奥洛・塔尼可以随时被要求到佛罗伦萨报告账户经营情况；每年 3 月 24 日，或者按照要求以更高的频率，经理人需要把账簿结平，并把账户信息提供给科西莫和他的主管会计，后者将在佛罗伦萨进行信息的核对确认。[16]

乔万尼・迪・亚美利哥・贝西（Giovanni di Amerigo Benci）是科西莫最信赖的经理人和会计师，在 1424—1435 年就职于美第奇日内瓦分行期间取得了不俗的成绩，在此之前，他在 15 岁的时候就在罗马的美第奇银行开始了学徒生涯。经过这段时间的磨炼，1435 年，贝西回到了佛罗伦萨，开始担任科西莫的搭档、经理人和记账员。20 岁的时候，他就已经掌握了复式记账法，这不仅使他成了一名很有价值的员工，也成了老板的亲信。他负责签发银行的所有汇兑票据，结平所有账户，负责审计工作，甚至负责保管机密账。现存的第三本机密账，其涵盖期间为 1435—1455 年，就出自贝西之手。这是该银行最为辉煌的一段时期。尽管贝西向教会进行了大笔捐赠，并请莱昂纳多・达・芬奇（Leonardo da Vinci）为自己的女儿吉尼芙拉（Ginevra）画了一张肖像，但他一直严格自律。他保存着全部的账簿，没有遗漏一笔账目，而科西莫作为最终监督者对此心知肚明，也感到轻松。贝西去世两年之后，财产登记显示，他自己家族的财产已经仅次于美第奇家族。[17]

科西莫与贝西一起，设计了一套审计和执行控制制度。每年，各分支机构的高级合伙人都需要准备好账簿资料，将其发给贝西供其审查。尽管合伙人也拥有公司的部分权益，但科西莫一直把持着行政控制权。他经常与贝西一起进行审计工作，可以肯定的是，他会亲自核对机密账的最终数据和账户信息。美第奇家族档案中，很多账簿上都有最终审计的核对标记。如果年底账簿中有亏损或者异常情况，科西莫还会把分行主管召唤到佛罗伦萨，对个人进行审计。在随后的几年中，布鲁日分行的主管塔玛索·波尔蒂纳里就被叫到美第奇－里卡迪宫（Palazzo Medici Riccardi），直接面对科西莫和贝西逐一对账簿进行审计，接受他们对每笔交易的问询。

科西莫是一个走过两个时代的人，他既经历过中世纪的洗礼，也受到了文艺复兴的熏陶，而后者正是由他协助开启的。尽管部分新柏拉图主义者（Neo-Platonist）认为任何知识都是神圣的，但也有一些人认为，有些知识低一等，不符合尊贵的、柏拉图精英人士的身份。商业价值与贵族思想开始碰撞出火花。柏拉图的洞穴寓言描述的，是知识精英统治着一群地穴人，他们通过自己独特的思想来追求共和国的进步和美好，这就是一个典型的例子，既适用于世俗教育和世俗文化的推广，也为政治精英主义思潮的崛起提供了平台。[18]

这种新柏拉图式的人文光辉思潮，建立在社会的艺术、文化和政治进步的基础上，并不见得会为磕磕绊绊而又讲求实效的商业经营提供多少空间。科西莫并不希望子孙继续投身于粗俗不堪的中世纪商业经营，高贵而又惨烈的文艺复兴政治活动，才是他孜孜以求的目标。虽然科西莫为文艺复兴提供资助的工具正是会计核算，但他却将其视为低一等甚至是不道德的行为。[19]

文艺复兴与中世纪教会的教育是直接对立的，为此奥古斯丁明确要求，信徒必须远离世俗教育，断掉完善和提高自己的奢望。虔诚信教本身就能够让人性实现救赎。而在科西莫的资助下，人文主义学者研究了柏拉图和亚里士多德的学说以及其他已经被人遗忘的古希腊学说，这些学说是由拜占庭学者曼纽尔·克利索洛拉斯以及其他在 15 世纪早期来到佛罗伦萨的人所带来的，其中曼纽尔·克利索洛拉斯还是第一个将柏拉图的《理想国》（*Republic*）由希腊语翻译成拉丁文的人。柏拉图的著作对这些佛罗伦萨学者有着很强的吸引力，因为他们将人类的教育和文化成就与其自身的完善和虔诚信仰联系在了一起。

在追逐权力和名望的过程中，科西莫不仅依靠资本和政治手段，还借助了艺术和宗教的力量，以此巩固自己的权势地位。1439年，他资助启动了佛罗伦萨会议（Council of Florence）。在这次会议上，他希望把东西教会合二为一。科西莫盛情款待教皇尤金四世（Pope Eugenius IV）和来自拜占庭帝国的代表，其中既有教会人士，也有希腊学者，后者正急于恢复亚里士多德、柏拉图及他们那些不为人知的著作的绝世光彩。乔治·纪密斯特·普里索（Georgius Gemistus Pletho）以及曼纽尔·克利索洛拉斯也来到了佛罗伦萨，其随身携带的是西方此前闻所未闻的柏拉图的大作，并在科西莫的协助下开始讲授希腊文。人文主义学者终于可以读到原汁原味的柏拉图著作了，这在历史上还是第一次。普里索和克利索洛拉斯在佛罗伦萨的首席学徒，正是科西莫的管家之一马尔西利奥·费奇诺（Marsilio Ficino），他是科西莫私人医生的儿子，当私人医生去世之后，科西莫就把费奇诺招至麾下。之后，费奇诺成了意大利的首席希腊学者，他在卡雷吉（Careggi）设立了柏拉图学院，此地是科西莫最为钟爱的地方。

文艺复兴历史上最富影响力的哲学运动的大幕就此拉开，这场运动给基督教带来了人文主义的思想和世俗的光辉荣耀，使其面貌为之一新。费奇诺呼吁民众进行精神层面的沉思，但他同时认为，这种沉思与知识的学习一起，既能给人带来尘世间的完美，也能给人带来来世的幸福。与奥古斯丁不同的是，他主张，异教学习和基督教信仰应当和平共处。如果罗马人认为，财富的洪流可以驱动生命的方舟，那智者在世时就可以把握人生的航向。费奇诺写道，对于通过谨慎思考预见的未来，人类是能够进行控制的。奥古斯丁要求，虔诚的信徒应当远离亚里士多德那些离经叛道的著作，但费奇诺引述了亚里士多德《尼各马可伦理学》（*Nichomachean Ethics*）中的论述：为了降伏自然这一造物主的作品，就需要将其立足于“智慧的基石”上。通过引用《约翰福音》第 19 章第 11 节的内容，费奇诺将希腊智慧与基督教联系起来，声称人类驾驭财富的智慧只可能是上帝赋予的，因此自古以来就属于一种美德。[20]

新柏拉图派哲学（Neo-Platonism）不仅简单意味着对世界智慧的不懈探索，还要求人们通过艺术创造来模仿和描绘现实。在多纳泰罗（Donatello）和波提且利（Botticelli）的笔下，既有传统的主题，也有世俗的形象。他们的作品越发精致，他们的信仰就越发虔诚。正是由于这个原因，科西莫既支持他们，又仰慕他们。正如达梯尼一样，这些唯物主义贵族仍然很虔诚，但远古智慧的钥匙，为这些富人和精英开启了智慧之门，这对于那些正享受着佛罗伦萨的商业繁荣和高雅文化的人来说，具有很强的吸引力。

但二者并非相安无事。费奇诺的继任者皮科·德拉·米兰多拉（Pico della Mirandola，1463—1494），来自摩德纳（Modena）附近艾米利亚－罗马涅大区（Emilia-Romagna）的一个贵族家庭，他对商业伦理并没有多少好感。作为洛伦佐那个年代的人，他从来不知道曾有这样一段时间，一群伟大的银行家通过实践，为佛罗伦萨赢得了无上荣光。影响皮科的因素中，既有他自己的贵族意识，也有费奇诺的柏拉图式的著作。1484 年，他遇到了洛伦佐和费奇诺，这两个人都成了这位年轻有为的学者的庇护者。皮科所著的《关于人的尊严的演说》（*Oration on the Dignity of Man*，1486）一书，从各个角度来说，都称得上是文艺复兴全盛时期的代表作品。“噢，人类是如此伟大，又是多么幸福！他有权利自主选择，更能如己所愿。”皮科盛赞人类的智慧，并认为数学是一门神圣的学科，可以帮助人们认识自然。但是，对皮科来说，数字依然是纯粹的，并不包含商业经营的世俗利益。他警告说，不要把“神圣数学”与“商业核算”混为一谈。这种逆商业潮流是一种文化思潮的转变。新柏拉图派哲学中所蕴含的贵族主义思潮开始对商业伦理造成侵蚀。[21]

科西莫仍然保持着记账的习惯，但这并不符合贵族的理念，也不属于文艺作品的范畴，后者已经完全占据了他作为基督教教徒的全部精神世界。如果说达梯尼的问题在于信仰上帝和追逐利润的两难，那科西莫实际上是不经意间在商业伦理和宗教信仰之间划开了一道鸿沟，加剧了基础商业经营活动与作为柏拉图式的精英人士所希望的更高层次追求之间的对立。对于科西莫的家族、业务伙伴和银行来说，这种困境所带来的影响十分长远。

科西莫对自己儿子的期望值很高，这不难理解。他将美第奇家族视为佛罗伦萨的统治者。也许是因为沉浸于新柏拉图派哲学的世界里，或者只是希望建立一个帝王式的家族，又或者仅仅是一时的自负，科西莫并没有将会计核算知识传授给所有的儿子。这个决定，不仅破坏了美第奇银行的经营，同时也影响了佛罗伦萨的繁荣。

科西莫有两位合法继承人。年龄较大的一位是皮耶罗（Piero），他具备商业意识，却没有受过严格的会计业务培训。他接受的是盎格鲁·波利齐亚诺（Angelo Poliziano）等教授拟定的人文主义课程教育。皮耶罗将负责管理共和国事务。科西莫的另一个儿子是乔万尼，他受过严格的业务培训。他的任务是管理银行，因此他学习的内容与父亲学习的类似，也知道如何才能记账和进行审计。问题在于，乔万尼沉迷于锦衣玉食的生活。他知道如何记账，却缺乏良好的记账能力。他于1463年去世，享年34岁。皮耶罗也被称为“皮耶罗一世”（the Gouty），他很有能力，但健康状况欠佳。科西莫去世之后，他于1464—1469年接掌了大权，在这段时间，他试图继续推行父亲掌权时的银行业审慎经营策略。美第奇银行以皮耶罗为首，但缺少经理人。银行缺少最终的审计师，而没有审计师，银行是无法正常运转的。[22]

对如今的游客来说，文艺复兴时期佛罗伦萨具有标志性的人物形象之一，就是科西莫的孙子——皮耶罗的长子洛伦佐·德·美第奇（Lerenzo de' Medici，1449—1492），他是佛罗伦萨文艺黄金时期的城邦领袖。在他生活的时代，人们认为他极度丑陋（马基雅弗利把他比作畸形的妓女），但就他的半身雕像和画像而言，这些佛罗伦萨文艺黄金时期的艺术作品充满性感与力量感的迷人魅力，正是佛罗伦萨艺术黄金时代的典型代表，这一点毫无疑问。在波提且利、布隆齐诺（Bronzino）、韦罗基奥（Verrocchio）和瓦萨里（Vasari）等大师的刻画下，洛伦佐那长长的鼻子、赤褐色的鬓发和凶猛的表情成为不朽的艺术传奇。他是一位诗人，是新柏拉图派哲学的学徒，也是波提且利、莱昂纳多·达·芬奇、米开朗琪罗（Michelangelo）和基尔兰达约（Ghirlandaio）等大师的朋友和庇护者。他也是一位专制君主，是欧洲权力的仲裁官，并与奥斯曼土耳其人（Ottoman Turk）进行交易，后者已经成了君士坦丁堡的新主人。他同时也是一位糟糕的会计师。他肆意践踏佛罗伦萨共和国的自由权利，将城邦金库挥霍一空，利用这些财富为自己的家族换来了教皇的无上权力。佛罗伦萨的繁荣壮大离不开美第奇家族的帮助，但在洛伦佐的统治下，破坏城邦财务稳定和民主自由的也正是他们。

人们将洛伦佐称为“伟大的洛伦佐”，而他也确实可以代表佛罗伦萨的辉煌巅峰。如同大多数历史伟人一样，通过远扬的威名和艺术成就，他在某种程度上实现了不朽。从历史上看，Magnifico（显要人物）在意大利是一个怪词，因为它有多重含义。如今，与这个词紧密相关的，是洛伦佐那目空一切的形象、无上的权力以及对艺术的包容和支持，但在1400年前后，这个词实际上是对银行业主管的尊称，比如magnifico major mio，即“我尊贵的老板”。这不是一个高贵的头衔，而是公司内部的管理头衔。但随着美第奇家族的兴起，该称谓已逐渐变成了实际上的贵族头衔。对洛伦佐的称谓进一步延伸成为la Magnificenza Vostra（殿下），这是一个更为正式的称谓，随着称谓对象日益高贵，这个词所代表的地位也水涨船高。它本来应该提醒公众，洛伦佐仍然是美第奇银行的掌管者，但实际出现了与此相反的情形。[23]

洛伦佐在20岁的时候执掌了银行业大权，此时管理层的代际转移已经完成。洛伦佐只是名义上的领导者，却并非真正的管理人。他是政治斗争的大师，面对他人对城邦统治权的严峻挑战，他顺利通过了考验，以高超的政治手腕实现了对城邦的控制，并为自己的家族赢得了教皇的宝座。但是，他既没有接受过管理银行的会计培训，也缺乏必备的严格标准来监督城邦的账目记录。尽管表面上他仍然要以一个佛罗伦萨共和国市民的形象示人，但他从小接受的，是有关现代国王的教育。正因为如此，拥护共和国的马基雅弗利才对他实施了严密的监督。[24]

洛伦佐才华横溢，并受过良好的教育，同一时代的很多人都对他表示认可。人文主义者阿拉曼诺·里努奇尼（Alamanno Rinuccini）斥责洛伦佐是一位暴君，但同时承认，他“多才多艺”，他会跳舞、射箭、唱歌、骑马、玩游戏以及弹奏乐器，还会写诗。在其他国王看来，他简直就是一个标杆，他甚至委派自己的老师培训其他国王和统治者。同时，他还是美第奇银行的领导者，但是他并不具备管理银行所需的技能，或者说是缺乏管理的意愿。马基雅弗利评价说，他是一位能干的国王，却是一位蹩脚的银行家。结果就是，洛伦佐要通过掠夺佛罗伦萨的金库来维持银行的经营。由此，亚当・斯密得出结论说，国王和城邦应当把金融交由专业的财务大师来进行管理。[25]

因此，他需要一位优秀而又值得信任的会计师，在承担贝西的角色的同时，还需要承担自己祖父科西莫的最终审计师的角色。随着具备财务能力的家族成员相继离世，美第奇家族日益需要弗朗西斯科・萨塞蒂（Francesco Sassetti，1421—1490）的帮助。作为最为成功和最值得信任的分行经理，他需要就银行的所有重大事项进行决策。他负责监督公司的账簿记录，并进行全部的最终审计工作。萨塞蒂管理着整个银行，他并不是以合伙人的身份工作的，正如洛伦佐所说，他是“我们的总理”。这一表述并不仅限于一家公司，而是覆盖了全部的统治领域。萨塞蒂并没有从科西莫的精英贵族式教育中得到多少好处，他成长于达梯尼的培养模式之下。他的角色定位，是一名合格的账簿管理员、一位银行经理，以及一位通过严格自律服务于美第奇金融帝国而发家致富的商人。在为日内瓦分行工作的过程中，他展现了自己的才华，并赢得了美第奇家族的信任。作为一名受过培训的会计师，他开始对新柏拉图派哲学感兴趣，并通过贵族式的资助来支持文艺复兴时期佛罗伦萨的艺术发展。与科西莫不同的是，科西莫可以将商业和艺术融为一体，但对萨塞蒂来说，对艺术的爱好分散了他对账簿投入的精力。

1458 年，当萨塞蒂从日内瓦回到佛罗伦萨时，他步入了全新的生活阶段。他不再是一名分行的合伙人，而是整个美第奇银行的高级（而且富有的）经理。他得到了暗中的支持和信任。但是在 15 世纪 70 年代，科西莫已经去世了很久，作为美第奇家族的跟随者，与贝西曾经的那种生活方式相比，情况已经发生了翻天覆地的变化。萨塞蒂不再全身心地关注会计账簿，而是更注重与盎格鲁·波利齐亚诺这位同时期的顶级人文主义学者进行探讨切磋，并与费奇诺过从甚密。

萨塞蒂很快卷入了与新圣母马利亚教堂（Church of Santa Maria di Novella）的争执，后者出于家族声誉和优先顺序的考虑，拒绝萨塞蒂归葬于此地。面对佛罗伦萨最为重要的教堂之一，萨塞蒂被迫放弃了将来能荣耀地葬于其中的想法，他决定建造自己的教堂，并把地址选在个人拥有众多房产的地方。在这里，他可以向世界展示自己的巨大影响力、无双财富、对主的虔诚以及修养。他与著名的画家基尔兰达约密切配合，并成为后者的主要赞助人。

对萨塞蒂教堂（Sassetti Chapel）的构思耗费了萨塞蒂无尽的热情，这一伟大建筑也完全值得后人感恩。该教堂成为基尔兰达约的代表作之一。其中著名的壁画《圣殿中的撒迦利亚》（*Zacharias in the Temple*，1486—1490），不仅描绘了作者本人的形象，还描绘了新柏拉图主义者费奇诺、克里斯托福罗·兰蒂诺（Christoforo Landino）、波利齐亚诺、季米特里奥斯·查克迪丽斯（Demetrios Chalkondyles）的形象。萨塞蒂教堂的构造，是画家与会计师通力合作的结晶。他们共同的目标是，完成一幅虔诚的基督徒绘画作品，同时宣扬新柏拉图主义的价值观点，并体现萨塞蒂在佛罗伦萨的社会地位。在《艺术家的生活》（*Lives of the Artists*）中，瓦萨里声称，基尔兰达约最逼真地描绘了新柏拉图主义者的形象，力图展现佛罗伦萨学识最为渊博的人士的伟岸和重要性。在一幅作品中，基尔兰达约描绘了萨塞蒂、洛伦佐、波利齐亚诺和圣弗朗西斯承受圣痕（stigmata）的情形。在另一幅作品中，基尔兰达约描绘了萨塞蒂及其爱人屈膝行礼的样子。此外，还有《蒂伯廷·西比尔鼓励屋大维皇帝表达对基督的崇拜》(*Tiburtine Sibyl Moving the Emperor Octavius to Adore Christ*)以及基督诞生的场景。费奇诺称赞萨塞蒂教堂是新柏拉图主义者完美形象的具体体现。[26]

但是，与对商业经营的思考相比，费奇诺对哲学思想的认识要深刻得多。1485年，当萨塞蒂教堂完工之时，教堂的恩公已经陷入了财务困境。在1488年的《遗嘱》(*Testament to His Sons*)一书中，他坦白，对里昂分行糟糕的管理所带来的"严重而危险的后果"威胁到了萨塞蒂家族的财富和他们著名的蒙蒂宫，他建议把后者捐给教会中可信任的密友，以避免其被没收充公或者毁在家族人的手中。尽管曾经说过"命运何其怜我"这样的名言，也曾著作等身，文化造诣深厚，但是对萨塞蒂来说，命运之神已经开始转向，他为自己能否挺过这场灾难而忧心忡忡。[27]

他责备里昂分行的经理里昂托·德罗西(Lionetto de' Rossi)，因为后者对该分行进行了"糟糕而疏忽的管理"。但严格按照规则来讲，萨塞蒂属于该分行的管理合伙人，因此也要负责任。他才是最终的审计师，却放手不管。萨塞蒂不仅允许分行经理冒各类风险，自己也不再进行严格的会计记录，而这正是他工作职责的核心所在。值得关注的是，他有一本秘密账本保存了下来，也就是他在1462—1472年这些关键年份的机密账，账簿记录显示了萨塞蒂的管理失败。他本来按照复式记账法记录银行经营情况，在早期的经营过程中，他也确实严格遵循这种做法，一如人们对他的期望。他记录了自己名下的大量房产(1466年为52 047弗罗林)，并记载了阿维尼翁等分行的经营情况。所有这些都是按照复式记账法记录的。但从1472年开始，萨塞蒂的复式记账记录开始变得零零散散，完整系统的记录已经消失了。作为受过传统会计知识培训的人，萨塞蒂已经丧失了这一技能。此外，他也不再对分行实施严格的管控。他给了分行经理更大的自主空间，让他们自我审计，这实际上意味着放弃了经营管理权。分行经理开始向其他国王借钱，这是当时科西莫严厉禁止的行为。1469 年，当爱德华四世（Edward IV）拒绝偿还其在玫瑰战争（War of the Roses）中的债务时，伦敦分行便大祸临头。而 1479 年是美第奇银行开始垮塌的年份。[28]

洛伦佐已经开始允许倒霉的布鲁日分行经理塔玛索·波尔蒂纳里向无畏的查尔斯（Charles the Bold）借出大笔资金，后者是勃艮第公爵（Duke of Burgundy），以欠债不还“著称”。科西莫不怎么喜欢波尔蒂纳里，但最终还是让他升到更高合伙人的位置。波尔蒂纳里仅持有该分行约 13.5% 的股份，而美第奇家族持股比例超过 60%。但萨塞蒂仍然给了他自由决策权。而波尔蒂纳里也很享受自己在公爵法庭的地位，在那里，人们按照类似皇家的礼仪来款待他。波尔蒂纳里本身并不是一个糟糕的管理者。该分行的记账员是卡罗尔·卡瓦尔康蒂（Carlo Cavalcanti），他整天埋头于高深的账簿业务中，终日与算盘为伴，一切都是因为布鲁日分行要向勃艮第公爵发放贷款。出于政治考虑，萨塞蒂和洛伦佐都坚决同意发放这笔贷款。当得知波尔蒂纳里手头持有大量现金之后，伟大的法国历史学家和政治家菲利普·德科米纳（Philippe de Commines，他一直因为未付利息问题与银行存在争执）惊呆了。波尔蒂纳里为勃艮第公爵提供了超过 6 000 银币的信用额度，这是合伙企业资本的两倍多。如果勃艮第公爵无法偿还，损失将难以计量。但洛伦佐可能希望取得勃艮第公爵的支持，为美第奇家族在勃艮第地区的明矾矿山提供便利。[29]

不管出于什么目的，这种做法都是违反银行经营政策的，因为这些贷款导致会计账簿出现了亏损记录。勃艮第·查尔斯没有偿还借款。他在 1477 年去世的时候，已经欠了银行 9 500 银币，这一金额是布鲁日分行总资产的 3 倍多。银行还向其发放了更多的贷款，但是这位高官甚至都无法偿还借款的利息。尽管汇率一直在浮动，这些贷款导致该分行的亏损达到了惊人的 70 000 弗罗林（科西莫去世时，评估的资产总额也仅仅是 120 000 多一点弗罗林）。

1478 年，洛伦佐派密使来见波尔蒂纳里，带来了一个后者无法拒绝的要求：他必须清空美第奇银行的股份并向美第奇家族还债。由欧洲理财大师和政治精英起家的波尔蒂纳里，落到了一无所有的境地。另外一个例子则略带艺术讽刺意味。为了追回汉斯·梅姆林（Hans Memling）的一幅末日审判作品，波尔蒂纳里曾被卷入一桩漫长的诉讼案。这幅作品约在 1467—1471 年本来由布鲁日分行保管，但被波兰海盗从航船上劫走。他不得不放弃对这幅画的索取权。在这幅作品中，大天使圣米迦勒（Saint Michael the Archangel）握有一架天平，对灵魂进行称量，以此确定谁将坠入地狱。这体现了一场最终的清算，描绘了一位会计师通过点燃自己的生命来献身艺术，因为天平上所画的不是别人，正是塔玛索·波尔蒂纳里。

里昂分行的倒闭，并不是又一家美第奇银行关门歇业那么简单。这次，萨塞蒂本人就是合伙人，也承担着失去自己全部财产的风险。作为一名具有丰富经验的经理人和会计师，他一定已经很清楚地从会计账簿中意识到了危险的降临。1462—1468 年，里昂分行的收益率在 70% 和 105% 之间浮动。而银行平均收益率为 8%~10%，一家效益较好的美第奇银行的收益率有望达到 15%~30%，这需要与富人和权贵保持良好的关系并收取较高的利息。但高达 105% 的收益率说明，这其中一定存在不正常的情况。很明显，有人允许可疑债务长期挂账，从而导致利润指标反常。审计师有义务确认这些质量较差的借款，并对其重新进行评估。萨塞蒂从未要求经理进行审计，他也没有实施过巡回审计制度。按照萨塞蒂的说法，由于曾经十分赚钱的里昂分行的“邪恶而粗心的错误管理”，同时也由于萨塞蒂本人的原因，1488 年，在他 68 岁高龄的时候，他不得不亲自到法国进行审计工作。[30]

基尔兰达约此前曾经为萨塞蒂创作优秀的作品，以此彰显萨塞蒂在美第奇银行和佛罗伦萨文化生活中的重要地位，现在他又为这位失败的会计师绘制了离别的肖像。这幅作品依然是基尔兰达约的代表作，《弗朗西斯科・萨塞蒂和他的儿子特奥多罗》（约 1488 年）如今悬挂在纽约大都会艺术博物馆（New York Metropolitan Museum of Art）内，画中是一名男子及其幼子平静的形象，作品背景是乡下的托斯卡纳风光。博物馆对这幅绘画作品的描述是，作为“美第奇银行帝国的总经理”，画作中的萨塞蒂要比其将近 70 岁的年纪显得年轻一些。所有证据表明，基尔兰达约在绘制这幅作品的时候，并没有当着萨塞蒂的面。事实确实如此，1488 年，萨塞蒂已经离开佛罗伦萨，去处理里昂分行的紧急情况。他极其担心自己将一去不返，于是把这幅作品作为最后的遗产，和遗嘱放在了一起。

1488 年，当萨塞蒂从里昂回来的时候，他已经失去了所有财富，自己家族在佛罗伦萨各项事务中的话语权也已经烟消云散。美第奇银行已经不再是一个庞然大物。正如亚当・斯密所说，国王往往是糟糕的理财师，因为其时时刻刻都面临诱惑，希望把个人荣辱置于商业经营之上。洛伦佐丧失了银行业绝大部分的财富，但他依然可以动用公共基金，为家族项目提供资金支持。1494 年，当美第奇家族被从佛罗伦萨驱逐、共和国重归马基雅弗利（他知道怎么进行复式记账）掌管以后，美第奇家族动用他们的财富，招募了雇佣兵，并重新夺回了这座城市的统治权。洛伦佐的孙子洛伦佐·迪·皮耶罗·德·美第奇（Lorenzo di Piero de' Medici）将会重新归来，推翻共和国的统治，并在1513—1519年再次掌握这座城市的统治权。他把马基雅弗利投入狱中，并对其严加拷问。洛伦佐的次子乔万尼·德·美第奇于1513年被提名为教皇里奥十世（Pope Leo X）；他的另一个杰出的孙子也会回来，科西莫一世将以托斯卡纳大公的名义，在一段时间内统治日渐式微的佛罗伦萨；还有一位将在1605年成为教皇里奥十一世（Pope Leo XI，成为教皇26天之后他就去世了）。但是，由于洛伦佐糟糕的管理，美第奇银行几乎销声匿迹，而他的政治手段也导致曾经显赫一时的共和国步履蹒跚。美第奇家族的飞扬跋扈给佛罗伦萨造成了惨重的损失，对于这一影响的深远程度，如今可从共和国档案的账簿记录中可见一斑，而共和国本身早已消失在历史的尘埃中。

科西莫·德·美第奇拿出自己的部分财富，用来资助新柏拉图主义者的思想研究，并满足自己世俗荣耀的追求和探索。就其家族显赫强大的程度来看，他是成功的。美第奇家族有人成为教皇，有人成了托斯卡纳地区的大公，还有人成了法兰西王族的前身。美第奇家族的历史以及家族倒霉的会计师萨塞蒂的经历都表明，即使像佛罗伦萨会计记账这么悠久的传统，这么根深蒂固的传承，都有可能迅速化为泡影。科西莫是当时最伟大的银行家，他根本不承想，自己对柏拉图思想的迷恋和追求，会对会计记账和问责的文化传统造成数百年的侵蚀。确实，这是他影响范围最广、持续时间最久远的遗产之一。

第四章
数学家、朝臣及世界之主

对于我当前没有见识过，这辈子也不曾接触的东西，我根本不会费心去尝试。

——西班牙菲利普二世，1574 年

具有讽刺意味的是，记载复式记账法的手册首次出版之时，正值意大利在欧洲政治地位衰退之际。卢卡·帕乔利（Luca Pacioli，1445—1517）是多米尼加修士、人文主义学者和数学家，1494 年他出版了《算术、几何与比例论》(*Treatise on Arithmetic, Geometry and Proportion*)。同年外国军队入侵意大利，推翻了共和国的统治，亚平宁半岛上首次出现了法国和西班牙的皇家权势。复式记账法已经存在了 200 多年的时间，但一直到现在，也就是在文艺复兴时期商人势力式微的时候，这种记账机理才开始被印在手册上，并为人广泛接受。帕乔利在这本书中，至少在刚刚开始的时候，讲述的是第一本公开出版的会计手册的故事。这个故事还描述了近 100 年时间里，这本手册如何一直默默无闻、一直为商人及同类思想家所忽视的境况。16 世纪的各大君主制国家，有时统治它们的是满怀骑士精神和信奉新柏拉图主义的王者，尽管很多国王也努力搜寻优秀的会计师来为他们管理国库，但他们仍然歧视会计记账，认为这是低一等的商人文化。对于正四分五裂的西班牙帝国来说，这种对会计的歧视将会带来严重的影响。

帕乔利被视为会计学之父，而他所写的手册是会计学的奠基之作。有关会计学的所有重要著作，从文艺复兴时期一直到现代社会，都或多或少基于帕乔利的著作，这使他成为会计学历史上的核心人物。但正如弗朗西斯科·达梯尼使用过的复式记账账簿所展示的，帕乔利对复式记账法的论述姗姗来迟，当时会计核算和记账文化已经开始走下坡路。该论述并没有跻身文艺复兴时期伟大著作的行列，但在人文主义方面具有重要的历史地位。16 世纪，只有极少数伟大的学者和思想家，以及更少数的政治领袖知晓这本书的存在，而借助这本书治理国家的就更是凤毛麟角了。

作为一名托斯卡纳地区的方济会修士（Franciscan friar），帕乔利还是几何和代数学专家，同时是一位新柏拉图主义者的弟子。他与科西莫·德·美第奇生活在同样的社会环境中，把商业经营作为赢得政治权利的基础。他认为，会计核算与市民人文主义紧密相关：正是由于商业发展、传统知识对城市文明的推动，才使得像佛罗伦萨这样的城市成为商业文明、智慧文化、艺术作品和建筑成就的集大成者。作为一名牧师和一名数学家，帕乔利坚信，把这些伟大成就串联在一起的，正是上帝的语言：数学。复式记账法确实很普通，但在日常的财务管理中属于不可或缺的数学工具和哲学手段。[1]

帕乔利的一生，总是伴随着不凡的轨迹。作为数学领域的专家，他在家乡托斯卡纳地区的博尔戈·圣塞波尔克罗镇（Borgo Sansepolcro），临近阿雷佐（Arezzo）的珠算学校接受了教育，以期成为一名商人。他得到了一份工作，为大画家和著名数学家皮耶罗·德拉·弗朗西斯卡（Piero della Francesca）的工作室服务，后者曾经帮助欧几里得（Euclid）的作品重现光彩，其以《鞭打基督》（*The Flagellation of Christ*，约1455年）为代表的作品都很杰出，但在角度和比例方面并不完美。帕乔利尽管从未成为原创性思想家，但他是一名优秀的解说者，在与当时的伟大艺术家搞关系方面很有一套。德拉·弗朗西斯卡很喜欢帕乔利，并把他带到了米兰，在这里，他把帕乔利介绍给当时最有名的人文主义学者之一，著名工程师、建筑师和哲学家莱昂·巴蒂斯塔·阿尔贝蒂，后者正如早期的人文主义学者一样，喜欢将实实在在的手工艺知识与正统的哲学理念联系起来。事实确实如此，在作品《家庭》（*On the Family*，1434年）中，他论述了佛罗伦萨的日常家庭生活伦理，并着重强调了会计核算和家政学的重要性。阿尔贝蒂将帕乔利带到了罗马，在这里，帕乔利成为一名牧师和著名的大学教授，并与众多艺术家过从甚密，比如贞提尔·贝里尼（Gentile Bellini）、乔凡尼·贝里尼（Giovanni Bellini）、波提且利、基尔兰达约、彼得·佩鲁吉诺（Pietro Perugino）、卢卡·西诺雷利（Luca Signorelli），甚至还有丢勒（Dürer）等。[2]

以会计师为原型的最有名的绘画，当数出自雅各布·迪·巴尔巴里（Jacopo di Barbari）之手的帕乔利绘像（1495年）。作品体现了作者对代数知识的系统把握，绘画中帕乔利与其学生乌尔比诺公爵（Duke of Urbino）吉多贝多·达·蒙泰费尔特罗（Guidobaldo da Montefeltro，1472—1508）呈现出协调一致的比例结构。在这幅作品中，帕乔利正在解答一道代数题目，而人们在作品右下角可以看到一本会计账簿。1474年，帕乔利成为乌尔比诺公爵儿子的私人老师，就在意大利著名的人文主义集会场所之一，帕乔利获得了一份显赫的工作。这正是意大利人文主义的巅峰：一方是方济各会修士，一方是世俗的国王，双方合作通过数学方法进行演算，试图理解并展现出人体的比例。乌尔比诺是意大利最为高雅的宫廷家族，但也曾涉足中世纪的商业经营，这成为工会领袖、城市上层与贵族之间联系的纽带。实际上，公爵会亲自鼓励帕乔利讲授会计学课程，因为对乌尔比诺公爵来说，正如意大利所有的小型城邦一样，他也要靠商业贸易活动才能积累起财富。

最引人瞩目的是，帕乔利还是莱昂纳多·达·芬奇的亲密朋友。莱昂纳多曾经速描过正十二面体，这在此前迪·巴尔巴里的帕乔利塑像中有所体现，这正是对绘画及几何结构学的研究成果。莱昂纳多还通过实体和抽象两种方式，对柏拉图的五元素（土、水、气、火和天）进行了阐述。帕乔利认为他的朋友是“尘世间的帝王”。莱昂纳多与帕乔利就三维绘画进行过长时间的交流，并且通过向帕乔利请教如何利用角度和比例等问题，最终绘制出《最后的晚餐》（*The Last Supper*，1495—1498）这一杰作。

帕乔利生活的时代，是传统人文主义学者和政治领袖重视复式记账法，并将其作为重要知识内容的时代。通过引用维吉尔（Virgil）、圣保罗（Saint Paul）、圣马太和但丁的观点，帕乔利让读者确信，在掌握会计知识方面，谨慎、善良、勤劳的人们将会得到上帝的垂青。会计账簿上所记载的余额，表明人们面对上帝时所实现的道德平衡。达梯尼为他的员工提出了建议，而帕乔利则进一步描绘出广阔的蓝图。《概要》（*Summa*）中有关会计的那一章“如何核算”，正是此后政治经济学产生和发展的基石，因为这一章阐释了金融的基础知识，并清晰说明其为什么在维持共和国统治的过程中属于至关重要的因素。帕乔利进一步推导说，贸易活动、产业经营和获取利润，正是国家统治稳定和公共财政管理的基础。就这本书而言，尽管其中描述的是意大利中世纪和文艺复兴时期的社会管理工具，但其逻辑内容在现代社会仍然适用。[4]

自从500年前帕乔利发表其专著《概要》以来，会计核算的基础内容几乎没有什么变化。这位托斯卡纳修士声称自己并没有什么创新性的贡献。但他意识到，对于“会计账户及其账簿记录”，人们并没有系统地梳理，使其按照“整齐有序”的方式展现出来。帕乔利认为，会计核算将有利于帮助公爵成为一名优秀的商人，他在这本书的致辞中向公爵保证说，重视会计核算，会使得公爵治下的信贷业务和贸易活动蒸蒸日上。如果能够诚实记录各项交易，不仅有利于商人开展业务，还会让上帝对他们另眼相看，因为这些行为表示他们是“值得信赖的”而且是“正直无私的”。诚信之路的构筑，要通过清晰的数字计算和记账的方式来推动。帕乔利所说的威尼斯核算法，正是根据借贷两边的余额来核算利润和损失的。[5]

帕乔利的会计手册为商人们提供了实现资本增值的工具，这种工具既基础又重要：它使人们能够随时核算自己的资产负债情况。良好的会计核算的第一步，就是要盘点各类资产，其范围从房屋、土地、珠宝到货币、金银、纺织品、床铺、调料、皮具等无所不包。各类资产都属于资本，它们是会计借贷记录的起点。随后，人们需要设置会计账簿，记载与资本相关的收入和支出。人们有必要设置4本账簿：资产盘点账、备查分类账、日记账以及总分类账。[6]

在备查分类账中，商人根据每天的交易情况进行记录或者粘贴票据，“每个小时无一遗漏”，详细到“其销售或购买的全部商品”。备查分类账的存在，不仅对于实时记录各类数据信息是必不可少的，而且对于记载不同币种的交易活动也是不可或缺的，这些交易活动可能发生于多种不同的货币之间，需要按照统一的货币单位进行计量。每天交易结束时，商人需要系统地将备查分类账中的单证、收据以及交易汇总情况记入日记账中，以借方和贷方的形式体现出来。[7]

会计日记账，是把每笔交易的全部信息按照时间先后顺序进行的汇总，标明日期、代理商、货物以及币种等信息。每笔日记账都会注明“为”并记入借方，或者注明“拥有”并记入贷方。这些按照先后顺序进行的借贷记录，随后会归集到总账中。每当把一笔交易汇入总账时，人们就会注明字母（A、B或者C），以便对这笔交易在相应账簿中的位置进行索引。随后，这笔交易会被画上红线，表明贷方已经入账，在这笔账目与对应的借方记录吻合后，这笔交易记录上会再被画一条红线。人们会按照特定产品的名称，有条不紊地设置各个账簿，比如“生姜账簿”、特定业务或投资账簿等。[8]

帕乔利不仅解释了何为复式记账法，他还进一步列举了具体的例子，来演示各种交易类别。读者能够具体看到如何针对特定交易进行记账。他展示了怎样管理家庭财产，怎样实施差旅费管理，怎样管理一家多合伙人的企业，怎样管理市政公共账户，甚至包括针对一笔药店贷款该如何做账等问题。通过列举现有公司作为鲜活的例子，他坚持的正是美第奇家族已经弃若敝屣的原则：财产所有人必须对其经理人实施审计。

帕乔利希望，会计核算能够使自己所处的社会更加美好：“商人支撑着共和国。”他同时认为，一名会计师的技能和自律要求，要比律师更高。确实，对帕乔利来说，商人在共和国中扮演着关键的角色，因为他们能够计量、核算，从容应对繁荣与战争、饥馑与瘟疫等各种情形。共和国需要受到良好教育、严格自律而又道德高尚的商人，因为不管对企业还是对政府来说，他们都是自觉而又敏锐的管理者。帕乔利也承认，并不是每个人都可以进行会计核算的。他警告说，慵懒懈怠可能会导致灭顶之灾。[9]

坚持会计核算的原则对于共和国的诚信是至关重要的。帕乔利坚持认为，一名优秀的商人必须有良好的会计记录，这样才能让城市管理者很轻松地对他们进行审计。优秀的商人或文员对会计信息的记录所要达到的效果，就是没有人怀疑其做假账。他认为，个人通过向官员出示各类凭证或进行说明，能够对全部笔记的真伪进行验证。他还说明，在与税务官沟通时，商人应当如何进行账务处理以及如何向他们展示账务资料。他感叹，公共财务人员经常得不到良好的培训，把各类账簿搞得一团糟。“如果要跟这些人打交道，那真是一个悲剧。”作为商人，必须“把心思都放在店铺经营上”，并清楚地记录各类信息，以备纳税或审计之需。此外，税务官也必须承担起责任，具备成为一名无可指摘的会计师的能力。他提示道，威尼斯惩罚那些行为不端或做假账的税务官，是值得鼓励的行为。[10]

帕乔利很讲求实效，他意识到并不是所有人都适合记账。个人自律至关重要，因为正如帕乔利的警告，会计记录绝对不能有疏忽遗漏。除了账户的交易信息，即使是商业交流的内容也必须记录下来。他提醒道：“商人绝对不能随波逐流。”帕乔利也意识到舞弊是一个大问题。现实中有人可能设置两套会计账簿。“不幸的是，总是有许多人设置两套账簿，一套展示给买方，一套展示给卖方。更糟糕的是，这些人针对这些账簿进行舞弊。”即使是会计师，也经常存在设置秘密账簿的情形，以便在面对税务官和竞争对手时隐瞒自己的业务信息。达梯尼这样做，科西莫也如此。帕乔利建议，所有的记账人员都要在每笔交易记录上画叉。达梯尼和科西莫也这样做了，但只在他们的秘密账簿上才如此。帕乔利希望，早期的教育能够孕育出一种会计核算的新方法，这种记账方法既井井有条，又满足道德准则的要求。[11]

从此，达梯尼和科西莫的记账方法被公开了，并引起众人的效仿，这在历史上是第一次。对商人来说，这不仅仅是一种记账模式，它还阐述了记账的基本方法和相应的道德手段，这些对于维持健康的公共财政都是必不可少的。对一名讲求实效、阅读本书的意大利人来说，他完全可以把这本书看作一本完美的工具书，以此来管理一个欣欣向荣的城邦共和国。曾经虽普通但高度保密的意大利经营之道，实际上已经被公开了。会计核算的神秘面纱已经被揭下，并很快跨越国境被传播开来。借助帕乔利的手册，实际上任何城市或者统治者都可以建立会计学校，并培养出帕乔利所描述的那种管理精英。

至此，商业经营活动终于有了自己的一套理论体系，形成了一套抗辩和求证的模式。当时，人文主义者对罗马律师西塞罗头疼不已，后者声称，实施抗辩和提供证据等做法，是一项重要的公民美德。良好的公民有权公开表达自己的观点，并能够为其进行证明和抗辩，这是一项公民权利。会计账簿的记录就如同一种抗辩，并带有道义目标。账簿列明各类数据信息并进行加总，最后得到的数据就是经营成败的证明。尽管计算过程可能很复杂，但我们可以把最终的加总结果视为无懈可击的观点。这在财务和法律角度都是有说服力的。从科学的角度看，这一数据也是有说服力的。实际上，从帕乔利印制的手册中，那些阅读和学习的人可以学到数学知识、比例理论以及会计核算等内容。帕乔利迫切希望自己这本书能够大获成功。[12]

但这本书的表现不及预期。按照文艺复兴的衡量标准，帕乔利的《概要》这本书本身并不算特别成功。现存的 1494 年版本十分罕见，其印刷范围十分有限，第二版印刷在 1524 年。不久之前的重商氛围在上层社会和贵族阶层仍然占据着一席之地，但他们并不愿意去购买这样一本会计知识手册。美第奇教皇是美第奇银行家的子孙。像显赫一时的罗马齐吉（Chigi）家族一样，他们仍然保持着商人的身份，但同时也是人文主义学者和教会的成员。帕乔利的著作对这些人是有价值的，因为在他们的生活中，商业、数学、代数等各类知识相互交织，共同指向了对财富、艺术和智慧的追求。但在意大利商人甚至是富有的地主这一群体中，人们认为，对会计知识的学习，只有在家里、办公室或者会计学校中才能真正实现。[13]

在意大利，人们很容易接触到由家族制作的会计手册，这种情况司空见惯。有充分的证据表明，帕乔利著作中有关会计核算的那一章，只是把当时广为流传的威尼斯会计核算手稿正式印刷了出来。这可能说明了，帕乔利的著作为什么几乎没有意大利语的翻译版本。按照通行的人文主义传统，这本书可能会被作为其他人写作的参考资料，但后者从来不会就引用的资料向原作者致敬。大篇幅复制“如何核算”这一章内容的第一个人是多梅尼科·曼佐尼（Domenico Manzoni），他将其用于他的《复式记账本及其日记账》（*Double Entry Books and Their Journal*，1540）一书。曼佐尼是一位威尼斯珠算大师，师从著名的会计学教授安东尼奥·马里亚菲（Antonio Mariafior）。曼佐尼在他的作品中，一字不差地大篇幅引用了帕乔利著作的内容。他还试图厘清一些问题，比如哪些项目应当记入借方或贷方，如何对生物进行估值等（即使从今天的数理概率角度来看，这些也全都是投机取巧的）。他的作品还包括会计账簿的示范说明，由 300 条会计分录构成。商人因此可以向曼佐尼咨询，一笔交易该如何进行会计处理。[14]

在《概要》首次出版之后 50 年的时间里，这本手册的再版次数非常少，这一事实最令人惊讶。会计核算的大部分知识都源于威尼斯，但传播轨迹并不明显。各类有关货币兑换、市场、潮流、港口、文书以及税收的书，长期以来一直是通过手写或印刷成为业务手册的方式，而得到了广泛的传播。对于家族经商手册和书籍资料，长期以来一直有着手写的传统，它们随着货船和货车而“走南闯北”，在办公桌、账房和汇兑台旁边也总是触手可及。人们把这些资料称为经商的艺术。在大多数情况下，商人亲自撰写这些资料，并将其作为账簿信息的组成部分。[15]

在复式记账法的传播方面，帕乔利没有成功，但这并不完全是他的过错。就在著作出版之时，他所在的意大利商业贸易版图正在遭受西班牙和法国君主国家的冲击。1494 年，也就是《概要》出版的那一年，以法国为首，西班牙紧随其后，陆续入侵了亚平宁半岛，并把意大利最为繁华的地区变成了血淋淋的战场，持续时间达 60 多年。有人说，意大利共和国的时代让位于骑士时代，但这个转换的过程是十分残酷的，因为在武力威胁下，公民精神和重商人文主义思想也同时屈从于贵族甚至皇权的威力。在帝国王朝崛起的新时代，帕乔利有关共和国和优秀商人的老生常谈，自然响应者寥寥。商业伦理、银行经营以及账簿记录等，不适合神圣皇权和士兵的需求，而曾经服务于意大利商业经理的这些理论，自然也不能够以同样的方式满足官员的需要。

在帕乔利的塑像中，乌尔比诺的吉多贝多公爵摆出了一个贵族的姿势。但我们知道，迪·巴尔巴里的作品之所以为人铭记，是因为其塑造的会计师形象，而不是公爵。在与人文主义者沟通时，吉多贝多表现得品味不凡，但他是一位悲惨的统治者，体弱多病并且在战争中运气欠佳。他被教皇亚历山大六世（Pope Alexander VI）的孙子恺撒·博尔吉亚（Cesare Borgia）赶下了权位，尽管意大利一直位于西班牙统治者的掌控之下，但吉多贝多很幸运，1504 年再度执政。在他重新掌权时为其服务的，是来自曼图亚（Mantua）的一位名叫巴尔达萨雷·卡斯蒂廖内（Baldassare Castiglione）的年轻士兵，他手下有 50 名全副武装的下属。1529 年，当卡斯蒂廖内在托莱多（Toledo）去世之后，人们并没有记住他士兵的身份，也没有留意他作为教会特使的地位，相反，人们把他视为文艺复兴时期最伟大的作家之一，其作品《弄臣》（*The Courtier*，1528）跻身西方文学奠基作品的行列。该作品将贵族描述成不喜欢在金融理财领域钩心斗角的一类人，从而动摇了当时社会重视会计核算的价值取向。[16]

卡斯蒂廖内形容完美的朝臣应当是“完全没有任何缺陷”的人。这并不是基督教徒的自谦，而是新柏拉图主义者心怀骑士精神的表现。卡斯蒂廖内对骑士精神和人文主义基督教义的钟爱，是指要严格做到个人自律，实施自我控制，对于教皇、法国国王和神圣罗马帝国皇帝所要求具备的知识，都要做到了如指掌。一名优秀的朝臣需要有虔诚的信仰，要知道如何服务上级，如何与人交流，如何唱歌跳舞、谈情说爱，要具有勇气，还要能够写下柔情诗篇。正如传说中的骑士阿玛迪斯·戴高尔（Amadis de Gaul），他应当是一位彬彬有礼、善良正直的骑士。最重要的是，他应当谦虚谨慎，这是亚里士多德、塞内卡（Seneca）、塔西佗、柏拉图以及西塞罗等推崇的传统道德标准。他还需要能够掩饰自己的情感和诉求，权衡各方利弊，在这样一个宫廷奴性与显赫权势相互交织的社会中，他要承担起指引方向的重任。此外，卡斯蒂廖内的著作还传播潇洒的概念，或者说是轻而易举就能够功成名就的贵族幻觉。与会计记账过程中的小心翼翼相比，与会计核算和审计过程中的步步维艰相比，这显然形成了巨大的反差。在冰冷的数字中，在会计账簿铁一般的记录面前，显然不会有任何潇洒的东西。[17]

很有意思的是，对于科西莫曾经利用过、帕乔利详细阐述过的实践管理经验，卡斯蒂廖内却从未提及。他从来没提到过财务知识，更不用说会计核算以及会计记账和审计的相关概念了，而后者正是治国理政的基础性内容。而《弄臣》这本书，没有任何数据资料，也回避了商业文化，最终受到了贵族甚至商人读者群体的欢迎。作为一名贵族，在是否出版这本书的问题上，卡斯蒂廖内最初犹豫不决，因此，取而代之的是手抄本四处流传。但面对市场需求的压力，他最终要求阿尔都斯·马努蒂乌斯（Aldus Manutius）这家威尼斯大出版商来负责印刷出版。1528 年，这本书首批印刷的 1 030 本面世。总而言之，整个 16 世纪，这本书共计约 50 个版本，是当时最为热卖的作品之一，这与帕乔利的作品仅仅有两个版本形成了鲜明的对比。有证据表明，《弄臣》的读者，甚至包括神圣罗马帝国皇帝本人，西班牙统治者查理五世（Charles V，1500—1558），其传播范围包括奥地利和匈牙利、荷兰、勃艮第、米兰、意大利南部在内的哈布斯堡王朝（Hapsburg）的广阔疆域，甚至还包括“日不落”帝国海外版图。1529 年，在卡斯蒂廖内去世时，皇帝本人评价他说：“我想说，有一位世界上最出色的绅士离开了。”这就是帝国统治者对卡斯蒂廖内的高度评价。[18]

新柏拉图主义者之所以不重视会计核算，并不单纯是因为卡斯蒂廖内，还因为那些富有影响力的人文主义者，后者对经商及贸易致富抱有偏见，而且这种看法由来已久。最负盛名的新柏拉图主义哲学家皮科·德拉·米兰多拉也对商业知识不屑一顾，在这种背景下，他开办的贵族人文学校对全欧洲帝国的贵族精英产生了很强的吸引力。15 世纪末 16 世纪初的大人物，比如著名学者鹿特丹的伊拉斯谟（Erasmus of Rotterdam）和耶稣会（Jesuit）的创始人依格那丢·罗耀拉（Ignatius Loyola）等，所接受的人文主义教育强调个人自律、认真记录并要求做好会计记录，但最终目的并不是追逐利润。伊拉斯谟的《基督教王子的教育》（*Education of a Christian Prince*，1516）一书，根本就没有涉及财务内容。成立于 1534 年的耶稣会的条例注重数学教育，却不是为贸易服务的。实际上，耶稣会本身也有会计记录。为了维持自身修道会的正常运转，意大利耶稣会会士也自学了会计知识，以满足自己家族运作和巨额财富管理的需要。他们还设立了复杂的道德核算制度，在“功过簿”中对善举和罪行进行清算。耶稣会会士因为讲授应用几何学、航海学、天文学甚至军事工程学而声名大噪，但其正式课程中没有会计学。他们将会成为君王之师，但君王们却不能在自己统治的疆域内进行核算。商业会计成为文明传承的禁区。[19]

学院派思想家长期以来一直谴责资金借贷行为。12 世纪著名的法学家格拉蒂安（Gratian）引用圣杰罗姆（Saint Jerome）的话明确说道：“商人永远不会讨得上帝的欢心。”这种中世纪的观点在文艺复兴期间依然大行其道。拉伯雷（Rabelais）说，一位真正的“贵族国王绝对不会沾染一枚金币”，而且“储蓄属于真正罪恶的行为”。蒙田（Montaigne）也在《随笔录》（*Essays*）中阐述观点，认为一个人赚取利润就会对另外一个人造成伤害。身为贵族，可以参与纷争，虔诚祈祷，生活奢靡，甚至服从管制，但他们绝不会涉足金钱。[20]

会计核算，或者至少是糟糕的会计核算，是与贪婪和罪恶紧密相关的。昆汀·梅瑟斯（Quentin Metsys）的绘画作品《银行家和他的夫人》[*The Banker (or Moneylender) and His Wife*]，通过对金钱进行计量和核算的描绘，让观众与这种长期以来不协调的感觉产生共鸣。这幅作品创作于 1514 年，如今存放在罗浮宫，描绘了一位银行家称量金币，其他人躺在桌子另一侧的情景。画中银行家的夫人站在他身旁，手中翻开的是祈祷书（book of hours）。美术史学家埃文·帕诺夫斯基（Erwin Panofsky）描述了梅瑟斯是如何将宗教虔诚的情景与文艺复兴时期职场生活的现实形象整合在一起的。

画中的银行家仿佛并不是要谴责资金借贷行为，而是希望展示一位细心工作的商人及其虔诚信教爱人的严肃和认真。有报道说，当时该作品的边框上还写着《利未记》（Leviticus）第 19 章第 36 节中的话："金额的多少，重量的大小……这将是你们全部的追求。"[21]

梅瑟斯作品中金钱与信仰交织的情景，将会激发一连串作品的诞生，自 1519 年起，马里努斯·范·雷莫斯维勒共创作了 8 幅主题相同的作品，但很重要的差异是，商人妻子手中的祈祷书已经被会计账簿取代。作品的这个变化带来了深远的影响。绘有圣母和圣婴（the Virgin and Child）形象的那本书已经被银行家和他爱人弄丢了。他们手里只剩下一本涉及金钱数字的书。少了这本宗教典籍，这些作品描绘的，完全是市侩钻营的情景，展示的也仅仅是世俗的诱惑，而不再有宗教的意味。对于如同范·雷莫斯维勒所说的没有灵魂的职业来说，这些绘画作品无疑发出严正的警告。[22]

作为一名就读于比利时卢汶大学（University of Leuven）的天主教徒，范·雷莫斯维勒并未就此止步。他公然模仿了梅瑟斯的另外一幅作品，这幅作品已经遗失，原作描绘的是两位海关收税员，他对此进行了改变，塑造出历史上首个广受欢迎的反对会计核算的形象。他的《两名收税员》不仅公然反对放债者无休止的贪欲，还抨击了政府收税员、税收行为以及会计核算的方法等。不同寻常的是，作品还展示了会计核算的各种工具，比如账簿、收据、汇兑传票，还有乱七八糟的堆满房间的文件柜。会计师尽心尽责，把通俗易懂的会计分录归纳整理起来，放在被妥善保管的会计账簿中。作品中的第二个人物看起来是一位正在口头下单的客户，他面容扭曲，表情痛苦。会计账簿位于画幅的中央，第二个人物用手指着账簿，一副强颜欢笑却又内心痛苦的样子，让人一眼就可以看出，这笔交易并不公平。不管描绘的是商业经营行为还是政府征税的举动，这幅作品都把财务管理和账簿记录与不道德、投机取巧和违背基督教义的行为联系在了一起。[23] 这种挑剔看待商业经营行为的观点，让帕乔利的手册更加难以传播。

从道德角度来看，社会所面临的两难在于国王需要银行家和商人为其筹集资金，来供养其军队和满足炮舰、亭台楼阁以及法院场所等的建造开支。令人不齿的会计核算行为，越来越成为政府必须借助的管理手段。国王需要会计，但是他们经常没有相应的知识或有经验的人才，而这对商业共和国来说简直是小菜一碟。会计文化的缺乏，会影响许多城邦的财务管理能力，甚至会制约西班牙帝国的版图扩张。

到了 16 世纪 30 年代末期，神圣罗马帝国皇帝查理五世有充分的理由相信，在全世界的绅士中，自己当仁不让地排在首位。作为西班牙和哈布斯堡王朝的统治者，他打败了法国人，在教会中大权在握，并借助那不勒斯王国统治着意大利，从米兰、乌尔比诺到西西里岛，都臣服在他的统治之下。他取得了对新大陆（New World）的控制权，并将哈布斯堡王朝的统治扩展到南美洲。传说中秘鲁［Peruvian，如今的玻利维亚（Bolivian）］波托西（Potosí）银矿的无尽财富，尽在卡斯提尔王国的手中。查理的祖父母费迪南德（Ferdinand）和伊莎贝拉（Isabella）也早已经把那些最为遥远而又令人着迷的珠宝纳入怀中。格拉纳达（Granada）的哈里发（caliphate）于 1492 年表示臣服，随之而来的是安达卢斯（Al-Ándalus）的无尽财富，也就是今天的安达鲁西亚（Andalusia），在与旁边的西班牙人共处了 700 年之后，他们终于陷入了西班牙人的统治之下。查理已经把最贵重的金银珠宝揽入怀中，这比阿罕布拉（Alhambra）的财富或者秘鲁的银矿更为宝贵。他的权势遍布热带地区和地中海领域。查理出生在根特地区（Ghent），以夏洛莱

（Charolais）地区的比利时和荷兰等古老版图为基础，他接过了勃艮第地区的统治权。随着国际贸易的持续发展，荷兰等地成为实际上最为富有的地区。不到 100 万荷兰市民，上缴的税费占了西班牙帝国的 40%，而后者的子民多达数千万。[24]

查理不仅需要杰出的朝臣，还需要优秀的会计人员，尽管他知道这一点，但他不知道如何将这种需求转化成有效的政策法令。帝国存在的问题在于，尽管拥有不可想象的巨额财富，但井井有条的会计账簿记录经常显示，为了维持遍及全球的领土、港口和殖民地的运转，帝国的支出远大于收入。这是查理所面临的问题，也是这个他一手建立的帝国王朝将持续面临的问题。就在查理暴富之前，他已经债台高筑了。西班牙的贵族征服并管理着如此宽广的疆域，必须有财务经理人员，才能有效管理帝国巨额的收入，并应对那些惊人的支出。帝国皇帝不得不四处压缩开支，而作为一名优秀的勃艮第人，他依靠帝国庞大的法制机器，规定所有交易都必须进行清楚的核算，每个人都要向帝国皇帝缴纳销售税（5%~14%）。

银行家在西班牙属于稀缺人才，因此，查理把自己的命运押在了来自德国、意大利、荷兰、西班牙等国的银行家手中，并着手开始重建西班牙的财务管理体制。丝毫不令人惊讶的是，在这样一个商业帝国中，银行的经营范围遍及意大利和荷兰，银行由来自日内瓦和奥格斯堡的人掌管。庞大的舰队把黄金、白银、香料、稀有木材、植物，以及垄断奴隶贸易、糖和烟草公司经营所带来的利润等，源源不断地运到塞维利亚（Seville），各类会计账簿随处可见。但老派的骑士根本不知道如何利用这些账簿信息。[25]

在西班牙政府和西班牙商人联合会的部分领域，人们也有会计核算和审计的概念，其中，塞维利亚尤为突出。1503 年由信奉天主教的君主费迪南德和伊莎贝拉所设立的贸易议院，是一个规模宏大的存储场所，也是西班牙政府与美洲之间的贸易中心。议院由塞维利亚商人负责管理，他们的贸易遍及全球，并与意大利人存在广泛的合作，有时也很擅长利用复式记账法。基本账户，也就是装货和卸货账（charge and discharge books）都是按照复式记账法编制的。议院章程规定，议院应当设置仓库，以供印度群岛的货物进出，因此，这个仓库就成为常设场所。国王指定了 3 位主管：一位代理商，一位财务主管，还有一位会计。基本账户要受到严格的管控，对于财务主管的收入和支出，会计要一一加以记录。如同在热那亚一样，这里也制定了防范舞弊的制度：所有操作都要在一本集中总账上进行记录，每笔记录都需要 3 位主管同时签字。[26]

16 世纪这个庞大帝国和殖民国家的复杂运转，至少理论上从财务角度看是有效的。举例来说，在新大陆去世的人，其遗物通过保险柜都被运回了贸易议院。每个保险柜中的物品（通常是贵重金属和珠宝饰品）都被进行了细致的记录，如果死者的继承人不再索取这些物品，则会被记为收入项目，而这确实也是国王收入的重要组成部分。对于这些归属存在不确定性的财富来说，复式记账法可以发挥作用，既可以把它们直接交给其继承人作为支出项目，也可以作为政府的收入，用于支付工资和皇家费用。[27]

查理希望针对贸易议院制定相关的财务管理制度，将其真正纳入自己的掌控之下。但他所面临的困难并不容易克服。1523 年，查理五世将各地行政管理权和税收征管权纳入了统一的账户，实现了皇家庄园（Real Hacienda）的集权管理。1552 年，在颁布的国事诏书（Pragmatic Sanction）中，帝国皇帝要求，商人和政府官员的所有账册都要按照复式记账法进行编制，最低要求是，记载收入和支出的账簿要按照复式记账法编制。1553 年，帝国皇帝创设了西班牙国王总代理人这一职位，由精通复式记账法的人担任，他负责为整个帝国记录基本账户信息。[28]

这些举措并没有让查理变成一名财务管理员，也并不意味着他拥有了技能娴熟的管理者来执行其政策规定。尽管查理很希望自己可以按照完善的会计管理要求来治国理政，但他从来没有真正把这些改革措施推行下去。这也成为欧洲君主制国家的常态，对查理及其财政大臣来说，面对规模庞大的帝国债务负担，他们只是在当前收入的基础上玩一些拆东墙补西墙的把戏。由于脑子里满是贵族式的伦理守则，他对账册资料毫无兴趣。1556 年，当他退位时，帝国面临的是 3 600 万达克特（ducat）的债务，每年的财政赤字高达 100 万，财政总收入的 68% 都用来向外国银行偿债。[29]

当查理的儿子菲利普即位时，菲利普已经不再是神圣罗马帝国的皇帝了（他的叔叔费迪南德继承了这一职位）。他成为西班牙、葡萄牙的国王，以及西班牙帝国的统治者。菲利普二世是历史上第一位奢靡铺张、亲力亲为的贵族帝王，但不变的是，他也拒绝会计核算。他所面临的信息体系十分广泛而又极度复杂，信息体系的运作相当高效，即使是威尼斯大使都可以通过西班牙的皇家邮件传输系统，把自己的报告送回威尼斯。这位国王统治的疆域辽阔，但他并不喜欢旅行，而是沉浸在自己的虚拟世界中，在宏伟的埃斯科里亚尔（Escorial）宫殿中很少出去，他在宫殿中堆满了各类公文和报告（人们称他为文书之王）。埃斯科里亚尔是权力的中心，国王在工作台上辛勤工作，对于来自帝国各个角落的每一份报告，他都试图一一阅读并做出回复。每年流经他工作台的文件数量要超过 100 000 件，这远远超出了他可以处理的范围。他的档案室规模庞大，其中最有名的就是西曼卡斯（Simancas）城堡内的库房，以及贸易议院里规模迅速增长的帝国贸易和工商业档案馆。但是，发展到最后，菲利普的信息系统已经变得臃肿不堪，一如其试图掌控的帝国。他统治的疆域是如此的辽阔，以至于有时候需要 7 年的时间，他才能对像菲律宾等帝国偏远地区的信息做出回复。对西班牙帝国治理的研究表明，如果一个人要负责管理那么多小的事务，各种问题就自然而然地出现了。菲利普成功地对这套管理制度实施整体控制，但是有太多的问题和项目是游离在他的视野之外的，而会计核算问题就是其中很重要的一个。[30]

有人可能认为，一位整天埋头于数据和管理的国王可能会对会计核算很感兴趣。事实上，帕乔利的基督教式的会计核算可能对菲利普有一定的吸引力。跟查理五世一样，菲利普也在很长一段时间里因为资金问题而发愁。他一身黑衣，如同一位严肃的商人，按他自己的话说，就跟修士一样。他认真研究圣托马斯（Saint Thomas）的言行，以此来了解所谓的“公平价格”这一概念，却对利润兴趣寥寥。尽管一直保留着僧侣帝王的身份，但他在许多事情上比他父亲更加亲力亲为。但是，菲利普也承认自己“对财务事宜一无所知”，对会计核算也是一头雾水：“我不会辨别会计账簿或财务报告的好坏。对于我当前没有见识过，这辈子也不曾接触的东西，我根本不会费心去尝试。”对于财务问题，菲利普的态度既沮丧又鄙视。即使考虑到热衷参与微观事务管理的嗜好，他也没有表现出试图了解帝国账册的意愿。就管理帝国账册而言，他把这一项绝对核心的工作交由其他人掌管。[31]

菲利普要向神圣同盟支付费用，同盟组建起一支地中海舰队，在 1571 年的勒班陀海战（Battle of Lepanto）中击败了奥斯曼土耳其人。对这位天主教君王来讲，这当然是无上的荣耀，但为此付出的代价也十分惨重。战争结束之后，1571—1573 年，维持这支舰队的费用就高达 700 万埃斯库多（escudo）。与此同时，西班牙还在镇压荷兰人的叛乱。帝国过半的税收收入面临威胁，而且即使是军队针对平民发动的残酷战争，也让帝国在1572—1575年面临着1 100万达克特的费用开支。填补窟窿的，是帝国从美洲土著和卡斯提尔人（Castilian）那里收取的500万～600万达克特，在这种情况下，菲利普的皇位显然岌岌可危。破产威胁的阴影若隐若现，菲利普必须采取行动了。[32]

1573年，菲利普任命胡安·德奥万多（Juan de Ovando，1515—1575）负责监督新的财政委员会并实施改革，以避免帝国破产的命运。作为宗教法庭（Holy Office）审判所的审判员，奥万多在西班牙政府的管理机构西班牙帝国理事会和印度群岛理事会中发挥着举足轻重的作用。审判员既是各种异端邪说的粉碎者，也是受到严格培训的政府官员。他们负责监督教会的宗教教义、法律条款以及财务规定等。奥万多所面临的任务是重新梳理帝国的财务状况。他意识到，皇帝交给了他一项艰难的任务，并指出“几乎没有人知道财务都涉及哪些方面，因此，它就成为（大多数政府）畏惧的特定目标。”[33]

奥万多对政府财务报告和审计工作的效率进行了研究。他发现，3个重要的皇家机构未能实现对重要信息的交流共享。财政审计署自身关注的，是国库的日常运转和征税（包税）事宜。会计机构主要进行账务检查，并把检查结果报告给皇帝。财政委员会负责制定财务法规，力图增加皇家收入。这3家机构之间没有相互交流，因此经常出现工作重叠的情况。奥万多看到的是一只“多头长蛇”，经常出现不协调的情况，极易导致信息误导。财务信息因此并不准确。他抱怨道，自己下面的头头脑脑都“如此繁忙……根本就没人把财务问题视为自己的分内事”。[34]

奥万多并不了解复式记账法，但他明白其数据归集和平衡的原则。他需要独立的办公场所，希望有受到良好教育的精明管理人员参加相应的会议，在这些由法定4个人参加的会议上，将会产生财政委员会的所有决策。身为那不勒斯王国及其皇家财政委员会的西班牙总督，奥万多被视为其中的典型代表，人们认为该委员会的成员中“没有人不懂（会计核算和财务问题），就如同他们自己的国内预算一样”。那不勒斯不仅有开设珠算课程和复式记账课程的学校，帕乔利还曾在此亲自授课，并帮忙培训会计核算的精英人才。正如意大利的其他城市，即使从政府管理层面来看，复式记账法都属于较为高深的知识。西班牙总督唐·佩德罗·德托莱多（don Pedro de Toledo）就通过这套那不勒斯制度来征税，尽管这套制度较为混乱，但它至少可以把城邦的财务信息归集起来，而执行这套制度的经理人员也都受过会计方面的严格培训。[35]

奥万多的通信记录表明，在西班牙可不是这种情况。他警告说，财政委员会不需要“牧师和律师”，需要的是受过培训的“办事员和会计师”，并可以把后者升职为审计师。只有通过这种方式，西班牙政府才能编制出完善的会计账簿。一份国际备忘录显示，因为缺乏所需的财务工具，负责国际税收和财务管理的官员无法与热那亚和德国的银行家进行有效沟通。最终，奥万多意识到一个重要而且从当时看来具有颠覆性的问题：中央财政委员会必须得到国王的直接扶持和重视。只有国王才能充当最终审计师的角色。如果无法做到这一点，奥万多试图成为国家账户审判员的做法，就不会具备有效的权威。[36]

1574年4月11日，奥万多制作出一张描绘菲利普财务状况的巨额资产负债表。尽管这张资产负债表的财务报告基础存在缺陷，会计核算方法也比较粗糙，但该表仍不失为一项巨大的成就。表中数据十分惊人，这一点无可否认。这位国王的收入预计为5 642 304达克特，其负债则高达73 908 171达克特，每年必不可少的支出约为300万达克特。即使在没有任何费用支出的情况下，国王要还清这些债务，也需要15年的全部收入。[37]

奥万多和国王所面临的，是一场全球范围内的财政危机。当时的荷兰战火连绵，帝国的各个角落都在要求资金支持，奥万多认为国王需要增加税收。但是为了攫取更多的税金，帝国就需要更优秀的会计师和财务管理制度。菲利普就面临着这样的机会，可以借此推动西班牙政府走向现代化并实现高度集权。在菲利普的要求下，奥万多建议以集中化的会计管理制度作为政府必备的治理手段。但菲利普自己也承认，复式记账法也是一种十分危险的记账方法。他知道，不管是谁替自己掌管会计账簿，从某些方面来看，他拥有的权力都将超越自己。奥万多在一封信中曾经感慨道："国王并不信任我，也不相信财务人员（其他管理人）。"因此，财务决策往往是菲利普的高级部长等人做出来的，奥万多认为这些人对财务一无所知。[38]

面对奥万多的挑战，政府权势人物展开了反击。菲利普的顾问之一安东尼奥·德·帕迪利亚－梅内赛斯（Antonio de Padilla y Meneses）质问，作为一名垂垂老者，奥万多是否真正知晓财务问题。他手下既没有能员干将，本人也没有受过正式培训。帕迪利亚又质问，已经如此高龄的人物到底能否从头开始，学习和掌握财务金融知识。他说，这既是科学知识，也是门槛较高的一个行业，如同医生或律师职业一样。帕迪利亚承认自己根本无法学会这些知识。他知道，要想成为一名优秀的会计，就需要在年轻的时候接受培训，只有这样，才能对数据得心应手，对各项规定了然于胸，才能做好日常的复杂记账工作。但是，国王并没有办法来亲自培训会计师，以满足政府的管理需要。[39]

菲利普拒绝全面贯彻奥万多的改革建议，这导致政府的财政危机进一步恶化。也许这恰好满足了菲利普个人希望紧密控制政权的执念。他不仅没有设立统一的政府财政专户并实施集中化管理，反而热衷于对财务人员实施政治迫害。他于 1775 年对自己的政府管理团队开展了一系列审计工作，政府财政因此陷入了困境，而此时原本是奥万多认为合适的时机，可以借此增加流动性，使政府免于遭受破产的命运。菲利普极度热衷于纸上工作和玩弄手段，他的这一偏好充满了偷窥的色彩。他喜欢阅读告密者上报的秘密资料。奥万多声称各部长正在贪污和挪用皇家资金，菲利普为此激动不已。但这仍属于细枝末节，国王更为头疼的是如何才能通过征税来管理帝国的这个问题。当时，荷兰独立战争（Dutch Revolt）爆发，帝国最富裕的地区正试图脱离帝国的统治。比以往更显而易见的是，西班牙帝国的统治危机看起来更像是会计核算和诚信问责的危机。[40]

尽管有很多缺点，但菲利普也切实认识到，他可以让会计师走人，却无法让问题离开。他意识到，帕迪利亚是对的。他需要一位受过培训的会计师，来为自己解决财务问题。商人群体一直是帝国管理机器的组成部分，他们通常来自塞维利亚地区，这里是帝国商人的汇聚地。对于那些学会将经商和政府管理结合起来的人来说，通过贸易议院的磨炼之后，他们就可以成为高效的政府管理人才。菲利普逐渐开始关注佩德罗・路易斯・德托雷格罗萨（Pedro Luis de Torregrosa，1522—1607），作为拥有现实经商经验的专业人士，他拥有胡安・奥万多所不具备的经历，而且对嫉妒心很重的国王来说，从政府管理的角度来看其威胁性更小一些。

1599—1562 年，托雷格罗萨一直在皇家贸易议院工作，这是为数不多的采用复式记账法的政府机构。由于他出色的管理能力，加上新大陆的贵金属资源源源不断地涌入，托雷格罗萨给皇室赚取了不菲的利润。1573 年，托雷格罗萨已经开始负责管理销售税。他备受菲利普二世的信任，并出任国家审计员，帮助管理皇家铸币厂。到 1580 年的时候，菲利普清楚地意识到，必须继续接受奥万多的建议。他要求托雷格罗萨按照复式记账法设立统一的国家账簿。这就要求其他官员把自己手中的账簿资料交出来，因此招致了诸多的抵制，连皇帝本人都对“反对设立这本账簿的人”抱怨不已。[41]

与以往一样，菲利普对政府管理的兴趣，再次让位于其巨大的野心和荒唐的闹剧。1588 年，他悍然发动了欧洲历史上从未有过的海上远征——无敌舰队（Armada）远征，战争的结果完全是灾难性的。这次战争与会计核算密切相关，因为打造舰队、保养船只和进行记录，都需要专业的会计知识进行配合。溃败的原因众所周知：舰队队长经验不足，天气状况不利于西班牙的舰船。在英国的小型舰船围攻之下，大型的西班牙海上舰船被消灭殆尽。很多舰船毁于一旦，成千上万的士兵要么阵亡，要么沦为阶下囚。雪上加霜的是，荷兰行省的叛乱此起彼伏，帝国因此损失的税收不可估量。从财务角度看，无敌舰队远征的失败是一场灾难，部分是菲利普的原因，他需要面对这些问题。在菲利普看来，西班牙帝国的悲惨境地，完全属于上帝降下的惩罚，这也许能够解释，为什么他勉强同意进行重大的会计核算改革，并提供支持。

托雷格罗萨知道，要想从这些困境中走出来，西班牙帝国需要一套切实有效的会计核算制度。如果没有西班牙版本的复式记账法手册，他就不能将改革的必要性解释清楚，更不用说培训出合格的会计人员了。对此，奥万多已经将其必要性进行了透彻的阐述。托雷格罗萨与其教子巴勒莫·萨尔瓦多·德索洛扎诺（Bartolomé Salvador de Solórzano）共同合作，后者是来自塞维利亚的一位国际贸易商，他们一起出版了论述复式记账法的第一部西班牙专著。

索洛扎诺曾经以商人的身份在印度群岛等地游历。他曾经为意大利商人乔万尼·安东尼奥·科恩佐·维森特罗·德拉卡（Giovanni Antonio Corzo Vicentelo de Leca）工作，后者最终成为一名富有的塞维利亚市民，并曾经向索洛扎诺传授过复式记账法。距离帕乔利出版《概要》已经过去了96年，时光又见证了3家皇家银行的破产，之后索洛扎诺出版了《为商人和其他人准备的现金账和会计手册》（*Cash-book and Accounting Manual for Merchants and Other People*）一书。[42]

帕乔利的影响在这本手册中一览无余，但托雷格罗萨才是宏伟项目的幕后主导，他希望利用这本手册来推动社会运行和政府管理的改革进程。托雷格罗萨比帕乔利走得更远，在献给菲利普二世的出版序言中，他解释道，复式记账法不仅是商业经营所必不可少的手段，还应当是“国王、君主和领主”应当采纳的治国理政之道。他吹嘘道，这本手册特别适合那些希望能够实现公正理国的君王。对于国王和君主的言行来说，这是一项引人瞩目的呼吁，也是一种极具前瞻的视角。在托雷格罗萨看来，君王是贸易经营、利润追逐、财务管理的最终裁判，因此，他们需要数据核算的相关工具，也需要进行审计。此外，他还解释了如何装订和计算账簿的页码，以避免舞弊的发生。这也许是为了迎合菲利普刨根问底的喜好。[43]

16世纪80年代，托雷格罗萨开始将自己的理论付诸实践。国王允许他设立皇家财务统算（General Book of Royal Finances）办公室。对于政府全部的收入和支出，无论是“正常的还是异常的项目”，他都按照复式记账法进行核算，并用4本大型会计账簿和诸多日记账簿进行记录。为了统一进行总账记录，托雷格罗萨还针对财务管理的各个部门，分别设置了超过一打的账簿。他甚至还专门准备了一些特制的账本页，这些账本页的页面上有专门的打孔，以此保证其他账本页不会被偷偷地装进这一账本中。到 17 世纪早期，托雷格罗萨设置了两套财政专项账簿，用来记录帝王账户因皇家服务而产生的资金收支情况。[44]

尽管最初取得了成功，但托雷格罗萨的改革遭到了激烈的反对。大财会庭（Grand Chamber of Accounts）是中世纪的一个机构，其成员向国王提交了 25 条反对托雷格罗萨的建议。国库收支账簿的记录员也不希望接受审计。即使是商人，也觉得托雷格罗萨要求太高，并担心改革会把自己的经营利润暴露给贪得无厌的政府机构。菲利普和托雷格罗萨分别去世于 1598 年和 1607 年。帝国财务状况仍然混乱不堪，帝国再次宣布破产。而这也就是一位优秀的会计师所能做的全部工作了。莱尔马公爵（Duke of Lerma）是新王菲利普三世（1598—1621 年在位）最为宠信的大臣，他也设置了统一的国库账簿，但核算水平很差，而且账簿没有结平。托雷格罗萨的改革最终失败了。他一直没有找到一个称职的下属，来负责管理这个改革机构，而且政府官员几乎都没有受过复式记账法的培训。会计师一直处于短缺的状态，托雷格罗萨改革的影响范围，也只限于他自己实施会计记账核算的领域。西班牙并没有有效的会计培训中心。帕乔利的手册、会计核算改革者的努力，这一切对西班牙帝国几乎没有什么影响。

1621 年，当菲利普的孙子菲利普四世在位时，西班牙仍然债台高筑，并且深陷三十年战争（Thirty Years' War）的泥潭而无法自拔。这场战争最终席卷欧洲大陆。因为影响力日渐衰退，托雷格罗萨的会计改革办公室停止了运行，同年被帝国要求解散。塞万提斯（Cervantes）等西班牙作家认为，帝国君王已经精疲力竭了。各项改革难以为继，美洲的金银矿藏也开始枯竭，与 16 世纪中期的高点相比，金银运输量只有以前的 1/5。

1628年，在古巴北部地区，荷兰海军上将皮特·海恩（Piet Hein）与荷兰犹太人海盗摩西·科恩·亨里克斯（Moses Cohen Henriques）一起，截获了一条满载珠宝的西班牙船只，船上装载的是价值1 100万荷兰盾的金银，足够荷兰军队8个月的开支，并让荷兰东印度公司（Dutch East India Company）股东装满自己的金库。毫无意外，这给西班牙的财政收支带来了灭顶之灾。政府已经没有收入了。在《堂吉诃德》（*Don Quixote*）一书中，塞万提斯描述了西班牙贵族、士兵、学生以及教授衣衫褴褛的悲惨样子，他们从税源枯竭的卡斯提尔地区已经压榨不出什么东西，从政府那里也得不到什么帮助，后者甚至连养老金都发不出了。政府的统治已经腐败不堪，众所周知的是，那些富有的达官贵族已经开始大肆搜刮民众，并以皇家赎金的名义发放法律禁止的高利贷。菲利普具有历史性意义的会计改革无声无息地湮没在卡斯提尔地区的滚滚热浪中，消逝在历史的记忆长河里。值得关注的是，尽管专业的管理人员是如此之少，社会对会计核算的偏见是如此之大，但会计改革仍然发生了。它不仅是一个错失的改革，还切实证明了，对一位大权在握的君王来说，要想通过实施财务改革来提高政府公信力，具体措施执行起来将面临多大的困难。帕乔利的著作最终将会找到认同者，但认同者并非某位国王或君主，而可能是在荷兰，在这个与绝对的君主制格格不入的商业共和国那里，在那些对著作观点产生共鸣的公民中间。[45]

第五章
荷兰式审计

一切都是模糊不清的，他们多的是拖延和借口，绝口不提会计账簿的事，我们估计，这些账簿资料已经被他们用腌肉给弄得乱七八糟，说不定早已经被狗吞到了肚子里。

——荷兰东印度公司股东抗议书，1622 年

16世纪早期，荷兰是西班牙哈布斯堡王朝最为富裕的行省，它取代意大利北部地区，成为国际贸易的新中心。1567年，一位佛罗伦萨商人描述了安特卫普（Antwerp）的场景，这座城市有令人惊叹的财富、华丽炫目的商店、品质优良的挂毯、宏伟壮观的建筑、42 座教堂和繁忙的股票交易所，汉萨贸易行（Hanseatic Trade House）也坐落在这里。这位佛罗伦萨人写道，这是世界上最美丽的城市。葡萄牙货船满载着香料，西班牙运输金银的船只在这里停靠，使这座港口成为北欧的第二大城市。它也成为全欧洲的会计核算中心。帕乔利的会计理论正是在这里被付诸实践并大范围传播开来的。正是这些荷兰的会计知识手册，在国际范围内极大激发了社会对会计核算的热情。但是，尽管荷兰人掌握了会计知识，推动了会计的普及，并利用会计工具进行政府管理，但是他们也得竭尽全力，一方面是为了满足复式记账法核算的严格要求，另一方面

也是应对财政维持和财政问责制带来的挑战。这可能正是荷兰黄金时代（Dutch Golden Age）所留给我们的宝贵遗产：对于那些希望推动问责制度落实的人来说，他们需要努力学习会计知识，以此来维护问责制的合法性和可行性。荷兰的历史告诉我们的，不仅是荷兰人如何打造出切实负责的政府和财政部门，还让人知道，为了维护这套制度，他们需要付出多大的努力。[1]

1567 年的荷兰尽管富有，却并非一个自由的城邦，而是作为西班牙国王菲利普二世父辈统治疆域的一部分来进行统治的。尽管哈布斯堡王朝治下的佛兰德人和荷兰人通过国际银行业务和贸易活动（以及鲸油业务、捕鱼业、干酪制作等），积累起价值不菲的财富，但是，因为盛气凌人的西班牙审计员试图让他们支付资金，以挽救正趋于破产的西班牙帝国，他们不得不面临沉重的西班牙税收负担。荷兰人想方设法来满足西班牙帝王的贪欲。正如其他需要债券资金（一种公开筹集的贷款）的城邦一样，他们通过多种方式，强制向富裕市民出售人寿年金（到期按年支付的人身保险或类似于养老金）来筹集公共资金。利用这部分收入，荷兰人向西班牙支付了相关税费。[2]

带有保底利率的年金产品并非什么新鲜事物。意大利的城邦国家、法国、英国都曾有过类似的尝试。让荷兰与众不同的，是荷兰有一套有效的省级税收征缴体系，也就是备受信任的荷兰金融公司。荷兰人缴税的时候，对政府满怀信任。欧洲利率（在 4% 和 5% 之间）紧盯着荷兰债券，因为人们认为各省的税收收入是值得相信的。税收收入有时是按照复式记账法被进行管理的，此外，它从法律上还要接受公众的监督。影响人们信任程度的，不仅包括其流动性，恰恰还包括对其实施问责的可能性。但是，从来没有人要求对各省的税收专员实施审计，也没有人要求对中央财政账户记录信息进行检查，因为显而易见的是，这些税收专员的工作已经做得够好了。[3]

随着经济的发展，荷兰的会计学校如雨后春笋般不断涌现，地点大多坐落在安特卫普。由于哈布斯堡王朝的统治疆域曾经属于古勃艮第王国的一部分，荷兰的税法是用法语撰写的，因此，荷兰的会计学校也被称为法国学校。荷兰学生学习法语和复式记账法，并向西班牙神圣罗马帝国皇帝纳税。

随着荷兰独立战争的爆发，所有这一切都发生了变化，在战争期间，荷兰北部 17 个行省举起了反抗大旗，最终从高压统治下的哈布斯堡王朝脱离出来，并于 1581 年建立了事实上的共和国。荷兰税源消失的直接后果就是西班牙帝国再次爆发了财政危机。但对菲利普二世来说，他不仅希望能够继续保留帝国最为丰厚的税源，还试图让荷兰人继续保持对天主教的信仰。他坚信，自己治下子民的信仰，绝对不应该与国王有什么不同。菲利普放言："要想取得同意，除非让我放弃对整个帝国的统治。"皇帝的愿望得到了部分满足。菲利普当时正与奥斯曼土耳其人在地中海地区展开争夺，意大利地区也是战火不断，帝国的统治正面临挑战，菲利普再也无法平息那些土生土长的荷兰人的怒火了。尽管只有不到 100 万居民，20% 的领土位于海平面以下，还有 40% 的领土也时刻遭受海浪和洪水的侵蚀，但这个规模不大的联邦制新教国家仍然勇敢地站了起来，反抗强大的西班牙天主教帝国统治，并随着 16 世纪 70 年代一系列军事战争的胜利，最终打败了对手，并于 1581 年宣布独立。[4]

1585 年，庞大的西班牙帝国军队对荷兰南部城市安特卫普展开了猛攻。城市陷落时，信奉新教的居民逃到了北部宗教氛围更为自由的城市。此前，安特卫普的居民曾经高达 10 万人，后来锐减到 4 万，那些富裕的工匠技师和商人逃到了阿姆斯特丹，阿姆斯特丹随后成为荷兰共和国最大的城市，也成为世界贸易的中心。[5]

阿姆斯特丹也成为财务会计领域的世界中心。随后，有位诗人写道，荷兰人积累起大量财富的秘诀，正是复式记账法。

> 这曾经是闻名遐迩而又简单快捷的发明创造，正是这种方法
> 让威尼斯人、热那亚人和佛罗伦萨人发家致富：
> 低地国家（Low-Countries）
> 通过这种方法，如今让荷兰人高贵富裕的名声传向世界。

到17世纪中期，阿姆斯特丹市市长已经设立了威索尔银行（Wisselbank），这为源源不断的城市投资提供了保证。亚当·斯密随后记录道，结算账户的设置，使得这家银行迈上了平稳运行的轨道。荷兰共和国也是当时世界主要的股票交易中心。荷兰银行提供的贷款，可以直接投向商品期货领域。随着荷兰社会各领域商业氛围的不断蔓延，人们普遍认识到，复式记账法是一项必需的专业技能。从路边的小商贩甚至是娼妓，到众多的商人和贵族，这些荷兰人都需要了解复式记账的原理，为自己的贸易活动和舒适生活提供帮助。在股票交易所复杂操作的熏陶下，这些荷兰商人掌握的金融财务知识的复杂程度远远超过了意大利前辈或德国邻居。[6]

以公众持股的、由多个合伙人共同组成的企业为主体，荷兰商人在世界范围内开展海外贸易，在这个过程中，荷兰积累起巨额财富。荷兰东印度公司管理着庞大的商业帝国，巴西的木材、亚洲的植物、北极的鲸油汇聚于此。这些财富中，很大一部分都来自西班牙帝国的统治范围，但与西班牙人相比，荷兰人的经营能力更胜一筹。阿姆斯特丹的市场中，满是形形色色的货物：来自全球各地的鱼类和蔬菜；长短不一的椒类；各种各样的肉豆蔻，有些还有外皮

包裹着，有些则花蒂未落；一捆捆的肉桂原料被垛成高高的十字堆；一包包的丁香摆放在那里；硼砂晶体散发着迷人的光芒。食用大黄和甘蔗的块茎四处都是，火药和硝石堆成一堆，石蜡、橡胶和生姜等货物散放在货场上。对慕名而来的游客来说，在见识了商业奇迹之后，苏合香、山胡椒、乳香、没药等散发出的味道一直萦绕在他们的鼻端。[7]

除了各色商品，还有其他东西也从世界各地汇聚而来，包括各类报告、账簿信息、航海日志以及科学著作和博物学资料等。伴随这些资料而来的，是对政治环境的预测、对贸易路线的衡量以及对商品价格波动的评估等。荷兰领事从荷兰在北极的鲸油工厂中，从西印度群岛的种植园里，从欧洲、巴西、苏里南（Surinam）、曼哈顿以及亚丁（Aden）等地，寄回各类报告。在世界任何地区的街道上，甚至在荷兰的后院中，在与它敌对的邻国城市中，比如法国南斯（Nantes）和拉罗谢尔（La Rochelle），都可以看到荷兰商栈。[8]

会计学也成为荷兰教育的主要内容。荷兰的精英人士组建了一个联系密切的小型社团。他们认为读写流畅和财务知识健全同样重要。荷兰加尔文教教徒和天主教信众都认为，读写能力极为关键。到 17 世纪的时候，荷兰已经成为欧洲识字率和会计认知水平最高的地区。[9]

16 世纪，荷兰的会计学校如雨后春笋般涌现出来，与其比邻而立的通常是拉丁学校，在这些拉丁学校里，像伊萨克・比克曼（Isaac Beeckman）这样著名的学者和教育家，具有广泛影响的多德雷赫特拉丁学校（Dordrecht Latin School）的创始人，也都对会计实务的知识了如指掌。1503 年 4 月 26 日，来自布鲁日的雅各布・范・斯洪霍芬（Jacob van Schoonhoven）得到了阿姆斯特丹市市长的许可，可以向“任何有意学习的人”讲授阅读、写作、算术以及法语知识。范·斯洪霍芬得到了法定授权，可以“讲授所有对商人经商有用的知识”，包括称重、测绘、计税以及汇率等内容。早在1509年，阿姆斯特丹就出现了讲授复式记账法的“法国学校”。公众要求城市管理者为会计学校提供支持。自15世纪末以来，在莱顿（Leiden）、代尔夫特（Delft）、豪达（Gouda）、鹿特丹、米德尔堡（Middelburg）、代芬特尔（Deventer）、奈梅亨（Nijmegen）、乌得勒支（Utrecht）以及卑尔根奥松姆（Bergen-op-Zoom）等地，都出现了商学院。[10]

会计手册也开始普及。佛兰德人简·英平·德克里斯托弗（Yan Ympyn de Christoffels，1485—1540）首次将帕乔利的著作改编成荷兰版本的会计手册。作为来自安特卫普的布料商，他的足迹遍布各地，走访过葡萄牙，并在威尼斯定居超过10年。英平去世之后，他的妻子安娜在安特卫普出版了《会计账簿有用的证明和新的要求》（*New Instruction and Proof of the Praiseworthy Arts of Account Books*，1543）一书。该书与帕乔利著作的不同之处在于，它并没有包含介绍存货的章节，却完整演示了一套会计账簿的内容，列举了许多汇兑票据的例子，并对如何记录这些信息进行了介绍。英平的这部著作并不完全是对帕乔利著作的改进。它并没有对利润表的内容进行系统说明，并建议当账簿记满之后就进行结账，而不是按照固定的期限结账（这样可以进行更为系统的管理控制）。尽管如此，英平的手册依然成为一个重要的扩散渠道，推动了复式记账法在荷兰、英国、法国和德国等地的传播。[11]

其他像沃伦廷·曼尔（Valantijn Mennher）以及卡拉斯·皮特兹（Claes Pietersz）等有影响力的数学家等，也沿着帕乔利开拓的道路走了下去，把传授传统数学知识与商业记账的内容结合起来。当时的荷兰人认为，这种教育方式属于人们接受良好教育过程中的点睛之笔。曼尔是巴伐利亚人，后来移居安特卫普，并于1549年成为其正式市民。因为讲授数学和复式记账法的知识，他逐渐声名鹊起，并成为同业公会的领袖。1550—1564年，他出版了4部有关会计记账的专著。他向读者呼吁，每年要定期在同一天对一家企业的所有分支机构进行审计，以计算出其年度利润。从16世纪70年代直至1606年去世，卡拉斯·皮特兹不仅在阿姆斯特丹开设算术方面的私人课程，还于1576年在阿姆斯特丹出版了两本有关意大利会计核算方面的小册子，声称这些核算行为“对商人来说是很划算的”。其中一本手册被翻译成英文，书名是《求知之路》（*The Pathway to Knowledge*，1596）。[12]

人们认为，荷兰是世界贸易的中心，其统治地位是建立在荷兰人对复式记账法的熟练运用基础之上的，这种观点从著名的德国木刻画《经商寓言》（*Allegory to Commerce*，最初发表于1585年）中可见一斑，这幅木刻画作品是由德国印刷匠、书法家及会计学教授老约翰·诺德佛（Johann Neudörfer the Elder）和瑞士美术家及雕刻师约斯特·安曼（Jost Amman）合力完成的。这幅大型木刻画之所以让人印象深刻，不仅是由于细致入微的描绘，还因为作品体现了公众意识的觉醒，认为商业上的成功要依赖于复式记账法的运用。此外，这幅木刻画还阐述了怎样进行会计记账。作品主要分为3个部分。最上面，商业活动的守护神水星（Mercury）右手拿着天平。天平两端的盘子上各有一本书，两侧标有“借方”和“贷方”的长线把两者联系在一起。天平下方，财富之神站在一本名为“日记账”的大书上面，这本书位于一个柱子的顶端。所有商业活动都落脚在财富的积累上，但适度节制和谨慎思考也有助于商业经营的开展，而这正是会计核算的产物。[13]

木刻画底部2/3的部分描绘的是尘世间凡人的生活。作品的中央展示了世界贸易中心的景象，以安特卫普城以及行驶在斯凯尔特河（River Scheldt）上的商船作为代表。商业活动和会计核算也有了立足之地，虽然并非在威尼斯或佛罗伦萨。木刻画最下面 1/3 处传递的信息更加明确。我们不仅可以看到在仓库和账房中工作的商人，还可以看到他们进行会计记账的情景，作品对这些基本的行为都进行了刻画。在房屋的中间是一个神龛，神龛上有一本书，名字是“机密账”。木刻画最下面是 3 组图，描绘了如何进行复式记账。最上面是备忘录，展示了现实交易是如何被记录的。下面是一个会计师，正在把会计分录记入日记账中，还写着处理每一本账簿的方式：“每天都要记入日记账。”再往下是对如何进行总账核算的描述，同时也是复式记账法的基本原理：“借方放在左边，贷方放在右边。”《经商寓言》传达的信息十分明确。商业经营要依赖于复式记账法进行核算。同时，它也明确了这种世俗知识的局限性，并引述了中世纪对过度依赖财务金融的警示。画中还有一个头骨和一个花瓶向外喷出烟雾的形象，这代表了生命和事业稍纵即逝的理念。紧随其后的是“要虔诚，要对主常怀敬畏之心，要时刻忏悔”的话。

尽管许多荷兰人都很虔诚，但他们也甘冒巨大的风险。他们投资股票和装备精良的航船，赚取了巨额的利润。尽管荷兰的宗教氛围十分宽容，与邻国相比，其社会环境更为公平（农民可以拥有土地，通过制作奶酪致富，也可以购买股票），但荷兰当时仍处于现代社会的早期阶段，因此，潜在的暴乱时有发生。在阿尔巴公爵（Duke of Alba）麾下的西班牙士兵暴乱期间，荷兰被劫掠一空，他们用尖锐的长矛把婴儿刺死，把农民吊死在树上，就像在玩死亡游戏一样。1584 年，在荷兰代尔夫特，一名支持菲利普二世的法国天主教教徒刺杀了新教徒沉默者威廉（William the Silent），后者是荷兰行省首屈一指的大家族皇室奥兰治家族（Orange Nassau）的首任国王，在国王离开餐桌时，刺客用手枪把子弹射进了他的心脏。国王的临终遗言是，请求上帝宽恕自己的灵魂，拯救自己的子民。代尔夫特市市长则无情得多，他把刺客的双手砍了下来，将他开膛剖腹之后，挖出内脏，然后剁成了 4 块。

作为威廉的儿子，荷兰总督莫里斯王子（Prince Maurice），也就是共和国的首领，定期去海德堡和莱顿大学学习，成为当时最为博学多才的王子之一。他熟练掌握了数学、工程学和经典著作中的知识，并运用到与西班牙的战争中，展示出高超的操作技巧。他还参加了复式记账法的课程学习，掌握了知识，并随后将其运用到实践中。

莫里斯一直在与荷兰事实上的首相约翰·范·奥尔登巴内费尔特（Johan van Oldenbarnevelt）争权夺利，这位首相是一位战士，在荷兰 32 年的起义进程中承担着主要领袖的角色。1617 年，在荷兰内部的宗教信仰之争中，奥尔登巴内费尔特与莫里斯王子对峙，他宣布，信仰新教的荷兰北部地区（斯塔顿地区，也就是斯塔顿岛名字的由来）正式独立，脱离以天主教为主的西班牙治下荷兰南部地区。在独立战争中，他和自己的追随者，包括国际法之父胡果·格劳秀斯（Hugo Grotius）等人都被捕入狱。在旧领导者发出“迅速处置”的命令之后，奥尔登巴内费尔特在公共广场上被斩首示众。正如 17 世纪的荷兰静物画一样，荷兰给人的印象是麻木的平静，但时不时爆发的政治危机，也常常导致其出现血流成河、遍地陈尸的场景。

就在政治争斗和宗教暴力不断的社会背景下，荷兰人继续在商业经营的道路上高歌猛进，他们严格遵循各项规则，全身心投入于账簿记录和核算工作中。就读于莱顿大学时，莫里斯王子遇到了西蒙・斯蒂文（Simon Stevin，1548—1620），后者是荷兰最优秀的人文主义者之一，十分推崇阿尔贝蒂和帕乔利的实用主义传统。对于出身贵族的皮科・德拉・米兰多拉等新柏拉图主义者的警告，他听而不闻，而是将高级的知识课程与经商的艺术融合在了一起。一位王子与一位出身卑微（私生子）的工程师在大学相遇并结为好友，这在欧洲已经属于反常现象了。而斯蒂文向王子讲授复式记账法的知识，则更是怪事。[14]

斯蒂文多才多艺，在语言学、天体物理学、透视法、代数学、十进制小数、数字理论、物理学、航海学和天文学等领域，他都有不俗的研究。他还对复式记账法进行了细致研究。斯蒂文还是一名公民人文主义者，他取得的成就令帕乔利望尘莫及。他的学识都有具体的应用，在水利管理方面最为突出，他接受任命，在民政管理领域担任最为重要的职位。他成为堤坝建筑的巡视员，并出任荷兰军队的主要负责人。[15]

斯蒂文驾轻就熟地将数学知识与政府管理联系在一起。他的会计手册《王子核算手册》（*Accounting for Princes*，1604）连续出版过好几个版本。该书的创新之处在于，它认清了企业资本与股东资本之间的区别，并详细阐述了如何才能通过将各类业务合并在一起，形成一笔大额交易记录，从而尽量减少会计分录的录入数量。在自己的著作中，斯蒂文并没有借用上帝的名义。他严格遵循科学的规范，将资产负债表称为实证声明。斯蒂文建议把会计核算用于公共财政管理，在这方面，这本手册具有划时代的意义。复式记账法不仅有益于政府管理，它对国王和领袖也同等重要。对于在市政管理中质疑复式记账法作用的人，斯蒂文进行了大声谴责。他质问道，办事员和地方官吏日益富有，政府却靠借债度日，财务一片混乱，这到底是什么原因？他坚称，正是无人问责的管理制度才导致了政府的失败。一名对复式记账法烂熟于心的国王，可以自己查看国库账务资料，而不仅仅是听信国库专员的一面之词。他向国王保证说，与现在国王手下的那些官僚和收税员相比，商人更能够承担起国库管理的任务。听到这些观点，莫里斯王子惊呆了。尽管他也承认，自己很难读懂账簿记录，但他同时声称，将对此展开更进一步的学习和研究。莫里斯不仅要求私人会计人员要用复式记账法记录个人事项，他还把复式记账法运用到政府管理工作中。荷兰取得了西班牙所未曾取得的成就。一位王子，尽管属于共和主义者，学习和掌握了复式记账法并将其运用到政府管理中，这在历史上尚属首次。[16]

1638 年 9 月 1 日，作为法兰西前执政女王和国王路易十三（King Louis XIII）之母的玛丽·德·美第奇（Marie de' Medici）成功对阿姆斯特丹进行了为期 4 天的国事访问。自从菲利普二世针对荷兰发动那次注定要失败的暴力镇压以来，50 年已经过去了。菲利普无敌舰队的惨败，标志着西班牙帝国的衰落，与此同时，荷兰黄金时代的大幕也徐徐拉开。美第奇家族的法国皇后来到阿姆斯特丹，不仅是为了见识其纸醉金迷的无上风华，更是为了看一看荷兰众多伟大企业中的典范——荷属联合东印度公司（United Dutch East India Company）。到 17 世纪初的时候，荷属联合东印度公司宣称，英属东印度公司（English East India Company）的货运吨位已经翻倍，资本投资也已经增长了 10 倍，同时，企业经营利润更是无比丰厚。从阿姆斯特丹、巴西到曼哈顿和中国的绝大多数国际贸易货物，价格都由这家公司确定。该公司还打造战舰，设立要塞，并组建军队。尽管公司是由私人出资建立的，但它也充当着荷兰政府的国际分支机构，在近 100 年的时间里，这家公司促使荷兰成为世界贸易的中心。

由此看来，美第奇家族的女王［尽管被红衣主教黎塞留（Richelieu）驱逐出境］访问这座位于阿姆斯特尔河（Amstel River）的繁华都市，是有象征意义的，这座城市的宗教政策比较宽容，政治氛围相对自由，城市运河上游弋着满载货物的帆船，多家银行以及股票交易所里，企业家迎来送往的交易之声此起彼伏。事后看来，玛丽·德·美第奇看起来好像是在参观未来的景象一样［一个多月之后，首位荷兰开拓者将在纽约布朗克斯（Bronx）上岸］。阿姆斯特丹是一座梦幻之城，正是在这座城市里，在欧洲人的视野里，第一次出现了来自世界各国的物产。

在一份描述女王访问行程的记录中，荷兰人文主义者卡斯帕·巴洛伊斯（Caspar Barlaeus）声称，贵族王朝将与“工业”和“国际贸易”发生面对面的碰撞。在远离佛罗伦萨的荷兰，阿姆斯特丹的市长在向“科西莫之女”（确实如此，她是科西莫的远亲，来自家族的另外一个分支）展示这座伟大的贸易之城。最重要的是，玛丽还参观了东印度公司的总部。如果说专制王权的概念基于其拥有的军事强权，那么这里所展示的，就是一种全新的力量，正是这种力量将西班牙帝国推翻在地。巴洛伊斯吹嘘道，这家伟大的“公司”正如“一位帝王”一样，它组织起庞大的军队，在全球发动战争，将西班牙帝国劫掠一空。这并非简单的露天历史剧，而是意识形态的更迭。巴洛伊斯说，“我们这个共和国”将其影响力拓展到“太阳照耀的任何地方”，这明显针对的是此前西班牙帝国发出的豪言壮语。贵族王权棋逢对手，那就是“商业贸易”、“辛勤工作”和“工业生产”。而荷兰人知道，这一切都要依赖于良好的会计核算。[17]

约翰·范·奥尔登巴内费尔特于36年之前创办了荷属联合东印度公司，他此前担心，荷兰人之间的过度竞争会给贸易活动带来危害。他设计成立了统一的联邦企业，来代表荷兰全境企业的利益，这就是荷属联合东印度公司的由来。从公司章程中，我们可以看出私人资本和国家投资的结合，奥尔登巴内费尔特认为这种设计最符合共和国的利益。这家公司的运作，既要为贸易垄断企业服务，也要维护荷兰的利益。[18]

公司章程同时规定，任何荷兰市民都可以购买这家公司的股份，而且“只要货物收益的 5% 能够折现，公司就会进行利润分配”。公司的经营是由十七人董事会（Heren Seventien）以及约 60 位大股东来掌管的。公司股票在阿姆斯特丹股票交易所进行交易，这使得荷属联合东印度公司成为历史上首家股份可以公开交易的有限责任公司，这是资本主义历史的一个里程碑。荷兰人可以投资这家公司，也可以随时卖出，他们所要做的，就是简单的买卖股票，而无须从公司的资本投资中撤资。人们对这家公司的信心，是建立在其健全的内部会计核算基础之上的。章程规定，公司需要雇用专业的记账人员，董事会要定期对公司的全部货船和仓库等进行审计。在荷兰开明自由的政府治理影响下，章程要求，公司每 6 年需要对外公布独立审计报告，说明公司的全部成本支出以及利润和损失状况。不管谁成为管理人，只要他没有公开账户信息，都将受到相应的惩罚。[19]

荷兰人对会计核算的偏爱，并非仅仅出于商业伦理方面的考虑。它源于荷兰文化的古老传统：水文管理。如果堤坝溃决，洪水涌入，荷兰就将毁于一旦。因此，良好的政府管理就成为一项关乎生死的大事，这就是荷兰人之所以如此重视会计核算和诚信问责的原因之一。如果没有各种堤坝、成片的沙丘、完善的排水系统和通达的运河，荷兰人很难生存下去，而这些都是由当地水文委员会（water board）实施管理的。像荷属联合东印度公司在各地设立不同的管理机构一样，水文委员会的主管对当地居民也负有直接责任，他们必须如此。如果对各种资金和公共设施的管理出现不当的情况，那当地就会被洪水淹没，许多人将会因此丧命。

有句荷兰老话说："遭受洪灾的人最善于治水。"（Whom water harms stops the water.）斯蒂文作为荷兰最优秀的工程师以及精通复式记账法的人，之所以能够成为主要监督官，这可能就是原因所在。这种情况或许还可以解释，为什么政府会计核算必须保持较高的质量，并且要相对公开透明。人们普遍认为，本地的审计工作属于"切实有效的共识"的组成部分，而且在确保良好的政府管理水平、确保荷兰土地不被洪水淹没等方面，这也属于不可或缺的组成部分。[20]

得益于持续良好的市政财务管理记录，社会信任逐渐建立起来，荷兰人之所以有信心购买其股票，并设立了世界上第一家公众交易企业，这就是原因之一。但是，这种信任很快就受到了荷属联合东印度公司内部运作机制的挑战，并最终导致首次遭到股东反对的第一家现代企业的出现。荷属联合东印度公司最大的投资人是以撒·勒·梅尔（Isaac Le Maire，1558—1624），作为定居在阿姆斯特丹的佛兰德商人，他像弗朗西斯科·达梯尼一样，也插手各行各业的经营，从售卖货物、交易汇票，到兜售海上保险和为远东航行提供装备等，他的经营领域无所不包。他有操纵会计核算的前科，也曾经参与过强取豪夺的投资冒险。尽管自身行为不端，但勒·梅尔提倡公司诚信经营。1602 年，他购买了 85 000 荷兰盾的荷属联合东印度公司股票。但他并不是单纯的投资者。他要求的不仅仅是投资回报。当无法得到投资回报的时候，他私下组织开展了竞争性的业务活动，同时通过远期股份卖出合约，来为其持有的荷属联合东印度公司股票提供对冲。法庭指控他挪用荷属联合东印度公司资金，公司的董事会随后也对他提起诉讼。勒·梅尔发誓要报复这家公司，因此他一方面继续支持荷属联合东印度公司的竞争对手（失败了），另一方面还贿赂荷属联合东印度公司的首席会计师巴伦特·兰姆（Barent Lampe），让他把错误的股票金额记入账簿，来为自己的复仇大计提供便利。1609 年，勒·梅尔给奥尔登巴内费尔特写了一封投诉信，要求对公司进行公开审计。1607—1609 年，公司股票价值从原始价值的 212% 下跌至 126%。[21]

勒·梅尔的计划没有成功，但股票投资者的担忧是实实在在的。为了打消投资者的疑虑，荷属联合东印度公司十七人董事会宣布，公司将会进行更多的分红，但不会再提交公开审计报告，以防止被西班牙人利用，给荷兰的国家利益带来威胁。荷属联合东印度公司是荷兰共和国军事力量的左膀右臂，共和国承受不起其损失的代价。公司在追求诚信问责的同时，也会给所有相关方带来风险。在荷属联合东印度公司运行的前 20 年时间里，董事成功推广了这种理念，并取得了股东和公众的信任，避免了遭受审计的命运。也许这可以说明，为什么在公司运行的早期，荷属联合东印度公司并没有设置集中复式记账本，因为这可能会有利于审计工作的开展。

一直到 1620 年，公司并没有经历过外部审计，也没有发放过红利，这导致有人指控公司存在内部人交易的问题，即公司自身通过私下交易而赚取利润，并存在操纵账户的问题，不将股本金纳入公司的账簿记录，因此公司资产价值看起来高于实际情况。荷属联合东印度公司的股票回报率从历史平均的 18% 降到了 6.4%。社会舆论开始走向十七人董事会以及其他大股东的对立面。人们买卖股票不再是基于公司的财务数据，而是根据市场上的流言蜚语。小道消息正在对历史上首家现代资本企业造成侵害。[22]

最终在 1622 年，极度不满的股票持有人出版了一本宣传手册，即《必要的论述》（*The Necessary Discourse*），对十七人董事会以及其他大股东进行了遣责。在手册中，他们拒绝以国家安全为名而进行信息保密的逻辑，坚持要求公司透明运作。他们抱怨说，公司从来没有进行过审计，也没有公开会计账簿。他们生动地描述着，大股东已经把账簿"用腌肉给弄得乱七八糟"，因此这些资料甚至都可能"被狗吞到了肚子里"，以此掩盖那些非法的收入。这些股票持有人极尽挖苦之能事，抱怨称只有当大部分持股人都去世的时候，公司董事才会实施一次全面的审计。他们还进一步指控大股东的行为举止使其看起来根本不像正经的商人。[23]

这些满腹牢骚的股票持有人声称，他们希望的是进行适当的财务审计。随之而来的是有关舞弊的特定项目指控，比如董事以低于市场的价格出售靛蓝染料，以谋取私利。董事还被指控通过操纵股票价格，以及插手每一个大额工商项目来牟利。某位董事在检查商船货品时，看到了一个黄金十字架，并顺手牵羊。但由于这个十字架穿透了衣服，人们可以清楚地看到，十字架就挂在这个董事裂开的裤子上。另一位董事一方面对此评论说，小偷"连自己的十字架都无法背负"，另一方面又毫无廉耻地把十字架从裤子上拽下来，然后扬长而去。这确实是令富人备感尴尬的场景。[24]

最终，莫里斯国王手下的官员找到了一条解决之道。尽管他将复式记账法用于个人事务的管理之中，作为斯蒂文的学生，他却拒绝接受会计核算和诚信问责的逻辑，而是信奉国家理性，只是在其中融入了更多的荷兰特色。因此，公司无须进行公开审计，但国家将会私下对其进行审计。

尽管就会计核算和政治诚信方面而言，荷兰在欧洲处于领先地位，但维持这种透明的政府治理和财务核算，一直面临着重重困难。正如约翰内斯·哈德（Johannes Hudde，1628—1704）在 50

年之后所见到的那样，这家公司依然没有设置总账，因此，公司总的资产负债情况让人无法得知。哈德是一位数学家，也是阿姆斯特丹市市长，1672 年，他被任命为荷属联合东印度公司的管理者、十七人董事会的总管。他把政府的精英人士汇集起来，这些人不但精通数学知识和账簿核算，还愿意利用这些知识来进行政府管理和内部审计工作。他的水位管理方法赫赫有名，通过建立一套石刻水位制度，也就是哈德石刻，成功地将全市的水位高点都标了出来。他在莱顿大学研习过数学知识，还是法国哲学家笛卡儿（Descartes）的追随者，并与著名的无神论哲学家、数学家斯宾诺莎（Spinoza）以及惠更斯（Huygens）、牛顿等保持着联系。哈德与莱布尼茨（Leibniz）一起创立了微积分，确定了哈德法则：两个多项式方程，或者两个不同的等式，能够推导同一个数值。对于一位试图将荷属联合东印度公司账簿信息完整呈现的人来说，这是一个重大发现。[25]

哈德试图给荷属联合东印度公司制作一份资产负债表，却逐渐认识到，公司集中的账簿管理使这项工作十分困难。原因之一在于，公司并不记录负债情况。于是，他着手将公司的资产和负债区分开来。资产项目包括海上流通的全部货物（商品和现金）、船只、设备、军事物资和堡垒建筑、食品、地产等。为了梳理负债情况，他考虑到计息或者不计息的债务、未付工资、股份资本（股份出售时的现金价值）以及海上运输或沉船等资产损失风险等。一艘船的损失可能会导致一名商人或者一家公司从此一蹶不振。哈德还试图将世界贸易所用的各种货币因素考虑在内，这可不是一件简单的工作。他还根据各地的突发情况，确定各类商品的风险价值。他希望以 10 年为期进行会计数据汇总，只有那些兼数学家和商业会计于一身的人，才能搞定这项工作。在商业会计核算的进程中，对概率统计知识的利用是最具开创性的重要历史事件之一。他还意识到，为了保持贸易盈余所产生的成本，产品价格经常会高于交易本身的价值。因此，他建议，如果有些存货的价值在减去税收和运输成本之后低于其成本，那么就要销毁这些商品。他通过研究得知，不应当积累存货，而应当创造更多的需求，以此来刺激产品的销售。这是哈德在对负债会计信息、交易数据、价格统计数据等综合因素考量的基础上做出的赢利思考。[26]

为了说明自己的观点，哈德为荷属联合东印度公司的经理撰写了理论指引和问题示例，突出强调了成本会计核算的早期原则："某位商人有 100 磅的丁香库存。每年可以销售 50 磅，每年的产量也是 50 磅。那库存的 100 磅丁香价值几何？"答案正如他所说，是"零。相反，这种情况会带来损失，因为这些库存需要消耗仓库租金和其他费用"。他对于如何进行正确估值所做的探索，对于准确进行会计核算和赚取利润是绝对有必要的。他还试图将预计利润和实际利润在账簿核算中统一起来，我们迄今依然在努力做好这项工作。为了实现这个目标，他还设计了一套数学计算公式，来预测未来 25 年的利润情况。要想计算出千里之外的交易商品价值，这是唯一的途径，因为这些商品的销售价值在未来数年之内都难以固定下来。哈德把握的原则是，如果不通过对每个交易项目进行借贷分录处理，核算出其价值和损失，那人们是无法完整记录这笔交易的。[27]

实际上，并没有充分证据表明，哈德成功为荷属联合东印度公司完成了资产负债表的编制工作。作为十七人董事会的董事和阿姆斯特丹的市长，他整日忙得不可开交。但他确实也曾经指示一些公司内部记账人员，把这项工作继续推进。其中一位死于船舶失事，另一位丹尼尔·布拉姆斯（Daniël Braams）于 1690 年接到任命，在充分考虑估值原则的前提下，由他负责管理整个公司的账簿记录。但是，就在完成账簿记录的第一版内容之后不久，他就去世了。十七人董事会于是任命了另一位账簿记录员，但这项任命根本就没有推行下去。即使公司董事没有保持良好的会计记录，他们也会将哈德的指示记在心上，在进行利润和成本预测时会相当谨慎。因此，即使会计核算的具体行为并不尽如人意，但会计核算的精神依然在荷属联合东印度公司的管理层中成为主流和共识。[28]

荷属联合东印度公司的经验教训复杂多样。这家在 19 世纪称霸一时的伟大的资本主义企业，却从没使用过复式记账法，尽管当时的社会已经产生了复式记账法的核算意识，也有大量的专家能够胜任这一工作，但无论怎样，会计核算的精神都对这家企业产生过巨大的影响，引导它进行内部审计工作，让它尝试进行会计核算，本着高度谨慎的态度，计算企业的价值、利润和损失情况。斯蒂文的整体理念确实站稳了脚跟。

哈德这些人熟悉人文主义思想和科学知识，对商业数学了如指掌，在 17 世纪的后 50 年时间里，掌握着荷兰的统治权，并将自己的知识和技能运用到政府管理工作中。1662 年，信奉自由竞争、维护共和政体的理论学家彼得·德拉科特（Pieter de la Court，1618—1685）写了《荷兰共和国的真正利益和政治信仰》（*True Interest and Political Maxims of the Republic of Holland*）一书，猛烈抨击君主专制，对借助会计核算、鼓励自由竞争等手段来实施经济管理，推动荷兰经济发展的情况进行了详细阐述。为了更加高效地完善经济规则，制定政治政策，德拉科特坚信，自己需要掌握的知识包括政治理论、伦理学、历史学、数学、会计学，而且还需要对商业贸易活动有透彻深入的了解。

德拉科特认为，荷兰的自由主义传统和政治问责制度，是与专制王权相对立的产物。他详细描述道，荷兰居民“在他们的政体中所受的伤害，不会比受君王或最高领主的统治带来的伤害更大”。他认为，荷兰的这种传统可以追溯到意大利共和国时期。在约翰·洛克（John Locke）发表其有关代议制政府的论文《政府论》（Treatises）之前，德拉科特就已经公然声称，工业生产、商业活动、自由贸易和政治自由等的地位，要高于王权统治。就在西班牙和法国大肆入侵荷兰，妄图铲除这种共和制的管理体制之时，德拉科特的著作，无疑吹响了商业压倒王权的胜利号角。事实确实如此，德拉科特传递的信息，正是对专制王权的公开宣战。德拉科特宣称，如果没有政治和经济自由，没有诚信核算的文化，没有兼容并包的宗教氛围，工业生产和商业贸易活动根本不可能取得成功。[29]

德拉科特成功取得了约翰·德·维特（Johan de Witt）的庇护，后者是荷兰共和国的大议长（总督缺位情况下的政府领导者）。德·维特不仅资助德拉科特出版作品，允许其将自己作为共同作者，还在作品中加入了许多自己的论述。他既是一位思想深邃的哲学家，也是一位经验丰富的商业管理人员，提出了共和政治理论和经济政策学说。德·维特与德拉科特共同代表了荷兰管理层的精英，他们认为共和主义思想和数学核算知识都是推动实现政府治理的有效工具。1652—1672 年担任荷兰共和国大议长期间，德·维特见证了荷兰黄金时代最为辉煌灿烂的一段时期。在此期间，尽管面临着西班牙、瑞典、英格兰和法国的威胁，荷兰却呈现出一派盛世繁华的景象。荷兰兼容并包，成为世界贸易中心，以及艺术、科学、哲学和宗教学的中心，同时还是政治辩论、印刷业和国际交流的中转站。[30]

德·维特受到多德雷赫特拉丁学校传统教育的熏陶，同时也接受过笛卡儿的数学教育，他还出版过相应的专著。经过培训，他成为一名律师，并曾经在法国和英格兰游学。在投身宫廷政治和运用外交手腕方面，他是一名传统的政客，但同时，他还是一名商业经理和受过严格培训的数学家，而他影响最为久远的成就，就是在其《论人寿年金》(*Treatise on Life Annuities*，1671）一书中，提出了终身年金的数学原理，这是最早将概率论应用到经济学领域的实践之一。根据笛卡儿的几何学原理，他于1659年出版了一本有关直线和曲线计算的书，这本书对应用物理学和弹道学的发展都起到了重要的作用。[31]

到17世纪时，荷兰共和国的繁华奢靡和自由宽松的氛围，让全世界其他国家既感到欣羡，又觉得震惊。但是对荷兰人来说，和平总是姗姗来迟。1650年，荷兰总督奥兰治亲王威廉二世去世之后，约翰·德·维特领导荷兰共和国超过20年。但随着荷兰财富的不断增长，法国和英格兰这两个强邻的觊觎之心也与日俱增。17世纪50年代和60年代，英国和荷兰之间发动多次战争，战场遍及英吉利海峡（English Channel）和各条贸易航线，双方甚至还在殖民地展开厮杀。1644年，英国占领了荷兰的殖民地新尼德兰（New Netherland）及其首府曼哈顿。1672年，路易十四指挥军队袭击了荷兰，并对其进行大肆掠夺。德拉科特和德·维特精于算术，熟悉会计知识，善于管理共和国，但即使拥有无尽的财富，仅凭100万荷兰人，根本无法抵挡2 300万法国人的进攻，再加上虎视眈眈的专制君主太阳王及其带领的庞大军队，这些内心骄傲、出身卑微的商人被迫放下身段，向信奉天主教的法国屈辱求和。奥兰治亲王拥有历史悠久且崇尚暴力的家族传统，他从中看到了机会，可以从德·维特手中重新夺回大权，并保持总督职位世袭。他们免除了德·维特的职务，并纠集了一帮暴徒，将德·维特及其兄弟康纳利斯（Cornelis）逮捕并秘密处死（他们被砍掉手指和脚趾，暴徒中还有人把他们的内脏吃了）。一名银器匠还把康纳利斯的心脏在自己的店铺中展示了数年。兼容并包、数学核算和自由贸易，最终还是难以抵挡由狂热分子和暴徒组成的暴力政府的迫害。

会计核算的历史已经不算短暂，却仍然没有步入理性的发展轨道。实际上，许多人看到的仅仅是复式记账法的巨大威力，像德拉科特一样，他们知道这种核算方式将危及绝对的专制王权，并动摇那些根深蒂固的既有利益。从此以后，对于政治和会计核算，人们既钦佩和羡慕，会纷纷效仿，又心存敬畏。德·维特兄弟那血淋淋的结局预示着，要将清晰的数学运算和诚信的会计问责引入政治领域，仍然有很长的一段路要走。

第六章
会计师与太阳王

在亲自操作财务事宜的过程中，我已经得到了巨大的满足……你们不用怀疑，我会继续做下去的。

——路易十四给其母奥地利安娜王后的信

1661 年 3 月，路易十四达到了法定年龄，从此将欧洲最大的王国，可能也是世界上最富有的国家的政权握在了手中。当时是一个充满希望的时代。在经历了近一个世纪的战火、叛乱和暴动之后，法国终于迎来了一位年轻的英王，他受过系统的教育，对结交著名艺术家和谈情说爱情有独钟。我们想当然地认为，路易十四戴着满是粉尘的假发，整天沉浸在芭蕾舞会、各种焰火表演和莫里哀（Molière）的戏剧活动中。正如他的曾祖父，也就是西班牙的菲利普二世一样，路易十四坚信自己拥有绝对的神圣权力。上帝将权力授予自己，在他看来，他也只需要对这种无上的权力负责。但路易十四的生活充满了两面性。信奉新教的荷兰市长积累起巨额财富并因此而自命不凡，路易十四一方面对这种现象痛恨至极，另一方面又对商人的经商手段羡慕不已。这种手段就是会计核算。问题在于，他看到的不仅仅是会计核算在政府管理中的重要作用，他还见识到了会计作为诚信问责工具给自己的统治带来的威胁。

这位即将成为凡尔赛之主，成为同时期最慷慨的艺术家的庇护者，并将在全欧洲点燃战火的人物，在他倍加信赖的会计师的注视下，开始了自己的统治生涯。他的教父，也就是实际的王国首相，是老谋深算的意大利红衣主教儒勒·马萨林（Jules Mazarin），后者临死卧床的时候，给这位年轻的国王留下的，既有自己的部分财产（包括无价之宝马萨林之钻），还有为他积攒起这些巨额财富的私人会计师让-巴普蒂斯特·柯尔贝尔。马萨林向路易十四保证说，整个王国没有比这位会计师更加得力的人才了。王朝的掌柜是一位顶级会计师，他对复式记账法了如指掌。因此，路易十四的执政经历，就与会计核算的历史密切联系在了一起。路易十四的光辉事迹，不仅包括重视艺术家、推崇文化创造并让他们广为传颂他自己的英雄伟业，国王还明白，自己需要优秀的会计师，同时，为了审计自己的账户信息，他本人也需要学习会计知识，只有这样，才能有效监督各项财产状况和政府管理效能。

路易十四即位时，面对的是一个百废待兴的局面。国王的王位刚刚经历过投石党运动（Fronde，1648—1653）的冲击，这是一场他父亲路易十三去世以后发生的内乱，还有他母亲的摄政之乱（1643—1651）。他母亲是来自奥地利的安娜王后，也是西班牙国王菲利普二世的外孙女，参与其中的还有她的首席顾问和参谋——红衣主教马萨林。实际上，路易十四的个人财产几近于无，他需要马萨林来帮助管理这个王国，并为其提供财务支持。他需要积累起足够多的财富，让他不仅可以掌控法兰西帝国，还可以控制全世界。

很快，路易十四就要求柯尔贝尔带他去学习和了解会计核算的秘诀。柯尔贝尔在这方面已经得心应手，在投石党运动中全力维护王位，其效率更是一览无余。路易十四之后向自己的儿子描述了他和柯尔贝尔是如何着手推动会计改革的。路易十四知道，其统治政权最重要的根基之一，就是皇家账户的总管。路易十四写道，他之所以将国家财政大权交由柯尔贝尔掌管，不仅因为柯尔贝尔“勤勉用功”、值得信任，还因为自己知道柯尔贝尔善于做账。[1]

路易十四十分幸运，马萨林替他发掘了柯尔贝尔这个人才，因为如果在其他的时间和地点背景下，柯尔贝尔可能就是贵族中的一员，正如美第奇家族的发迹史一样。无论如何，他们不仅共同传承着此前意大利银行家的经营知识，还直接与这些前辈一脉相通。让–巴普蒂斯特·柯尔贝尔出身于兰斯（Reims）的一个商业银行家庭，兰斯是一座规模庞大的教会城市，也是棉纺之地，还是尚帕涅（Champagne）地区的首府。但 17 世纪的法兰西不同于文艺复兴时期的意大利，这里的中产阶级贵族并没有成为其所在城市的政治领袖。在由富有的贵族统治的社会背景下，在一个从菲利普二世起王权集中统治就不断增强的政治氛围中，对一名雄心勃勃的财务官或商人来说，其提升社会地位的主要途径，就是为大贵族或者直接向国王提供服务，在投石党运动贵族叛乱失败之后更是如此，毫无例外。[2]

柯尔贝尔父亲在发家之初，并不像那些正统的记载所说，仅仅是一位布商，他还是一位红酒商，扮演着国际批发商和资本家的角色。在兰斯和里昂，佛罗伦萨的商业传统延绵不绝，从中世纪开始，贸易往来和资金流通就把二者紧紧联系起来。柯尔贝尔的家族与帕尔蒂切利（Particelli）家族一直保持着往来，后者是一个富有影响力的法意（Franco-Italian）金融家族，柯尔贝尔的姐姐还嫁入其中。[3]

柯尔贝尔在兰斯的耶稣会学校就读。除了语法、人文科学、修辞学，耶稣会学校还有专门针对商人子弟的课程内容，这些教学内容不包括传统的文化知识和理论，而是更重视地理、自然科学（可能还包括机械制造）、阅读理解、笔记、材料归档以及如何正式将个人的阅读内容和笔记信息组合整理成笔记资料的形式。[4]

十五六岁的时候，柯尔贝尔就接受培训，成为一名会计师。与意大利或荷兰等国不同，法国并没有正式的会计学校，因此，柯尔贝尔就在工厂里以学徒的身份来学习，这些工厂与其家族有着紧密的联系。他最先工作的地方，是意大利银行世家马斯克兰尼（Mascranni）的银行的里昂分部，在这里，他掌握了国际银行业的经营之道，以及基本的会计和汇兑知识，还学了一些意大利语。随后，他到了巴黎的一家会计师事务所做书记员，之后又去了一家律师事务所，在这里，他学习了金融法规以及政府管理的基本知识。[5]

在商业机构和会计师事务所的工作经历，可以让人们获得各种特殊的培训和锻炼。作为一名学徒，他需要学习公司经营技巧，其中包括认真勤勉地做账簿记录。就实际的贸易操作而言，一个人不仅需要了解货品的信息，从布料、金属、植物到奴隶等无所不包，他还需要掌握估值和测量技术。按照中世纪以来的传统，商人仍然需要随身携带工具书，但也有许多人制作了很多材料，以供个人之用，包括汇率手册、按照欧洲主要国家语言翻译过来的基本金融术语，潮汐、日出和日落的时间表，货品的描述，地图，航海信息以及城市信息等。在文书工作、法律规定、汇兑、贸易流程，还有文件整理归档等方面，柯尔贝尔尤为擅长。最后一点就是，学徒生涯给柯尔贝尔提供了实时的会计培训经历。他已经做好准备，来运用自己的各项技能，在法国的人才市场上一展身手了。[6]

缘于最初受到的培训经历，柯尔贝尔于 1639 年在法国军队中买了一份职位。这是他在皇家管理体系中的第一个职位。作为财务管理员和会计师，他往返于法国各地，撰写各类有关军队人数、物料供给等内容的管理报告，并负责管理军队的财务。这如果发生在数十年之前，那结局可能就是这样的：柯尔贝尔一直是一位富有的中产阶级金融家，或者只是一名贵族。但是，他娴熟的会计知识和简洁的报告风格，引来其主管关注的目光，很快，柯尔贝尔就被提升为红衣主教马萨林的私人监督官，或者说是总管。[7]

柯尔贝尔与马萨林的相遇，将两个思想上互补的角色联系在了一起。马萨林积累起巨额的财富，财富数量甚至要超过帝王的财富，但他本人缺乏财富管理的经验。虽然柯尔贝尔年轻时候的全部培训经历，就是学习如何管理大笔的财富，但问题在于他从没有这样的机会。此时，他可以近距离接触法国最为庞大的一笔资产了。马萨林的地下室里满是无价之宝，各类艺术作品、文物和珠宝应有尽有。但马萨林真正的财富，当是那些数量众多却杂乱无章的文书合同和契据，其中记载了他所拥有的各类建筑、工厂以及来路不明的金融产业等的情况。马萨林也承认，他并不知道自己实际拥有多少财富，也不知道到底能筹集多少军费。无论如何，随着投石党运动的爆发，马萨林将需要越来越多的财富。因此，他需要一位优秀的会计人员，这位会计人员不仅需要把马萨林的各类资产打理得井井有条，还需要迅速为其筹集资金，以用作军费支出。[8]

柯尔贝尔开始坚持不懈地完成这些艰苦的工作，一方面要放低姿态，迎合马萨林的需要，另一方面也努力做好这些不可或缺的服务，讨好这位事实上的法兰西统治者。柯尔贝尔开始检查马萨林保存的各种档案，投身各种文书和契据的海洋，将各种尚未确认的收入项目和尚未支付的负债内容一一列明。同时，他开始掌管众多的产业项目以及各种来源的收入，还负责打理马萨林的众多宗教产业事务。1650—1653 年，两人之间的详细通信记录显示，柯尔贝尔已经深度介入马萨林各项产业的管理工作。在 1651 年 9 月 31 日有关马萨林财务情况的一份信件中，柯尔贝尔告诉他的东家，自己的确已经收到了“全部的文书资料”，目前正在努力“搞定各种困难”，把主教的财务运行导入正轨。1562 年，在与王后的财务主管、议院主席雅克·塔布夫（Jacques Tubeuf）合作时，柯尔贝尔仍在试图归集涉及马萨林的各类文书档案，并将马萨林各种商业机构的业务活动一一理顺。作为审计师的柯尔贝尔正在努力工作，研究马萨林的各类文书，“清理”错误问题，为“阁下”节省成百上千里弗的收入。他向一定会对自己感恩戴德的马萨林写信说：“请您一定要相信，迄今为止我还没有犯过明显的错误。”[9]

尽管最初马萨林认为柯尔贝尔粗俗专横，但不到一年之后，他就将柯尔贝尔视为“不可或缺的人才”。柯尔贝尔的工作结出了累累硕果，对于一名会计师或者财务顾问来说，如果能让金钱源源不断地涌入，那他的任何个人缺陷都可以被忽略不计。1658 年，在投石党运动结束之后，马萨林拥有的现金就已经高达 800 万里弗。当 1661 年马萨林去世时，柯尔贝尔把这个数字变成了 3 500 万里弗，其中很大一部分将会被作为马萨林的遗产留给路易十四。[10]

17 世纪 50 年代，尽管柯尔贝尔在经营管理马萨林的财产方面大获成功，但他依然只是一名家族总管。作为会计师，他已经与新皇室权力中心无限接近，却依旧没有成为其中的一员。事实确实如此，作为会计师要想提升自己的社会地位，这在法国简直闻所未闻。但是，柯尔贝尔的服务是如此重要，他提出的建议价值是如此之高，以至于马萨林在临终时将他推荐给了路易十四，而路易十四也极为明智，他任用柯尔贝尔作为自己的会计师和亲信。1661 年，当路易十四大权在握时，他和柯尔贝尔之间的共事就已经开始了。[11]

让－巴普蒂斯特·柯尔贝尔最广为人知的，就是他的重商主义理论。他认为世界上的金银财富是有限的，法国要推动产业发展，让这些有限的财富从荷兰和英国流动到法国。为此，他设立了国家支持的垄断机构，并在新大陆一手搭建了法兰西帝国［密西西比河的渡口设在路易斯安那（Louisiana），它当时被称作柯尔贝尔河］。柯尔贝尔的产业项目是否成功，是一个饱受争议的话题，而争议较少的，是柯尔贝尔作为财务管理者所推动实施的众多创新。亚当·斯密曾经对国家过度干预金融事务发出警告，但他也十分尊重柯尔贝尔，尤其尊重后者在扮演财务管理者、收税员以及会计师等角色时所展现出来的高超技巧。斯密高度称赞柯尔贝尔在产业发展和财政账户管理方面的智慧，对他在“提出财政收支方法并进行打理”等方面取得的成功，也毫不吝惜溢美之词。[12]

会计核算所涉及的不仅仅是良好的管理，会计还可以充当权力手段，也可以作为镇压工具。就任法国财务主管之后，柯尔贝尔立即提高了国王潜在政治对手的税收，并对其实施针对性的审计。对于报复自己的竞争对手尼古拉斯·富凯（Nicolas Fouquet，1615—1680），柯尔贝尔更是铆足了力气。富凯是马萨林和路易十四早期的财务主管。人们一致认为，他很优秀，干劲十足，但贪得无厌且极度偏执。根据当时的作家、极具政治观察力的塞维尼夫人（Madame de Sevigné）的描绘，在柯尔贝尔的政治野心和路易十四的独裁要求的影响下，富凯成了牺牲品。但是，富凯自身的飞扬跋扈也是无可否认的。他所犯的导致自己身败名裂的错误，就是认为自己将成为路易十四的首相，而且面对年轻的国王，自己还将有垂帘听政的机会。[13]

1661 年 8 月，就在马萨林去世、路易十四初掌大权的时候，富凯在自己位于巴黎南部子爵城堡（Vaux-le-Vicomte）的酒庄里，举办了一场奢侈的宴会。这位首相的穷奢极欲，以及法国上流社会和艺术名流对他的眷顾，都让路易十四颜面扫地。子爵城堡的体面壮观，要远远超过路易十四所拥有的任何居所。正如其前任财政监督官一样，富凯也在财政资金里做了一些手脚。这也符合人们对于坐上这个职位的官员的普遍认知。但是，富凯不仅窃取财政资金，其财政管理能力也很糟糕，他甚至利用这些财富进行卖弄，这使得国王脸上黯淡无光。要知道，在投石党运动结束后不久，国王的财政状况依然岌岌可危。如果富凯只是在文化宴请等方面挥金如土，兴许路易十四还能放他一条生路。路易十四让柯尔贝尔安排了一名探子，装扮成美丽岛（Belle-Île）岸边的渔民，美丽岛是位于布列塔尼（Brittany）南边的属于富凯的一座小岛。柯尔贝尔的手下绘制了一份这座小岛的详细地图，还做了一份报告详细列出了富凯在岛上的 1 500 名劳工、200 名卫兵以及 400 门大炮的情况，还有可供 6 000 人使用的军火和粮草的情况。著名的工程师沃邦（Vauban）正在沿着小岛修建堡垒。此外，柯尔贝尔的手下报告说，富凯已经计划好，要占领加勒比的马提尼克（Martinique）岛屿，并利用自己的沿岸小岛，接受当地出产的全部货物。简而言之，富凯正试图建立一个微型王国。作为一名独立而富裕的贵族人士，手握皇家权力范围之外的军队、城堡，他已经对路易十四构成了威胁。[14]

1661 年 9 月，路易十四和柯尔贝尔着手逮捕了富凯，并流放了他的家人和亲友。针对这次逮捕行动，柯尔贝尔制订了许多详细的方案。富凯所有的办公室都要被封存起来，同时，公共律师会拍卖其房产，查抄所有的文档。柯尔贝尔希望得到的，不仅有富凯的秘密计划和信件，他还希望知晓富凯的账户情况，因为对柯尔贝尔而言，这些属于证明富凯反叛的最为强有力的资料。柯尔贝尔坚持要求，皇家的收税员不仅要把文件都封存起来，还要把它们赶紧运到自己的办公室。柯尔贝尔知道，掌握全部的财务资料才能有助于实施高效的审计。查理·达·塔尼昂（Charles d’Artagnan）作为皇家火枪手的头目［亚历山大·仲马（Alexandre Dumas）的《三个火枪手》（*The Three Musketeers*）将使其为大众所熟知］，负责领导了对富凯的拘捕行动，并在之后的办公室搜查活动中身先士卒。在富凯的办公室里，就在衣柜后面，他们发现了一大包捆起来的账本，也被称为机密账。柯尔贝尔要求把这本账册封存起来，并由快递员迅速送到自己这里。达·塔尼昂被要求逮捕富凯的全部助手，并搜查这些人是否还有藏起来的资料信息。[15]

面对对手高超的谋划，富凯被柯尔贝尔的突击行动打了个措手不及。柯尔贝尔还披露了富凯与许多女士的通信记录，这些女士充当了其情人、告密者以及支出、馈赠和贿赂等活动的记账人的角色。机密账列出了富凯全部的手下和间谍人员名单，其中许多人就职于皇家法院和政府管理机构。详细的账务信息还揭示了其财务交易，以及为了建造位于美丽岛的堡垒而制订的计划和财务支出等的情况。[16]

当富凯因为叛国罪被推上审判台的时候，人们自然而然地认为，背后导演这一切的正是柯尔贝尔。这为其家族山峰的图案增添了新的意味，那就是一直向上攀爬的毒蛇的形象。尽管审判庭并没有让公众认同富凯的罪行，但由此表露无遗的，是国王一心凌驾于法律之上的决心。这还展现了柯尔贝尔的一个重要特点：他愿意利用会计核算作为斗争工具。通过会计账簿，柯尔贝尔找到了打败对手的钥匙，这些账簿揭示了对手的人际网络、财务状况和计划安排。这种政治手腕符合美第奇家族的特征，但相关的筹码也更加昂贵。法国当时拥有 2 300 万人口和世界上规模最大的军队，帝国的海上疆域正在不断拓展，再加上一名优秀的会计顾问，在路易十四看来，自己有望成为欧洲之王。[17]

尽管品行不佳而且残忍无道，但作为路易十四事实上的首相，柯尔贝尔还是实施了一些有名的创新。在他的《法国金融事务历史回忆录》(Historical Memoirs on French Financial Affairs，1663)中，柯尔贝尔阐述了路易十四和自己是如何将会计运用到国家治理中的。他记述的不仅有自己如何向路易十四讲授意大利式会计核算的基础知识，还有国王如何将其运用到日常的皇家管理工作中等内容。这个回忆录只有一本，由柯尔贝尔手写。尽管未能完结，但这仍然是柯尔贝尔最长和最为详尽的工作记录，其写作目的，是让路易十四知道历代君王的财务历史。[18]

王室账簿的详细信息显示，柯尔贝尔的历史回忆录是专门为路易十四而作的，其中阐述了历代国王的税收高低、从中取得了多少收入、收上来的税由谁管理等。但是，柯尔贝尔也警告说，从历史上来看，国王所做的只是确认财政政策，审计工作和控制活动都是由其财务大臣单独实施的。这些君王自身其实并不能核实账簿信息，而正是这个原因导致贪污腐败及管理不善等问题的出现。柯尔贝尔认为，通过会计核算，他能够实时提供数据信息，反映政府的财政、税收、制造业以及海上贸易等情况。柯尔贝尔还借用富凯主政时期的陈旧财务账簿信息，恰如其分地展示了这位过气首相的各种错误和“挥霍无度”。[19]

最重要的是，柯尔贝尔还阐述了帝王应当如何管理财政委员会，柯尔贝尔本人应当如何运作该委员会以及如何管理政府财政账簿。柯尔贝尔将成为首席会计师，而路易十四就是首席审计师。柯尔贝尔建议，“对于国家每年财政支出的全部收据，都要准确进行登记管理”，对于往年的信息，也要进行检验核对。[20]

柯尔贝尔认为，路易十四要想成为首席审计师，必须理解账簿记录的基本原理，这与帕乔利的理念一脉相承。柯尔贝尔著作的新奇之处在于，其以国家的名义取代了企业或公司的概念。柯尔贝尔勇于创新，把复式记账法以艺术的形式重新呈现给法国国王。柯尔贝尔还写道，政府的财政账簿必须要分门别类。柯尔贝尔向路易十四担保说："通过这种清晰简明的方式，陛下将立于不败之地，并降低对从事这项工作之人的依赖。"当然，柯尔贝尔是一个例外，因为他穷其一生都保管着这些账簿信息。[21]

路易十四既熟悉也喜欢账簿记录，至少很偏好复杂的单式记账法。路易十四给其母亲写信说："在亲自操作财务事宜的过程中，我已经得到了巨大的满足，尽管在这上面我没花多少工夫，但我已经有了一些重大发现，也越发感到自己的渺小和问题的艰深。你们不用怀疑，我会继续做下去的。"每天两次，总计超过两个小时，路易十四会要求其下属汇报有关政府管理的全部议题，也会详细检查各类财务报告。但是，路易十四从未达到像科西莫·德·美第奇那样真正的会计师的水平。这位君王只是尽职尽责地对柯尔贝尔的账簿记录表示认同。路易十四和柯尔贝尔频繁地通信，就财务问题进行沟通，柯尔贝尔也向国王请求批准各项费用开支。柯尔贝尔以每周两次的频率将摘要情况报告给国王，但最主要的是在星期五，他会将自己搜集整理的信息和皇家账户收支的总体情况呈上。柯尔贝尔会将报告页的一半留白，这样国王就能在报告页边上做出答复了。最初，路易十四很喜欢各类数据，给柯尔贝尔写信说，能够听到柯尔贝尔谈及财务信息"令人十分愉快"。而也就是在最初的时候，路易十四一反常态地十分尊重其会计师的意见，在账簿的表上写道："怎么处理最好，由你来决定。"[22]

柯尔贝尔搜集了大量信息，之后就需要找到一条将其呈报给国王的合适途径。柯尔贝尔掌握着政府会计账簿，还有 100 种不同的管理用剪贴簿手册。有时候，路易十四想看看柯尔贝尔各种账簿的概况，但他更希望看到最终的报告。作为一名优秀的会计师，柯尔贝尔手头保存着多种账簿资料，具体包括每位税收主管和大多数政府官员的剪贴簿、日记账和总分类账等。他还掌管着国库账簿，对此，路易十四也会亲自进行查验。首要的原则是，这些会计账簿必须清晰明了，易于进行阅读和批注。路易十四没有足够的时间来面对凌乱不堪的文书资料，而柯尔贝尔也确保不会呈上这种文件，为此，他经常批评那些会计师和代理人做出了糟糕的会计记录或错误汇总信息。[23]

由于当时的政府规模十分庞大，且政府仍处于中世纪的管理体制之下，柯尔贝尔无法将复式记账法应用到一般的政府事务管理上。尽管柯尔贝尔本人精通复式记账法，但很少有官员接受过这种商业技能培训。无论如何，柯尔贝尔还是设计出一套复杂的国库管理核算表格，其运作原理正是基于复式记账法的原则。路易十四、柯尔贝尔和其他财政委员会大臣要在加总的会计账簿上签字确认。如果说这些最终的账簿记录要经受国王及委员会的考验，那更复杂的初级账簿记录和验证工作则是由柯尔贝尔代替路易十四来实施的。柯尔贝尔还负责设置这些账簿，以使其易于检查。这些账簿资料所展示的，是一套理想的国家账务管理体制，柯尔贝尔通过这种方式引导路易十四成为一名熟悉会计核算的君王，而从某种程度上说，路易十四也确实做到了这一点，至少在一定时期内做到了。

很显然，出于让改革更加长久的考虑，柯尔贝尔首次成功地将会计学引入了法国国王的教育课程中。1665 年，柯尔贝尔为路易十四的继承人亲手撰写了教材，其中包括了有关财务的信息。在手稿中，他阐述了通过实践操作和账簿记录来掌握财务知识的必要性。柯尔贝尔向年轻的王子建议，王子每年都应当亲自抄录国库账务信息，他还应该学会审计国库财务记录，这样才能核实国库收支及票据等各类信息。柯尔贝尔警告说，他应当坚持不懈，因为这项工作是如此重要，根本不能借他人之手来完成。简而言之，柯尔贝尔认为，年轻的王子要想继承王位，就必须掌握这些会计核算和存货管理的基础知识。[24]

除此之外，柯尔贝尔还向路易十四政府灌输一种商人特有的财务保密意识。1661 年，当国王与其首席大臣组建起第一届政府的时候，柯尔贝尔给路易十四写了一份便签，说明应如何组建皇家委员会（Royal Council），明确要求政府所有的部长和随员都进行保密宣誓，任何背离该誓言的人，都将会被从政府中踢除出去。保密不仅意味着部长和随员的谨言慎行，还有利于对政府财务信息实施严格的控制。[25]

这种对政府信息保密的要求，与柯尔贝尔的公共会计核算政策是背道而驰的。他对一系列经济学和会计核算的著作表示赞赏。对于为自己起草诸多贸易法规的雅克·萨瓦里（Jacques Savary），柯尔贝尔要求他撰写《完美商人》（*The Perfect Merchant*，1670），其中极具特色的一章，就是关于商业经营中如何运用复式记账法，这也构成了 1673 年《柯尔贝尔贸易法》的一部分。该法要求企业设置复式账簿，以供政府进行定期审查。在这种情况下，柯尔贝尔的公共规则不仅设定了行业标准，还成为政府法规的组成部分，因为面对政府的强制税收工具，以及随之而来的政府公开审计，商人天生具有一种畏惧感。此时，君王对会计核算的支持已经渗透到社会和政府的各个层面。

柯尔贝尔还给君王准备了一些独特的东西，那就是路易十四的口袋账簿，也就是国库账簿资料以及对账户运行情况的说明等。这些便携式账簿的存在，充分验证了柯尔贝尔是如何运用会计核算，并将其变成路易十四个人掌权的工具的。法国国家图书馆的馆藏中，名字是“路易十四的笔记本”的手册就有 20 本。每个财政年度期间或者结束之后，就有人给路易十四准备好一到两本小册子，总括各类账户信息，说明当年总的预算情况。这些手册以红色搓纹革制成，抬头是金色的标题，用两个黄金别针扣在一起。手册尺寸约为 152 毫米长、64 毫米宽，方便路易十四放在口袋里随时查看。在 1661 年首次制作手册时，资料是手写在纸上的。但是，这种寒酸的账簿形式很显然不能满足路易十四个人的铺张要求。如果随身携带这样一本账簿，路易十四当然希望其符合自己太阳王的身份。柯尔贝尔看来曾经寻求法国著名的文档装饰大师尼古拉斯·雅里（Nicolas Jarry）的帮助，并动用了其工作室，生产带有纹饰的新牛皮手册。从 1669 年开始，这些手册就有了精心制作的卷头插画作为装饰。有一本 1670 年的手册，其外包装的脊背上还有百合花装饰。到了 17 世纪 70 年代后期，即便在雅里 1674 年去世之后，这些手册依然包装精美，即使是十分简单的账户信息，也要用金粉以及彩色涂料书写，并用百花图案进行装饰。在自己的账簿信息基础上，柯尔贝尔为路易十四定制了账簿手册，后者就把它放在自己的口袋里，在他与顾问和秘书的会议中，在查看政府急件和各地行政长官报告的时候，可能都会拿出这些手册作为参考。[26]

皇室账簿是简化之后的账簿版本，只列出了支出和收入情况，比较了各税收官员收取的税额。这些账簿给出的，是根据手头持有的现金，按照单式记账法核算后的最终支出数据。它们也会给出比较，比如 1661—1665 年的收税员税收收入情况，这样路易十四就能看到长期的变化趋势。例如，1680 年的“摘要”就对 1661—1680 年的政府收入进行了对比。账簿列出了政府全部的税收情况以及当地会计师的名字，正是这些会计师记录了所在地区中心城市的账户信息。[27]

人文主义者携带摘录簿，往往出于宗教或政治信仰的考虑，而路易十四在自己口袋里携带的，则是柯尔贝尔为他准备的账簿。账簿用金粉撰写，并带有精美的装饰。我们可以从这里明显看出，账簿记录和整理归档等会计核算要求，已经日益深入到王室贵族的治国理政中。路易十四把自己传统的后人文主义教育经历，与实务知识和法律常识结合起来，而这些知识和常识是由柯尔贝尔及其家族学者、监督官以及代理人等向路易十四灌输的。人文主义教育当然很有帮助，但还不足以为有效的政府管理提供足够的支撑。在路易十四和让－巴普蒂斯特·柯尔贝尔的管理计划中，会计知识和传统教育被融合在一起，用于推动法国政府这一庞然大物的运转，这在历史上尚属首次。

1683 年 8 月 20 日，让－巴普蒂斯特·柯尔贝尔病倒了，他浑身疼痛，高烧不止，并于当年 9 月 6 日去世。尽管有传言称，其生病是由于一些难以启齿的原因，但尸体解剖显示，他的肾里有一块“大石头”堵塞了输尿管。没有人会想到，他会从这幕历史大剧中消失得如此突然。尽管路易十四因为失去这样一位老朋友和最亲密的政治伙伴而感到很震惊，但他当时也越来越对这位坏消息预言人感到恼怒，因为柯尔贝尔对法国的政治、财务和产业等的核算情况实在是再清楚不过了。在近 10 年的时间里，柯尔贝尔不停地向路易十四抱怨，抱怨其在宫殿的建筑上挥金如土，抱怨其向荷兰等邻国的穷兵黩武更是支出无度，这让柯尔贝尔一手打理的国库日渐空虚。对于柯尔贝尔的喋喋不休，对于自己口袋里账簿上的失衡账目，路易十四早已经心生厌倦。[28]

路易十四决定不再更换其主要的情报人员，因此，账簿手册也就相应地消失了。他也打破了柯尔贝尔以财政部和皇家图书馆为核心而建立起来的权力运行机制。由此，出现一个不受自己控制的真正权力机器的可能性，就被路易十四扼杀在了萌芽之中。“朕即国家”（L’Etat c’est moi）十分直白，与马克斯·韦伯理想中的非人治的集权制国家形式形成了鲜明的反差。路易十四显然认为，一个运转平稳的国家体制和中央集中归档的管理方式，对自己个人的大权独揽构成了威胁。路易十四不仅希望被告知全部信息，他还希望能有一切尽在掌控的感觉。通过关闭柯尔贝尔的中央办公室以及相应的信息中心，对于自己手下的诸位大臣，路易十四就能做到分而治之了。

柯尔贝尔去世之后，对路易十四手下的部长来说，他们中再也没有人能够掌握如此显赫的权力和如此多的信息了。在路易十四的操纵下，柯尔贝尔庞大的内阁家族成员还与其政治对手勒·泰利埃（Le Tellier）展开了争名夺利的争斗，双方都开始把财务信息紧紧握在手中，以便让自己的权力不受影响。专制主义政府面临种种局限，部分原因正是路易十四的自作自受。实际上，路易十四留给自己继承者的，并不是统一集中的政治局面，而是一群十分强势、相互斗争的内阁部长，并不存在核心的政治人物。路易十四打破了柯尔贝尔制定的管理体制，由此导致法国政府从长期来看将步履维艰。柯尔贝尔精通会计核算，在法国各部中，没有一个像他这样核心而强势的政治角色，要想开展重大审计或者实施统一的会计核算管理，都是不可能的。部长的继任者把家族的财务档案当成了守护自己政治权力的工具。路易十四宫廷的伟大传记作家西蒙公爵（Duke de Saint-Simon）回忆说，柯尔贝尔家族做出正式规定，禁止让其敌对的卢瓦（Louvois）家族插手政府财务信息，因为后者担任政府职位，与自己存在竞争关系。埃德瓦多·弗朗科伊·柯尔贝尔（Édouard François Colbert）是柯尔贝尔的兄长，他建议，所有要求查看政府财务信息的请求，都要得到“体面的对待”，但人们对此听而不闻。克劳德·勒·皮尔提（Claude Le Peletier）于1683年柯尔贝尔去世之后就任财务总长，他随后向路易十四抱怨，自己无法全面了解政府的财务状况，因为柯尔贝尔对此严格保密。勒·皮尔提敏锐地注意到，这些信息“仅掌握在柯尔贝尔自己手中”。他说，柯尔贝尔家族成员并不乐于提供这些信息，而如果看不到柯尔贝尔的私人账簿记录，那国库的信息资料并没有什么大用。[29]

统一的政府财务账簿无法搜集到足够多的财务信息，这导致法国继续行进在中世纪的老路上：部长手头的财务资料被视为宝贵的个人财产，而并不属于国家。18 世纪法国政府管理出现了诸多问题，并不仅仅是由于其秘而不宣的保守举动、政府法令的不合时宜以及财务管理的糟糕无序，还与路易十四对国家机器的分割密不可分。国家的会计核算能力依然受到限制，并掌握在少数部长及其家族成员手中。这能够帮助我们理解，为什么在面临无限发展可能的情况下，在英才辈出的氛围中，在国力无双的支撑下，法国却驻足不前并开始走下坡路。1715 年路易十四去世时，法国正面临破产，有效的会计核算体系也不复存在。等待法国的，是长达 75 年的财务危机，以及一场规模宏大的总清算。

第七章

首次救助

我能够计算出天体的运行轨迹，却无法度量人类的疯狂。

——艾萨克·牛顿爵士（Sir Issac Newton），1721 年

同法国人一样，17 世纪的英国人也在努力推动政府核算体制改革。即使在这样一个议会监督之下的君主立宪制国家，财务问责制的发展依然十分缓慢，并遭到了十分激烈的抵制，这仍作为一个脆弱无比的政治传统保存了下来。君主立宪制的主要思路就是要向议会负责，但直到 150 多年之后，英国才真正建立起对皇家财务的监督管理制度。[1]

早在 1644 年，社会对政府税收管理的质疑声就四起，为了回应这种质疑，议会设立了账务管理委员会。威廉·普林（William Prynne）是一位长老会（Presbyterian）领袖，十分关注政府的公共责任，他所著的政治手册对君主权力进行了批判，因而他被查理一世（Charles I）砍掉了耳朵。在威廉·普林的领导下，账务管理委员会从来没有得到过政府的支持。手握大权的克拉伦登伯爵（Earl of Clarendon）是皇室的盟友，他担心该委员会将使议会的权力范围超过自己。对于这样的机构来说，质询权非常宽泛，对此，克拉伦登担心其并不具备相应的专业金融知识。尽管在英国内战期间，

君主立宪制曾于1649年短暂中止，于1660年查理二世（Charles II）上台时又得以恢复，但英国一直没有建立起有效的财务问责制度。1675年，议会要求皇室公开其收入和支出的全部账户信息，作为回应，皇室答复说："议会要查看国王的金库，这不符合惯例。"[2]

国内一直缺乏合格的会计人员，这让议会议员和英王大臣都十分担心。海军上将塞缪尔·佩皮斯（Samuel Pepys，1633—1703）因查理二世政府运行过程中会计核算经验的缺乏而叹息。在其著名的《日记》（*Diary*）中，佩皮斯不时提到英国政府的会计核算问题，对他本人来说，需要在财政部办公室"敲定"自己的"账目数据"，随后回到家还是如此，最后在临睡之前，要与其他官员一起，搞清楚更多的账户信息，这让他感到"极为不便"。佩皮斯担心，不管是他的上级，主管着英国海军的海军上将委员会的桑威奇伯爵（Earl of Sandwich），还是国王查理二世本人，都不了解基本的会计知识。更糟糕的是，佩皮斯认为海军财政大臣乔治·卡特莱特爵士（Sir George Carteret）是一个"疯子"，因为他既不知道如何进行会计核算，也不知道谁可以胜任这项工作。英国海军根本就没有一个财务掌舵人。[3]

但无论如何，查理二世终于意识到，改革政府核算体制是符合自身利益的。1667年，他在财政部内部设置了会计核算办公室。尽管佩皮斯怀疑其是否有用，但这一全新的政府管理机构还是为财政部成功招募到了能干的文秘，后者在会计做账方面交出了令人满意的成绩。这下轮到议会成员担心了，他们觉得良好的会计核算加上健全的财务管理，将给国王带来更多的税收收入，使其权力更大。因此，君主立宪政权和议会都希望使用会计工具并实施财务问责制，以实现各自的政治目的。[4]

1668年，在议会的要求下，荷兰前总督、奥兰治家族的威廉王与其共同主政者玛丽女王二世（Queen Mary II）一起，通过一场被称作光荣革命（Glorious Revolution）的没有流血的政变，夺取了查理的兄弟和继承人、信奉天主教的詹姆士二世（James II）的王位。威廉和玛丽遵从议会制的统治模式，奉行宗教宽容政策，保护新教徒和商人阶层的利益，皇室所有重大决策都要经过议会的批准。在许多情况下，新政权的支持者都是来自大城市、具有商业背景的辉格党（Whig）成员。从另一个角度来看，君王也要依靠这些新的城市精英，来与那些拥有大量土地的托利党（Tory）成员对抗，后者通常会对具有专制倾向的斯图亚特（Stuart）王室成员保持同情。

1689年的《权利法案》（Bill of Rights）规定，如果没有议会授权，君主不能任意征税，从最理想的情形来看，君主和议会都需要接受财务问责。在一定程度上受到约翰·洛克政治自由著作的推动，随着议会对出版业管制的逐渐放松，新闻行业迎来了相对自由的发展空间。但即使在这种全新的开明政治氛围下，要让政府接受财务问责仍然不是一件容易的事情。1698年，经济学家对政府税收进行了批评和施压，议会托利党成员查尔斯·戴维南特（Charles Davenant，1656—1714）试图计算出政府税收的收入情况，但是，在其《政府收入解密》（*Discourses on the Publick Revenues*）一书中，他抱怨“在获取有关政府收入的账簿资料时遇到了极大的困难，遭到了极端的抵制”。政府的财务账簿之门对他是封闭的，他的请求毫无例外地被全部拒绝。戴维南特认为，要想管理好一个繁荣成功的商业社会，对政府收入的公共问责属于不可或缺的组成部分，因为见不得阳光的问责是不值得信任的，而且这种举动会对健全的政府治理和贸易活动造成破坏。[5]

1702年，在玛丽王后的统治下，成熟的政党之争已经登上议会大厅的舞台，信奉自由的城市辉格党人与传统的乡村托利党人针锋相对，通过时评手册和政治辩论的形式，针对新君主立宪制的政体性质展开了较量。随着有关公共债务、与法国的贸易差额、与苏格兰联盟的经济得失等的辩论的日趋白热化，托利派的报纸《重商者》（*The Mercator*）劝诫自己的批评者，去“把会计账簿翻出来”以证明他们的论断。对于一名精于会计核算的政治家来说，时机已经成熟，他可以利用公众对政府财政状况的不满。[6]

罗伯特·沃波尔（Robert Walpole，1676—1745）承担起这项使命。沃波尔未来将成为第一财政大臣以及英国的第一位首相，手握大权长达创纪录的 21 年。他不仅知道会计核算在政府管理中的威力，还能够熟练运用这门技巧。但是，同路易十四一样，沃波尔也将发现，政治问责只是良好政府核算过程中一个不怎么受欢迎的副产品。

沃波尔成长于独特的英国社会背景下，当时的会计核算和数学计算已经成为政治生活的一部分。弗朗西斯·培根（Francis Bacon，1561—1626）是一位有影响力的政治家，也是经验归纳法（empirical method）的创始人，他开创了通过科学思考和精打细算来进行政府治理的传统。培根和政治理论家托马斯·霍布斯（Thomas Hobbes）认为，会计核算作为一种手段，既可以用于商业经营，也可以用于政治决策。在《利维坦》（*Leviathan*，1651）一书中，霍布斯认为，正是会计核算的出现才导致逻辑推理的诞生。霍布斯在著作中声称，如果没有加减法，要想在政治活动中找到道德上的正确举动，将是一件不可能完成的任务。对于会计核算、道德行为和政治之间的关系，此前从未有人如此强调过。[7]

正是在这些政治哲学家营造的学术氛围中，沃波尔得到了锻炼。尽管其道德水准一直受到质疑，但作为一名优秀的会计师，他名副其实。他在剑桥大学读书，他的父亲是培根哲学的公开追随者，并积极管理自己的财产，沃波尔的成长背景打上了深深的会计烙印。他代表新一代英国政治家的形象，这些人精通实用金融核算知识，十分推崇荷兰领导者德·维特的管理之道。但是，关于数字的争议不见得总是正确的。审计工作，或者说公开声称的审计工作，往往出于政治的需要，且没有切实的依据。1710 年，沃波尔就任海军财政大臣，但仅一年后，在对马尔堡公爵（Duke of Marlborough）军队管理腐败的一系列指控中，他被罗伯特·哈利（Robert Harley）的新托利内阁“扫地出门”。沃波尔进行反击，通过为亚瑟·梅林沃林（Arthur Maynwaring）的手册撰写财务计算的内容，来为马尔堡进行辩护。手册的名字是《写给朋友有关政府债务特别是海军费用问题的一封信》（A Letter to a Friend Concerning the Publick Debts, particularly that of the Navy, 1711），在这本手册中，他对与政府债务相关的海军成本进行了核算，得出结论，称尽管与法国进行的西班牙王位继承战争（War of Spanish Succession）耗时很长且成本高昂，增加了不少费用支出，但在其主政期间，政府费用并没有大幅增加。沃波尔对战时费用的计算，使梅林沃林可以把公众对政府债务的职责推到沃波尔继任者的头上。[8]

1711 年 4 月，英国和法国卷入战争。在这场战争中，两个国家都欠下了巨额债务。英国民众担心，政府无力偿还其借下的 5 000 万英镑债务。债务的额度达到英国财政收入的 60%。许多人认为，债务将摧毁这个国家，并导致财务困境和政治灾难。公众大声疾呼，要求议会采取行动。

埃德蒙·哈利（Edmund Harley）是国库皇家账户的审计长，他负责核对政府各部门的收支情况，他指控沃波尔没有如实记录 3 000 万英镑的海军军费，因此需要对绝大部分政府债务承担责任。这次，沃波尔为自己辩护的手册的名字是《给众议院报告中关于 3 500 万英镑的说明》（A State of the Five and Thirty Millions mention’d in the Report of a Committee of the House of Commons，1712）。手册详细阐述了政府账户是如何运作的，并解释了账户上那些资金之所以会消失不见，是由于众多的会计核算人员需要一定的时间，才能完善账户信息并呈递给政府审计人员。对于实施会计记录过程中自己所负责账户出现的数据缺失，沃波尔归咎于保存皇家账簿的过程。只有当账簿的“流出”和“流入”栏“已经结平且经皇家备用金审计师签字确认”后，账簿记录才算齐全。乡村党（Country Party）是由占有大量土地的所谓贵族人士组成的一个党派，其反对城市金融家和首相权力的不断扩张，沃波尔抱怨说，如果自己那些投身于乡村党的对手知道“基本的加减法”，他们就不难理解下议院（House of Commons）的报告。这是一个值得纪念的时刻：一位政府高层通过指责其对手不懂基本的复式记账法而为自己进行辩护。[9]

在手册中，沃波尔公开呼吁，要对政府账户的运作模式进行改革。国库管理的陈旧规定必须进行调整，只有通过各项检查核对和限制要求，才能确保政府账户资料的清晰准确和及时发布。但是托利党人对“臭名昭著的腐败”的指控切中了要害，新的托利党政府判决沃波尔有罪并将其关入伦敦塔（Tower of London）7 个月。但是，沃波尔作为老谋深算的政府金融家的名声算是建立起来了。有人称他为林恩·鲍勃（Lynn Bob）、诺福克郡的罗宾（the Norfolk Robin）、罗宾汉（Robin Hood）、诺福克的赌棍（Norfolk Gamester）、诺福克冲压机（Norfolk Punch）、诺福克毒刺（Norfolk Sting）、贵格会教徒（Quaker）或者诺福克犹太人（Jew of Norfolk），极尽嘲讽之能事，这同时也体现了他的权势和嗜好。[10]

就在人们对政府债务问题争论不休的时候，1715 年 9 月，在路易十四去世一个月后，沃波尔重掌大权。这次，他出任第一财政大臣，真正大权在握。此时，政府债务已经不在他个人的管辖范围之内了。随着 1714 年 8 月 1 日乔治一世（George I）的上位，政府债务总额已经超过 4 000 万英镑，每年仅利息支出就超过 200 万英镑。这已经成了政治纷争的焦点：如何在降低国家债务负担的同时，在军事上保持对法国的防御？沃波尔开始了对债务问题的研究，并制订应对方案呈交给议会，就如何减少政府债务 6% 的利息支出进行说明。[11]

1717 年，沃波尔经过议会认可通过了减债方案，将债务利率降为 5%。由此节省下来的部分将被放入偿债基金，通过一种十分复杂的方式将债务还清。偿债基金的设置，主要基于这样一种理念，即通过偿还债务本金的方式，停止复利计息，由此避免未来出现螺旋式的利息支付。这就意味着，政府既需要支付债务利息，也需要通过基金来支付债务的本金。未来节省下来的利息部分，将会再投资于该基金。借助对金融知识的把握，沃波尔成功地找到了一条降低债务的渠道，而无须全额偿清债务。[12]

债务危机的解决方案，似乎是以投资计划的形式呈现的。1720 年，隶属托利党的第一财政大臣、财政部大臣罗伯特·哈利创立了一家股份公司，公司的收益可以用于偿还政府债务。他在法国密西西比方案（French Mississippi scheme）的基础上对该计划进行了修订，并为全欧洲的投资者带来了巨额回报。有谣言称，西班牙将放弃其在南美的贸易权，还有旧的传闻称，德雷克（Drake）以及罗利（Raleigh）在新大陆发现了传说中的金库，这些说法让公众和政客的想象力无限放飞，在这个背景下，哈利和约翰·布朗（John Blunt）一起设立了南海公司（South Sea Company），布朗是另一家股份公司和银行的董事。皇室将会授予南海公司在南美洲东海岸专营贸易权，其范围涵盖了从奥里诺科河（Orinoco River ）到火地岛（Tierra del Fuego）的广阔区域，还包括整个西海岸。作为交换，公司将为全体股东提供以政府债务为载体的股份。也就是说，通过创造性的会计处理，政府债务像被施了魔法一样，全都变成南海公司的股份。公司将承担约 3 100 万英镑的政府债务，利率为 4%，此外还有 100 万英镑的现金（持有现金以备经营之需）。一旦股票出售，公司就立即向政府支付 400 万英镑，以换取贸易专营权。作为对这种贸易专营权的交换，政府找到一种利用个人投资者来偿还债务的方式。这简直是现代金融史上的奇迹。[13]

但这仅仅是昙花一现。18 世纪 20 年代早期，当出现公司收入达不到公众预期的情形时，公司就只能依靠捏造的利润数据来维持这种投机性的繁荣景象了。在如今可以被视为庞氏骗局（Ponzi scheme）的雏形案例中，公司通过发行股票进行利润支付，这使得到 4 月份的时候，公司股价已经飙升至每股 360 英镑，而最初的价格是每股 128 英镑。1720 年 6 月，股价升至每股 1 000 英镑。许多股票认购者通过借款来购买股票，借款利率约为 5%。1720 年 8 月，人们对南海公司的信心开始动摇，放款人开始提高利率或者暂停贷款，由此导致涌入该公司的信贷资金出现枯竭。金字塔开始崩塌，股票价格一落千丈，包括大贵族、政府首相还有国王的管家等在内的投资人损失惨重。英国自由思想家约翰·托兰（John Toland）也亏了一大笔钱，这使得他在快要去世的时候都请不起医生。更糟糕的是，这次股价暴跌破坏了公共信贷市场，威胁制造业和商业活动的经营，影响政府的稳定，甚至冲击英国的国家安全。

18 世纪 20 年代早期，在法国的密西西比泡沫破灭的时候，对于引发这场危机的密西西比公司，法国政府想要救助，却既没有相应的工具，也不具备所需的资金。在这次危机中，法国王室愚蠢地将皇家银行和铸币厂的管理大权委托给一位名叫约翰·劳（John Law）的人，王室认为他是理财圣手，但他只是一位优秀却不值得信任的苏格兰赌徒（在法语中，他的名字写作 l'as，意思是王牌）。密西西比危机后，法国政府中熟悉金融财务的专业人士屈指可数，国家银行更不见踪影，这导致法国不得不以高昂的利率，继续向瑞士人借钱。对于政府信用、货币、会计核算等工具以及整体金融市场等，法国王室和公众已经信心全无。在缺乏财务改革的背景下，在 18 世纪的绝大部分时间里，法国政府步履维艰，它没有建立现代化的税收体系，产业创新和经济增长受到极大的阻碍，时常徘徊在破产的边缘。[14]

但英国挺过了这次危机，并重新振作起来。之所以这样，是因为英国当时拥有其他任何国家都不具备的东西，那就是一种活力十足且勇于创新的会计核算文化，这种文化彻底渗透到英国的政治生活中，其影响程度远远超出荷兰人的想象。值得一提的是，这种会计文化为沃波尔提供了施展的空间，使其可以制订针对南海公司和英国信贷市场的救助计划。沃波尔实施的救助，形象地展示了财务报表和政府会计核算的优势和劣势，也体现出即使是那些受过良好培训的政治家，在面对诱惑时，也可能会越过相应的界限。

保守的托利党人希望，南海公司事件能够推动英格兰银行的权力分配走向均衡，因为他们认为，该银行赋予英格兰的汉诺威国王及其辉格党人追随者太多的权力（根据 1688 年荷兰国王威廉制定的复杂的王室继承法，德国人乔治一世于 1714 年登上英国王位）。为此，沃波尔作为一名辉格党人，最初还曾经是南海公司的对手。尽管在党内曾经就债务方案展开争论，沃波尔承认，最初自己觉得南海公司计划是“胡思乱想”，但最终他还是接受了现实。

沃波尔被卷入南海泡沫中，如果说这件事有什么奇怪的话，那我们更不应该忘记，即使是艾萨克·牛顿这位伟大的天文学家，也因为在泡沫高点的时候参与投机而损失了 20 000 英镑这样一个天文数字的金钱。尽管公共财务数据使得社会对公司运作产生了疑问，但沃波尔依然对该方案坚信不疑。与牛顿相比，他的精明程度并不逊色，很可能是被贪婪蒙蔽了双眼。

1720 年，就在沃波尔全力支持并大笔投资南海公司计划的时候，身为律师和国会议员的阿奇博尔德·哈奇森（Archibald Hutcheson）对南海公司的股票价值进行了一次精确的计算。尽管下议院充斥着腐败堕落和党派斗争，但哈奇森依然被人们认为是一位罕见的诚实正直的人士。在诸如《目前政府债务资金的状况》（*The Present State of Public Debt and Funds*，1718）的作品中，哈奇森采用的方法，是利用公众财务数据来推算国家的财政状况，其计算的复杂程度在当时是前所未有的。[15]

1720 年，哈奇森发表了《南海公司和英格兰银行经过计算给出的建议》（Some calculations relating to the proposals made by the South Sea Company and the Bank of England），在某种程度上来说，这是对沃波尔施政方针的抨击，也是对提出这项方案的托利党人的控诉。沃波尔曾支持南海公司，以扶持英格兰银行，同时试图以偿债基金减轻政府的债务负担。按照这种方式，当时政府共采取 3 种举措来缓解债务压力。事实证明，当危机降临的时候，这些措施是至关重要的。哈奇森的推算不仅局限在会计核算的范围内，还涉及财务分析的全新领域。

南海公司的股价全靠一些利润假设来支撑。通过利用现值（将过去和未来的货币价值以现在的水平计算）、折现现金流（将未来现金流折现，因为未来货币价值将减少）以及年金表格（未来或某一时点，某一额度的支付将价值几何）等，哈奇森计算出支持公司股价所需的利润差额，这将需要 4 300 万英镑的政府债务支持。他的计算结果显示，当新的认购出现时，政府就可以借此募集到资金，在这个过程中，政府是有利可图的，一如那些投资较早、成本较低的投资人。但是，新的投资人随时有可能损失 20% 以上的投资额。投资人要想赚钱，公司就需要赚取大量而且根本就不切实际的利润，否则的话，“成百上千的投资人”就会在这种金字塔式的骗局中被“无情宰割”。哈奇森声称，“如果我的计算结果是正确的”，那么该公司“每年的利润”就根本不可能存在。他推算出的结论是，公司承诺向新投资人支付的分红是根本不现实的。[16]

哈奇森的计算涉及计算应付政府债务的汇率、公司利润、股票收入，以及公司的资产价值和各种利率水平下公司可能获取的利润，这个过程十分复杂，但逻辑推理十分清楚。为了证明超出自身价值 300% 的股价是合理的，公司每年需要赚取 530 万英镑的超额利润，而这是不现实的，这一额度甚至比当年的海军预算还要高 10 倍。[17]

沃波尔知道这些数据，因为议员曾经见过这些，甚至还为此进行过辩论。事实上，议员托马斯·布罗德里克（Thomas Brodrick）曾要求对南海计划进行详细的公开审查，对于哈奇森的计算过程也有争议。公司本身、投资人还有该方案的支持者，都曾经发表过对公司股票价值的分析。1720 年 4 月，《飞邮时报》（*Flying Post*）以及《周刊》（*Weekly Journal*）同时公开了计算过程，试图证明公司股价应当介于每股 440 英镑和 880 英镑之间。就在所有相关人员对数据争论不休的时候，沃波尔站到了南海公司一边，因为他认同这家公司，他需要这家公司所募集来的资金，为自己的职业生涯提供支持，为自己的乡下别墅提供资助。他对哈奇森的计算分析视而不见，或许正是由于后者是一位“政治牛虻”。无论如何，粉饰利润和政治需要都与哈奇森的数据信息发生了冲突。[18]

1720 年 8 月，当泡沫破灭时，股票价格一路跳水，数周之内从 1 000 英镑跌至 400 英镑，这让沃波尔大为震惊。在位于诺福克的乡间别墅里，他正在试图将自己的家庭账簿结平，忙于购置房产，并借钱给那些希望购买更多南海公司股票的人。不仅如此，他刚刚把自己的理财顾问罗伯特·雅各布（Robert Jacombe）派到伦敦，希望购买 5 000 英镑的南海公司股票。当 3 天之内股票价格大跌 50% 的消息传来，沃波尔既沮丧又震惊。沃波尔疯狂地用尽一切手段，希望能够联系上雅各布。最终当伦敦的消息传来时，奇迹发生了。雅各布根本就没有进行这笔投资。这位精明的理财顾问跑到南海公司的办公室并见到了公司的管理层，他发现这些人不太靠谱，看到公司“乱七八糟”，“被吓坏了”。在南海公司的计划开始崩盘时，雅各布就已经对其丧失了信心，撤回了这笔投资，从而使得沃波尔免于遭受更多的损失。[19]

在得知哈奇森的计算结果后，股东的愤怒之情可想而知。哈奇森并不属于那种老谋深算的政治家，他坚持要求政府豁免公司所欠的 700 万英镑债务，以帮助那些在这项计划中损失惨重的“中等人群”。按照今天的话说，他希望拯救全社会。像约翰·特伦查得（John Trenchard）这样有影响力的政治评论家从辉格党共和派的角度撰文，亲自对股票价格和政府债务进行测算，并呼吁对南海公司以及其他股份公司实施全面审计，以保护股东和投资者的利益。用特伦查得的话说，在支付红利之前，每家公司都需要说明其每年的“股票情况，公司审计师需要在财政大臣面前郑重宣誓，保证对公司股票信息进行如实阐述”。特伦查得认为，只有通过这样的公开审计，投资者才能做出稳妥的判断。特伦查得感叹道，因为财务不透明而获益的，不仅有公司的高管，还有政府的高官，他们利用内幕信息获利，与此同时，其他人却不得不闭着眼睛“碰运气”。[20]

特伦查得呼吁设立独立的财务审计办公室。但对传统的政治家沃波尔来说，对公众审计的抵制完全是下意识的。他自己手中的政治权力，以及个人的财务积累，都有赖于见不得光的财务运作。他更希望找到一种方法，既可以稳定市场，又不用实施真正的政府或财务问责。

从政治角度来看，沃波尔是高效的，但同时又是腐败的。尽管他对权力和财富都垂涎不已，但他同时坚信，拯救英国的金融业和工业是自己义不容辞的责任。就在英国经济危急时刻，沃波尔推动政府实施干预，针对南海公司设立了救助方案。该公司绝不能落得与法国密西西比公司同样的下场。[21]

南海公司的投资者聘用查尔斯·斯奈尔（Charles Snell）这位声名远扬的会计师对公司进行审计。对于这样一次公开审计可能产生的影响，沃波尔心知肚明。他觉得需要终止这场审计，并对公司实施重组，以便稳定金融市场。从今天来看，南海公司当时显然是大而不倒（too big to fail）了。在《恢复公众信用法》（Act to Restore Publick Credit）出台后，沃波尔的首要目的就是确保公司维持下去，并继续承担 3 300 万英镑的政府债务，与此同时，也拯救投资人以及借钱给投资人购买股票的银行。为了救助整个金融市场，他首先要求政府向公司放贷，以使公司继续运行下去。随后他成功说服了英格兰银行，由其承担南海公司近 400 万英镑的政府债务；南海公司把自己持有的银矿交给铸币厂，通过这种方式承担向政府缴纳赎金的义务。为了维持市场稳定和公司运行，在每 100 英镑的投资中，沃波尔为投资人挽回了 52 英镑的损失。[22]

但是对沃波尔来说，市场以及金融业的平稳，君王统治的稳固，自己所在的辉格党的权势，才是其孜孜以求的。哈奇森、作家及评论家丹尼尔·笛福（Daniel Defoe）等人猛烈抨击了所谓的“证券投资商”“赌徒”“骗子”。议会也表态“将通过禁止证券投机行为来树立公众信心”。反过来，沃波尔也用那句名言来攻击自己的政治对手：“没有人不可收买。”（All those men have their price.）无论如何，他还是对自己的那些银行家朋友施以援手。借助自己与英格兰银行的纳撒尼尔·古尔德（Nathanial Gould）的密切关系，他成功地对南海公司、英格兰银行以及东印度公司实施了重组，当然也没有落下其别出心裁的偿债基金。[23]

沃波尔对南海公司的重组，与其说是一项成功的金融操作，不如说是展示了他炉火纯青的沟通手腕。尽管并非所有人都对他的处置方案表示认同，比如哈奇森就在议会会议上对此表示抗议，但其他人都没有提出可行的反对方案。沃波尔采取的是一位政治家的应对之道。他的方案挽救了金融市场，至少使损失惨重的公司和银行都能够继续维持下去。这一方案的实施，还规避了对政府或私人公司的审计，从而保持了政治上的稳定。处理这场腐败事件的核心机构是秘密委员会（Secret Committee），这是议会的一个下属机构，哈奇森就是其中一员，该委员会显然希望在最大程度上揭露腐败行为，而沃波尔则成功地将损失控制在了政府范围内。[24]

秘密委员会调查发现，向议会及政府人员实施贿赂的股票金额高达 574 000 英镑。存在各种贿赂行为的不仅有公司的高管，还有议会成员、各位部长、皇室成员，甚至还包括国王的情妇，他们都收受贿赂，并对该方案表示了支持。南海公司的会计账簿对这些贿赂记载得一清二楚。但是，秘密委员会没有抓到罗伯特·奈特（Robert Knight），他是南海公司的出纳员，在 6 个月之前，也就是 1720 年 12 月，携带这些罪行的核心证据成功潜逃，该证据即绿皮书（Green Book），就是南海公司的秘密账簿，其中记载了公司各项重大贿赂的完整信息。奈特成功越狱，逃到了奥属尼德兰的列日（Liège）地区，此地恰巧没有引渡逃犯的规定。在英国政府高层匿名人士的“劝说”下，他从监狱的墙洞里成功逃出。听到会计师撤退的消息，沃波尔和国王乔治二世（King George II）不禁长舒了一口气。尽管许多人受到牵连，甚至因腐败受贿而被检举起诉，但本案中最终的那些角色，也就是沃波尔的盟友斯坦诺普（Stanhope）和桑德兰（Sunderland）伯爵都摆脱了声名扫地的命运。他成功地帮助那些精挑细选的内政大臣和高层金融人士免于被追责，当时，沃波尔也被称作包庇大臣（the Skreen-Master General）。[25]

沃波尔的钻营引起了公愤，对他的抨击最为出名的，是托马斯·戈登（Thomas Gordon）和约翰·特伦查得写的《卡托的信》（*Cato's Letters*），他们呼吁，要通过对政府账簿的公开以及对政府官员的审计，打造一个透明、诚信的政府，他们认为这正是古代共和政体的优势所在。其中最引人瞩目的是，托马斯·戈登把政治自由和政治伦理与政府会计核算等同起来。对他来说，除非政府官员公开其账簿资料并接受审计，否则就不会有政治自由，而只会发生政治动乱和破坏。戈登援引伯里克利（Pericles）的事例，呼吁只有透明的政府才符合道德正义的要求。他说，为了让自己的权力保持下去，避免公开审计，伯里克利简直无所不用其极。此外，伯里克利还发动战争，使政府乱作一团，以此保全自己的名声，掩盖自己的账簿信息。雅典的陨落，正是由于这样一个不肯公开账户信息的人所犯的“愚蠢而具毁灭性”的错误。[26]

这是对政府财政隐秘性的一次富有戏剧性的历史控诉。问题在于，沃波尔并非伯里克利。他引以为豪的是，自己对权力的牢固控制，保证了英国财务的正常运转，并避免遭受海外战争的冲击。而他对政府信贷市场以及救助基金的重组，尽管并不透明，而且与所谓的自由放任主义背道而驰，但总体来说，重组依然发挥了作用，至少在最初是这样的。18世纪20年代，政府债务约为4 000万英镑，每年支付的利息为200万英镑。到1727年的时候，沃波尔成功将利率降低1%，节省近377 381英镑，差不多是当时整个海军的预算规模。部分年份出现了超过100万英镑的财政盈余，他着手把这部分资金纳入救助基金，利用这些基金来偿还债务，降低债务本金额度。这些措施增强了市场信心，并使社会普遍感到，债务问题已经得到了解决。1742年，当沃波尔离任时，他已经将债务总额降低了1 300万英镑。[27]

《国富论》(*The Wealth of Nations*，1776）是关于道德问题和自由市场经济的奠基之作，在这本书中，亚当·斯密对于救助基金是否能够解决债务问题表示怀疑。与此相反，他认为这将诱使人们忽略债务问题，反而会签署新的借款合同。斯密说的正是沃波尔的做法。尽管沃波尔是启蒙时期的金融掌舵人，但他首先是一名政客，而随着债务问题上的政治压力有所缓解，救助基金看上去越来越不像一个债务解决手段，而像一种政治行贿资金。

从1722年开始，沃波尔开始染指救助基金。起初，他将其用作100万英镑的国债抵押物，这些国债发挥着纸币的作用。1724年，他从基金中挪出15 144英镑，用于弥补国库因金币价值损耗而带来的损失。到1727年，这项救助基金已经成为沃波尔的一项重要政策工具：他从基金中拿出10万英镑，以将国王的皇家专项基金（由国王直接支配使用的资金）额度提高到80万英镑。国王不太可能反对这一举措，但某位议会成员表示公开反对，认为沃波尔正在一手毁掉其亲手创立的救助基金。沃波尔沉默以对，并继续挪用基金费用，用来支付东印度公司的养老金，并将土地税降低了1先令。1734年，他拨出120万英镑，用于政府财政支出。沃波尔曾声称用于解决债务问题并平衡财政收支的工具，如今已经成了他用以规避议会对财政支出进行监督的黑匣子。[28]

这些财务手腕为沃波尔继续大权在握提供了帮助。1732 年，国王乔治二世将唐宁街 10 号（10 Downing Street）作为礼物送给了自己勤劳能干的首相。沃波尔十分识相，他同意住在这里，但是按照公益法的规定，将这座建筑留给了政府，作为此后首相的办公和居住地。但即使是沃波尔，其首相任期也终有结束的一天。1739 年，他未能阻止英国与西班牙在西印度群岛因贸易争端（以及英国水手詹金斯声称西班牙人砍掉了自己的耳朵）而引发的詹金斯耳朵之战（the War Of Jenkins'Ear），加上 1741 年在选举中表现糟糕，议会对这位"诺福克大腹便便的老地主"投出了不信任票，1742 年，他从权力的宝座上跌落下来。沃波尔长达 21 年大权在握的情况是史无前例的，如今他依然是英国历史上任职时间最长的首相。但是，英国上下已经对这位杰出但不择手段的首相产生了厌倦。

威廉·霍加斯（William Hogarth，1679—1764）的绘画作品描绘了英国 18 世纪的现代图景，如实呈现了沃波尔等风云人物的特征。霍加斯展示了知更鸟统治（Robinocracy）下的贪婪和繁荣，从中不难看到，富有的城市商人紧握金融命脉，在汉诺威王朝统治时期对社会大众进行大肆劫掠。霍加斯的绘画作品《婚后不久》（*Shortly After the Marriage*，1743—1745）描绘了一位子爵在整夜的寻花问柳或与情人厮守之后，宿醉未醒，慵懒地躺在椅子上，而他的夫人在经历了家中一夜牌局之后刚刚醒来的景象。他们的管家手里拿着收据和账本，面带厌恶地走远。会计核算当然很重要，但人们往往对其视而不见。英国精英阶层对会计工具的利用已经达到相当高的水平，而这幅作品正是对他们矛盾心理的生动体现。这项工具得到了社会的高度认同，与经济繁荣和人类救助的关系如此密切，尽管如此，却可能像生命本身一样被浪费和抛弃。沃波尔及会计核算的历史，说明了英国如何度过南海危机的经历，但与此同时，也说明了损公肥私和政治恩主式的文化传统如何阻止英国成为一个诚信透明的政府。

人们不仅没有把沃波尔与金融救援和其他政策措施联系在一起，还称其为强盗。同时代的著名作家对其极尽挖苦之能事，沃波尔对此抱怨道："这年头，这帮不入流的文人越来越肆无忌惮了。"在《伦敦》（London，1738）一诗中，塞缪尔·约翰逊（Samuel Johnson）描述了一座被拜金文化洗劫过的城市。

千方百计地探寻你的隐私，
随时留意着市场脆弱的时机，以便大肆劫掠；
不用多久，曾经忐忑不安的就会得到回报，
你的主子也会开始，毫无廉耻而不受责备地，
按照金钱数字来排定座次，或者扫地出门，
任何罪行都将无人追究，而贫穷才最令人深恶痛绝。

亨利·菲尔丁（Henry Fielding）是一位讽刺小说家，著有《汤姆·琼斯》（*Tom Jones*）一书，他描绘了英国"美德不彰"的饱受诟病的反乌托邦式的景象，后者正是小说家塞缪尔·理查森（Samuel Richardson）在《帕梅拉》（*Pamela*，1740）中描绘的空想场景。他的《莎美拉》（*Shamela*，1741）不仅讽刺了理查森，同时抨击了沃波尔治下的英国，当时那里最大的特征就是金融骗子盛行，这些人会采取一切手段，来避免对账户进行审计。在《莎美拉》一书中，女仆并非不可企及的完美典范，而是一个狡猾的小偷，她之所以出嫁，就是为了她丈夫的财产："先生，就我来说，

扬·普罗沃斯特（Jan Provost），《死亡与守财奴》（*Death and the Miser*），16世纪早期。藏于比利时布鲁日格罗宁格博物馆（© Lukas—Art in Flanders VZW/Hugo Maertens）。荷兰人和佛兰德人的艺术大师绘制这幅警示作品，一方面是为了祝贺民众在会计核算方面的优异表现，另一方面也是发出警告，即人类是无法完全结平其账目的。人类需要向上帝做出说明，上帝终将做出最后的清算。

亨德里克·特尔·布吕根（Hendrick ter Brugghen），《圣马太的呼唤》（*The Calling of St. Matthew*）。藏于荷兰乌得勒支中央博物馆（© Collection Centraal Museum, Utrecht）。作为会计师、银行家和香料商的守护神，马太表达了有关金融财务方面的两难情境，揭示了基督徒面临这样一个重大的道德困惑：管理资金和赚取利润，到底是不是不道德的？马太坚持认为，资金财富必须由能掌控的人按照诚信道德的方式加以管理，但与此同时，这依然属于世俗的不道德行为。如今我们依然没有摆脱这种道德方面的模棱两可。

汉斯·梅姆林,《末日审判》(*Last Judgment*),中联，约 1467—1471 年。藏于波兰格丹斯克波莫瑞博物馆［图片来源：斯卡拉/纽约艺术档案馆］。美第奇银行布鲁日分行的负责人塔玛索·波尔蒂纳里委托汉斯·梅姆林绘制了《末日审判》这幅作品。在这幅作品中，大天使圣米迦勒手持最终清算的天平，对每个人的灵魂进行称量，以此确定谁将坠入地狱。人生与艺术作品是如此的类似，1477 年，波尔蒂纳里因为进行投资冒险而让美第奇银行一蹶不振，自己也因此贫苦交加，被人们鄙视。

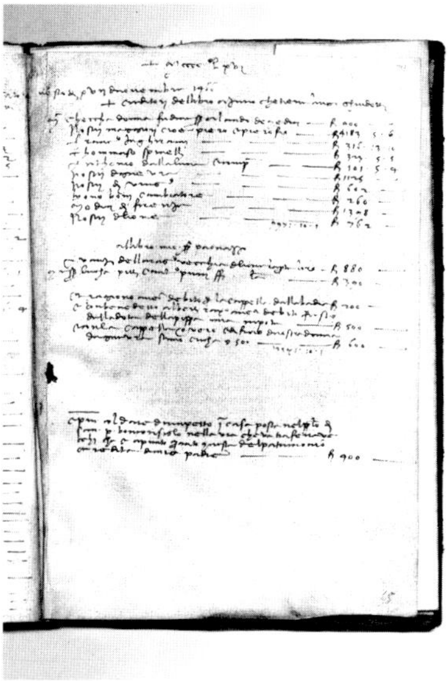

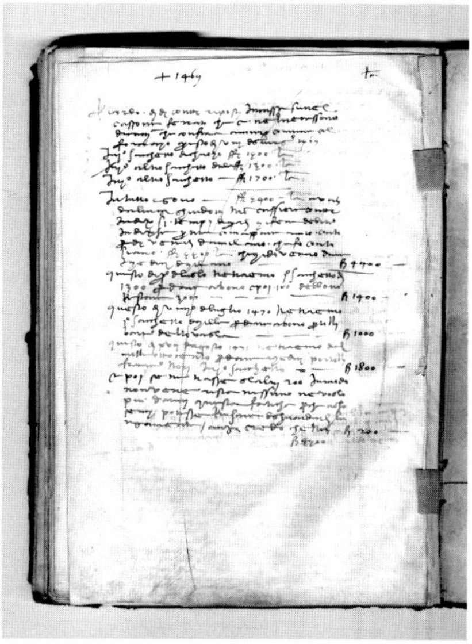

弗朗西斯科·萨塞蒂，机密账。藏于意大利佛罗伦萨国家档案馆，应商品文化活动和旅游部部长要求，归于卡特·斯特罗齐安（Carte Strozziane）杂集。美第奇银行首席会计师弗朗西斯科·萨塞蒂的秘密会计账簿信息显示了他作为会计师的失败之处。15 世纪 70 年代初，当这些账簿信息被记录下来的时候，萨塞蒂已经对自己负责的审计工作和账簿记录毫不关心，美第奇银行也已经濒临崩溃。

多梅尼科·基尔兰达约（Domenico Ghirlandaio），《教皇洪诺留三世确认方济各会会规》（*Confirmation of the Franciscan Rule by Pope Honorius Ⅲ*），约 1485 年。意大利佛罗伦萨圣三位一体教堂萨塞蒂礼堂中殿的细节内容（图片来源：斯卡拉 / 纽约艺术档案馆）。萨塞蒂没有把注意力集中在严格的会计核算和银行经营管理上，而是全身心地投入到佛罗伦萨的圣三位一体教堂对基尔兰达约的萨塞蒂礼堂的修建上，这是新柏拉图主义城市建筑艺术的代表作。他不再将自己视为一名会计人员，而认为自己是对主虔诚且博学多才的大贵族，在作品中，萨塞蒂让自己与其雇主、佛罗伦萨的统治者——“尊贵的”洛伦佐·德·美第奇站在了一起。

多梅尼科·基尔兰达约,《弗朗西斯科·萨塞蒂和他的儿子特奥多罗》，约1488年。藏于大都会艺术博物馆（© The Metropolitan Museum of Art / 图片来源：纽约艺术档案馆）。这幅作品的出名之处，在于该作品缺乏与主题的联系。这幅绘像并不是当着萨塞蒂的面绘制的，因为当时他正出发前往里昂，处理里昂分行的经营失败问题，因此把这幅绘像留给自己的儿子作为纪念。他曾经是一位经验丰富且广受赞誉的会计师，但美第奇银行因他而逐渐衰落，当他返回佛罗伦萨的时候，美第奇银行已经不再是一个庞然大物了。

雅各布·迪·巴尔巴里,《弗拉·卢卡·帕乔利绘像》（*Portrait of Fra Luca Pacioli*），约1500年。藏于意大利那不勒斯卡波迪蒙特博物馆［图片来源：阿尔弗雷多·达格利·奥尔蒂（Alfredo Dagli Orti）/ 纽约艺术档案馆］。这幅著名的作品描绘的是第一本复式记账法印刷手册的作者帕乔利的形象。帕乔利作为数学和会计教师的形象是这样的，绘像中的他站在前面，而他的学生和赞助人，吉多贝多·达·蒙泰费尔特罗，即乌尔比诺公爵站在他身后。从此以后，绘像中再也不会出现会计师与贵族人士并肩而立的情景了。

扬·戈塞特（Jan Gossaert），《一位商人的肖像画》（*Portrait of a Merchant*），约 1530 年。藏于华盛顿国家美术馆。16 世纪初的时候，安特卫普及其周边的市镇已经成为世界贸易和会计实践的中心。扬·戈塞特这幅著名的作品，赞扬了成功的荷兰商人扬·斯努克·雅各布斯（Jan Snouck Jacobsz，约 1510—1585）积攒的巨额财富，以及相应运用的相应会计核算技巧。

昆汀·梅瑟斯，《银行家和他的夫人》，1514 年。藏于法国巴黎罗浮宫（© RMN-Grand Palais/ 图片来源：纽约艺术档案馆）。昆汀·梅瑟斯的绘画作品研究的，是商人在打理好自己的金钱事务的同时，又要做一名虔诚的基督徒，这种修行是如何实现的。请注意，银行家的夫人手里拿着一本光彩夺目的祈祷书，书页上有圣母马利亚的图像，作为作品背景的书架上还陈列着账簿资料和汇票。

马里努斯·范·雷莫斯维勒，《货币兑换商和他的夫人》(*The Moneychanger and His Wife*)，1539 年。藏于西班牙马德里普拉多博物馆 (© Museo Nacional del Prado/ 图片来源：纽约艺术档案馆)。针对梅瑟斯作品的一个后期版本，马里努斯·范·雷莫斯维勒消除了作品中的宗教色彩，而是以会计账簿代替了诗篇，因此在赞扬佛兰德人在会计核算方面取得的丰功伟绩的同时，也歌颂了良好管理模式所具备的优势。

昆汀·梅瑟斯,《货币兑换商》(*The Money Changers*),约1549年。藏于西班牙毕尔巴鄂博物馆(图片来源:阿尔弗雷多·达格利·奥尔蒂/纽约艺术档案馆)。到了16世纪40年代前后,昆汀·梅瑟斯及马里努斯·范·雷莫斯维勒等艺术家开始将会计核算描绘成潜在的诈骗和不道德的财务活动。梅瑟斯和范·雷莫斯维勒都创作过许多版本,它们描绘了这些可能是犹太人身份的货币兑换商或收税员的靠不住的形象。

马里努斯·范·雷莫斯维勒,《两名收税员》，约1540年。藏于伦敦国家博物馆（© National Gallery，London/ 图片来源：纽约艺术档案馆）。在这幅描绘收税员记账的绘画作品中，范·雷莫斯维勒形象地刻画了会计师所用的工具：总账簿、汇票、印章以及文件夹。但他同时将财务管理与扭曲的人物形象以及讽刺意味十足的头饰联系在一起，可能是希望展示人类贪婪的愚蠢和希望实施财富管理的奢望。这幅作品不仅没有称赞会计核算和商业经营，反而对于过度信任财务核算和管理的情况发出了警告。

扬·德班（Jan de Baen），《维特兄弟的尸体》（*The Corpses of the De Witt Brothers*），约 1672—1675 年。藏于荷兰阿姆斯特丹国立博物馆。德·维特自身财务和会计核算的复杂程度，及其对荷兰共和国政治模式的描绘，完全可以充当现代政治的典范。尽管如此，1672 年，德·维特及其兄长还是被权势无双的奥兰治亲王同时处置。在亲王的命令下，一群暴徒将他们逮捕并秘密处死，把他们的手指和脚趾剁了下来，并吃掉了他们的内脏。

威廉·霍加斯,《婚后不久》, 1743—1745 年。藏于伦敦国家博物馆(© National Gallery, London/ 图片来源:纽约艺术档案馆)。这幅作品生动描绘了罗伯特·沃波尔执政时期的英国精英阶层对待会计核算模棱两可的态度。作品展示了子爵一夜寻花问柳或者与情妇共度春宵之后,宿醉未醒,斜靠在椅子上,而他的夫人在经历了整夜的牌局之后刚刚醒来的情景。管家满怀厌恶地走开,手里拿着各种数据和主人明显无法结平的账簿资料,而管家对此显然了无兴趣。

约西亚·韦奇伍德和他的儿子们制作的雅克·内克尔(Jacques Necker)的深蓝色碧玉浸花徽章,约 1770—1800 年。藏于纽约大都会艺术博物馆。作为约西亚·韦奇伍德价值不菲的碧玉瓷器中的代表作,这个圆形浮雕刻画的是法国首相、《上国王书》(*Accounts Rendered to the King*)的作者雅克·内克尔的形象。韦奇伍德观点激进的异教徒好友努力争取的政治理想得到了内克尔的支持,韦奇伍德通过出售政治人物的浮雕形象获得了不菲的利润,并让自己的会计账簿保持平衡,为此他感到十分满意。

托马斯·希基（Thomas Hickey），《约翰·莫布雷与其理财师巴尼安》（*John Mowbray with His Money Agent, Banian*），约1790年。藏于大英图书馆（© British Library Board/ 图片来源：Robana/ 纽约艺术档案馆）。截至18世纪中叶，英国产业主和殖民主义者在会计工具的使用上大获成功，他们由此攫取了前所未有的巨额财富。他们对自己作为财务管理人的角色充满了信心，由此在当时出现了众多的以顶级英国商人为原型的人物绘画作品。这幅作品描绘了莫布雷微笑着注视会计账簿的情景。一个世纪之后，在狄更斯生活的年代，这种对会计核算的乐观自信情绪将逐渐消退。

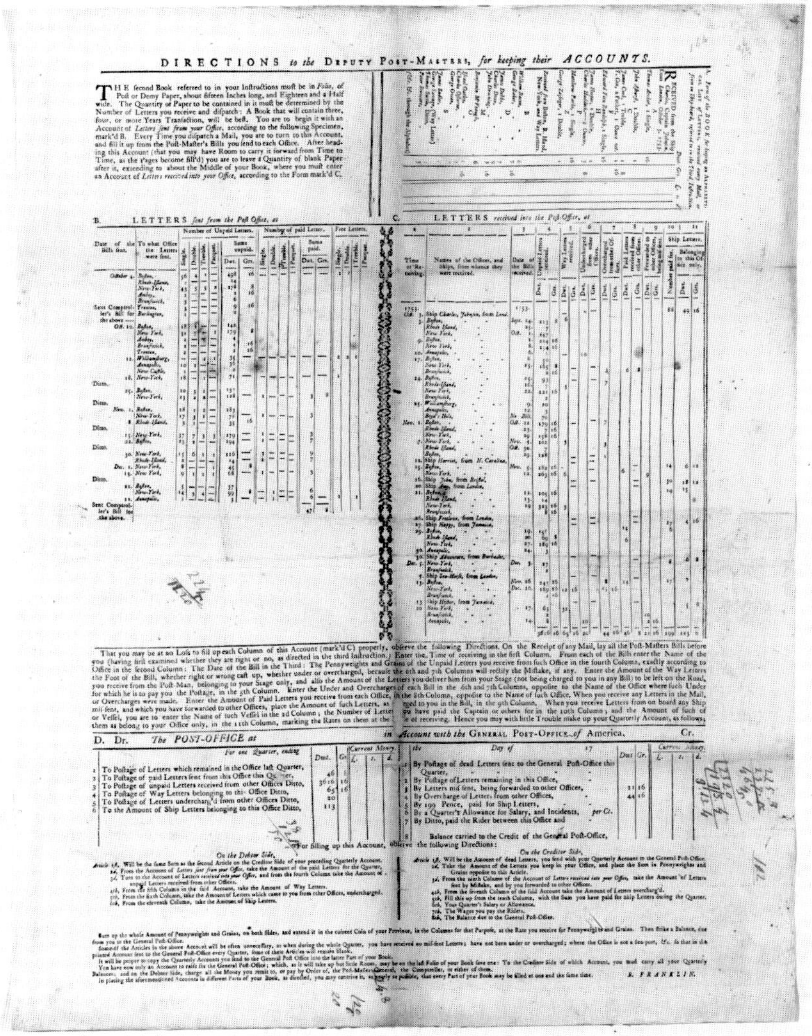
DIRECTIONS to the DEPUTY POST-MASTERS, for keeping their ACCOUNTS.

THE second Book referred to in your Instructions must be in Folio, of Post or Demy Paper, about fifteen Inches long, and Eighteen and a Half wide. The Quantity of Paper to be contained in it must be determined by the Number of Letters you receive and dispatch: A Book that will contain three, four, or more Years Transaction, will be best. You are to begin it with an Account of Letters sent from your Office, according to the following Specimen, mark'd B. Every Time you dispatch a Mail, you are to turn to this Account, and fill it up from the Post-Master's Bills you send to each Office. After heading this Account (that you may have Room to carry it forward from Time to Time, as the Pages become fill'd) you are to leave a Quantity of blank Paper after it, extending to about the Middle of your Book, where you must enter an Account of Letters received into your Office, according to the Form mark'd C.

B. LETTERS sent from the Post Office, at

C. LETTERS received into the Post-Office, at

D. Dr. The POST-OFFICE at in Account with the GENERAL POST-OFFICE of America, Cr.

B. FRANKLIN.

本杰明·富兰克林，“在如何记账方面给邮局副手的指示”，费城，1753 年。藏于宾夕法尼亚历史学会。本杰明·富兰克林十分喜欢记账。他拥有复式记账账簿，撰写有关会计核算的文章，甚至在账本上记录下自己的事迹。在担任英联邦美属殖民地邮政局局长期间，他给每家邮局都设计了这种账簿。其不仅向每位邮政局局长说明了如何记录邮政账目，还包括一份有关复式记账的迷你手册，这样一来，每个来到邮局的人都可以借此学会会计核算的基本知识。富兰克林认为，这些知识在日常生活中是至关重要的。

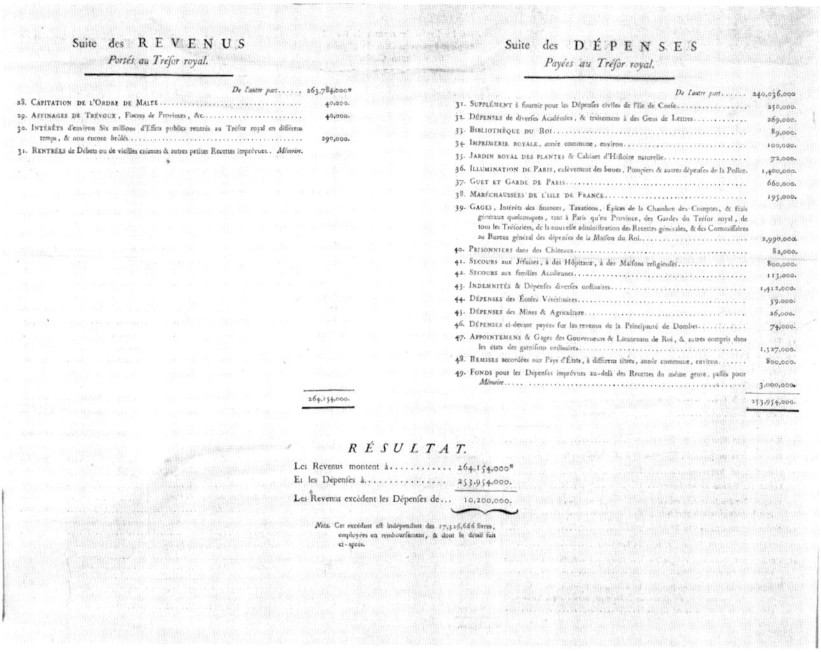

Suite des REVENUS
Portés au Trésor royal.

De l'autre part......	263,784,000#
28. CAPITATION DE L'ORDRE DE MALTE........	40,000.
29. AFFINAGES DE TRÉVOUX, Fiacres de Provinces, &c........	40,000.
30. INTÉRÊTS d'environ Six millions d'Effets publics rentrés au Trésor royal en différens temps, & non encore brûlés........	290,000.
31. RENTRÉES de Débets ou de vieilles créances & autres petites Recettes imprévues.. *Mémoire.*	
	264,154,000.

Suite des DÉPENSES
Payées au Trésor royal.

De l'autre part......	240,036,000
31. SUPPLÉMENT à fournir pour les Dépenses civiles de l'île de Corse........	250,000.
32. DÉPENSES de diverses Académies, & traitemens à des Gens de Lettres........	269,000.
33. BIBLIOTHÈQUE DU ROI........	89,000.
34. IMPRIMERIE ROYALE, année commune, environ........	100,000.
35. JARDIN ROYAL DES PLANTES & Cabinet d'Histoire naturelle........	72,000.
36. ILLUMINATION DE PARIS, enlèvement des boues, Pompiers & autres dépenses de la Police.	1,400,000.
37. GUET ET GARDE DE PARIS........	660,000.
38. MARÉCHAUSSÉES DE L'ISLE DE FRANCE........	195,000.
39. GAGES, Intérêts des finances, Taxations, Épices de la Chambre des Comptes, & frais généraux quelconques, tant à Paris qu'en Province, des Gardes du Trésor royal, de tous les Trésoriers, de la nouvelle administration des Recettes générales, & des Commissaires au Bureau général des dépenses de la Maison du Roi........	2,990,000.
40. PRISONNIERS dans des Châteaux........	82,000.
41. SECOURS aux Jésuites, à des Hôpitaux, à des Maisons religieuses........	800,000.
42. SECOURS aux familles Acadiennes........	113,000.
43. INDEMNITÉS & Dépenses diverses ordinaires........	1,412,000.
44. DÉPENSES des Écoles Vétérinaires........	59,000.
45. DÉPENSES des Mines & Agriculture........	26,000.
46. DÉPENSES ci-devant payées sur les revenus de la Principauté de Dombes........	74,000.
47. APPOINTEMENS & Gages des Gouverneurs & Lieutenans de Roi, & autres compris dans les états des garnisons ordinaires........	1,527,000.
48. REMISES accordées aux Pays d'États, à différens titres, année commune, environ......	800,000.
49. FONDS pour les Dépenses imprévues au-delà des Recettes du même genre, passés pour *Mémoire*........	3,000,000.
	253,954,000.

RÉSULTAT.

Les Revenus montent à........	264,154,000#
Et les Dépenses à........	253,954,000.
Les Revenus excèdent les Dépenses de...	10,200,000.

Nota. Cet excédant est indépendant des 17,326,666 livres, employées en remboursement, & dont le détail suit ci-après.

《上国王书》，内克尔，巴黎，1781 年。藏于普林斯顿大学图书馆珍本典藏馆珍本部。《上国王书》是路易十六的下属法国财务大臣雅克·内克尔所做的最终记账结果，也是他具有历史意义的最畅销作品。一位政治家宣称取得了财政盈余（当时有 1 020 万里弗），并认为这属于自己的政治功绩，这种举动在历史上还是第一次。内克尔开启了这样一种传统，利用庞大且时常不准确的数据作为政治宣传的工具，这种老套的惯例如今依然屡见不鲜。

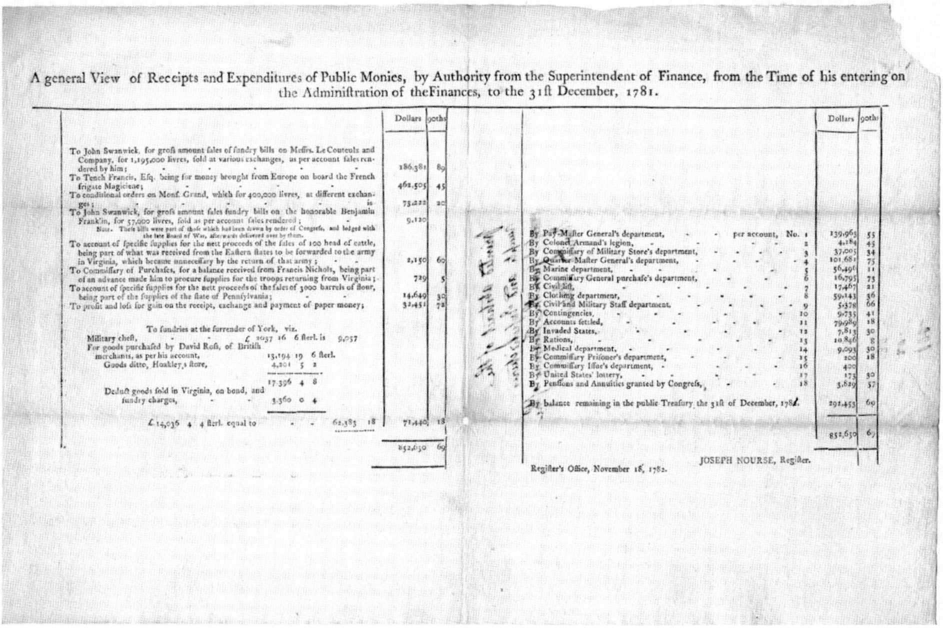

A general View of Receipts and Expenditures of Public Monies, by Authority from the Superintendent of Finance, from the Time of his entering on the Adminiſtration of theFinances, to the 31ſt December, 1781.

	Dollars	90ths
To John Swanwick, for groſs amount ſales of ſundry bills on Meſſrs. Le Couteulx and Company, for 1,195,000 livres, ſold at various exchanges, as per account ſales rendered by him;	186,381	89
To Tench Francis, Eſq. being for money brought from Europe on board the French frigate Magicienne;	462,505	45
To conditional orders on Monſ. Grand, which for 400,000 livres, at different exchanges; is	73,222	20
To John Swanwick, for groſs amount ſales ſundry bills on the honorable Benjamin Franklin, for 57,000 livres, ſold as per account ſales rendered;	9,120	
Note. Theſe bills were part of thoſe which had been drawn by order of Congreſs, and lodged with the late Board of War, afterwards delivered over by them.		
To account of ſpecific ſupplies for the nett proceeds of the ſales of 100 head of cattle, being part of what was received from the Eaſtern ſtates to be forwarded to the army in Virginia, which became unneceſſary by the return of that army;	2,150	60
To Commiſſary of Purchaſes, for a balance received from Francis Nichols, being part of an advance made him to procure ſupplies for the troops returning from Virginia;	729	5
To account of ſpecific ſupplies for the nett proceeds of the ſales of 3000 barrels of flour, being part of the ſupplies of the ſtate of Pennſylvania;	14,649	30
To profit and loſs for gain on the receipt, exchange and payment of paper money;	32,451	72
To ſundries at the ſurrender of York, viz.		
Military cheſt, £ 2037 16 6 ſterl. is 9,057		
For goods purchaſed by David Roſs, of Britiſh merchants, as per his account, 13,194 19 6 ſterl.		
Goods ditto, Hoakley's ſtore, 4,201 5 2		
17,396 4 8		
Deduct goods ſold in Virginia, on bond, and ſundry charges, 3,360 0 4		
£ 14,036 4 4 ſterl. equal to 62,383 18	71,440	18
	852,630	69

	No.	Dollars	90ths
By Pay-Maſter General's department, per account,	1	139,963	55
By Colonel Armand's legion,	2	4,184	45
By Commiſſary of Military Store's department,	3	37,005	34
By Quarter-Maſter General's department,	4	101,681	75
By Marine department,	5	56,496	11
By Commiſſary General purchaſe's department,	6	16,795	73
By Civil liſt,	7	17,467	21
By Clothing department,	8	59,143	36
By Civil and Military Staff department,	9	5,378	66
By Contingencies,	10	9,735	41
By Accounts ſettled,	11	79,989	18
By Invaded States,	12	7,813	30
By Rations,	13	10,846	8
By Medical department,	14	9,093	30
By Commiſſary Priſoner's department,	15	200	18
By Commiſſary Iſſue's department,	16	400	
By United States' lottery,	17	173	30
By Penſions and Annuities granted by Congreſs,	18	3,829	57
By balance remaining in the public Treaſury the 31ſt of December, 1781.		292,453	69
		852,630	69

JOSEPH NOURSE, Regiſter.

Regiſter's Office, November 18, 1782.

美国财政部公报《从入职财政部到 1781 年 12 月 31 日，在财务总监的授权之下，对财政资金收支情况的概述》(A general View of Receipts and Expenditures of Public Monies, by Authority from the Superintendent of Finance, from the Time of his entering on the Administration of the Finances, to the 31st December, 1781)，1782 年，费城。藏于费城图书馆公司。受内克尔的《上国王书》的启发，美国财务监督官罗伯特·莫里斯(Robert Morris)公布了自己掌握的美国政府财政账户信息的复印件。对美利坚缔造者来说，透明的会计信息成为重中之重，并在《宪法》第一条第九款中将其确立下来。

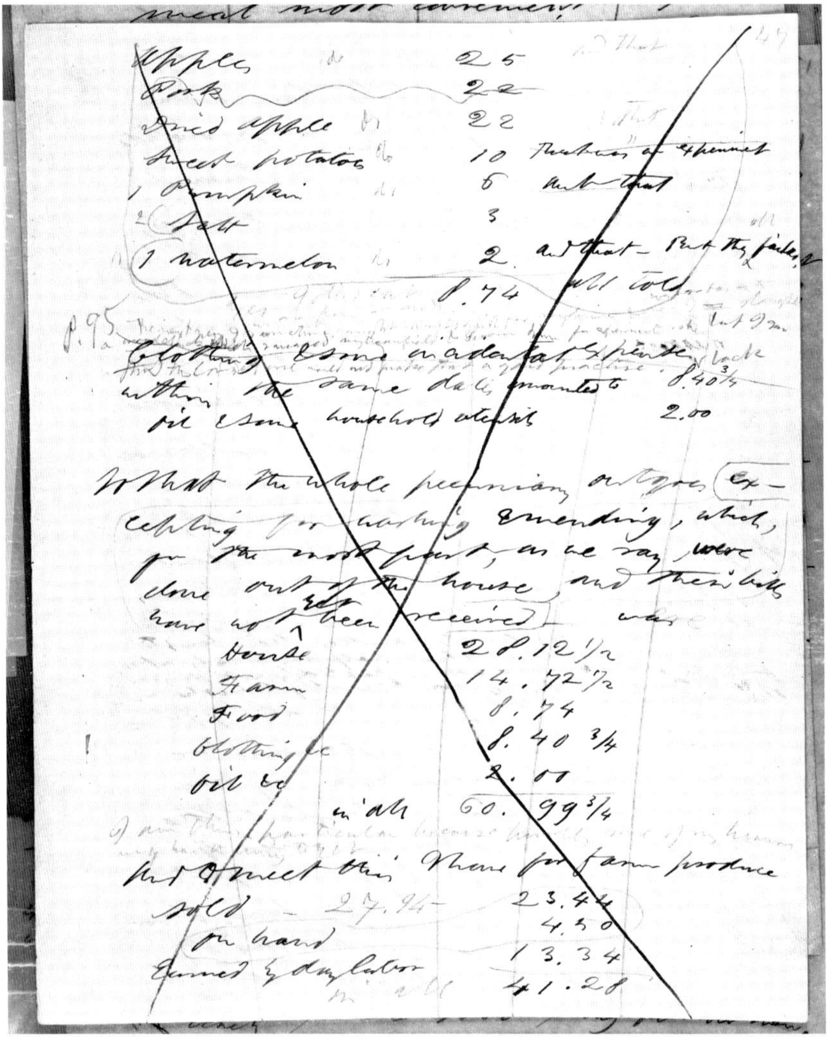

亨利·戴维·梭罗,《瓦尔登账簿》(*Accounts from Walden*),1846—1847年。亨廷顿MS 924,第1卷第59页(图片来源:加利福尼亚州圣马力诺亨廷顿图书馆)。作为美国超验主义运动的领导者之一,亨利·戴维·梭罗试图通过抵制有形的财物,回归大自然,达到某种纯粹的精神状态。他的经典著作《瓦尔登湖》(*Walden*)的工作笔记,包括了这些珍贵的表单,他利用会计核算的原则进行反推,试图计算出自己维持生存所需要的最低成本。

我希望自己无须将每一先令的去向都向你交代得清清楚楚；特罗斯（Troth）仍是你忠实的仆人。我向你保证，我嫁给你并不是出于这种考虑，还有，难道你没告诉我，我将成为你名下财产的女主人吗？”在以美色求取宽恕的时候，她沾沾自喜：“我觉得，我终于成功避免了外人对自己各项开支的进一步限制或者打探。”[29]

公众对糟糕的财务文化表示高度怀疑，因为沃波尔营造出这种文化并做出相关决策，使自己的朋友从中获益。人们也没有充分的理由相信，政府是值得信赖的。直到美国独立战争后，用于监督政府开支的议会账簿委员会（Parliamentary Commission of Accounts）才被再次召集起来。沃波尔成功地将英国拉出了泥潭，但是对于从政首年承诺过的那些改革举措和诚信文化，他从来没有落到实处。

他本人自然也并不怎么值得信任。1722 年，就在南海公司泡沫发生后的第二年，沃波尔开始在自己位于诺福克的地界上修建霍顿庄园（Houghton Hall），这是 18 世纪最宏伟的帕拉迪奥式（Palladian）建筑之一，建筑内部的豪华设计由威廉·肯特（William Kent）操刀，这位伟大的建筑师和设计师随后又负责建造国库大楼以及坐落在白厅（Whitehall）的骑兵卫队营（Horse Guard）大厦。在 1742 年离任的时候，沃波尔搜集的绘画藏品也被从唐宁街 10 号搬到了诺福克，此地收藏的 400 件艺术精品，使其成为世界艺术宝库之一，这充分体现了沃波尔的权势。同科西莫·德·美第奇和让－巴普蒂斯特·柯尔贝尔一样，沃波尔也是一位政界的财务圣手，同时也是文学艺术作品的一大主顾。但在 1745 年沃波尔去世后，他的儿子吃惊地发现，这位大人物留下的遗产是 40 000 英镑的债务。这位首次救市计划的创始人背负着债务离开了人世。

第八章

“名声与利润”：全靠韦奇伍德花瓶

一方面把幸福产生的价值加总起来，另一方面把痛苦的分量汇集起来。

——杰里米·边沁（Jeremy Bentham），1781 年

就 18 世纪的英国而言，它不仅是沃波尔施展其独特的财政手腕进行市场救助的大本营，还是世界权力的中心。作为全球首屈一指的制造国、出口国和进口国，这个小岛国继续维持着其令人生畏的海军力量和海外帝国版图。英国是工业革命（Industrial Revolution）或者如某些历史学家所称的“勤勉革命”（Industrious Revolution）的发源地，英国新教徒普遍怀有功利主义的想法，热衷于科学探索，再加上社会对名利的孜孜以求以及相对宽松的政治氛围，这些因素结合起来，引发了英国史无前例的技术创新和经济腾飞。正是在这片热土上，异教徒与著名的韦奇伍德（Wedgwood）瓷器创始人约西亚·韦奇伍德（Josiah Wedgwood，1730—1795）等实业家一起，将会计核算普及开来，并利用这一工具来管理各类新型企业组织，在此基础上形成了有关人类幸福和价值的全新思考。[1]

对英国工业来说，其最为核心的要素，就是英国已经成为会计文化教育中心，在这一点上，它甚至比荷兰更进一步。从中世纪开

始，对于那些长大后将成为学徒的孩子来说，文法学校在他们小时候就开始向他们教授会计学知识。与意大利和荷兰的传统教育模式相呼应，文法学校在教育孩子的时候，既为其进一步去大学深造传授知识，也为其将来从事商业活动传授技能。随着工业生产的扩张，对会计专业人士的需求在不断增大，这样就形成一个良性循环。对这样一帮彬彬有礼的统治阶层人士来说，他们十分注重商业价值，会计日益被他们视为必不可少的核算工具。

查尔斯·斯奈尔的记录显示，对于那些希望打理好自己名下房产及企业的商人绅士来说，会计知识手册属于抢手货。斯奈尔随后被公司股东聘请，在危机发生之后负责对南海公司进行审计。斯奈尔是《有产阶级账户：在记录地产账户信息时可供参考的简单明了的方式》（*Accompts for landed-men:or; a plain and easie form which they may observe, in keeping accompts of their estates*，伦敦，1711）的作者。在1714年的《绅士记账员》（*Gentleman Accomptant*）一书中，作为有过剑桥大学受教育经历的律师、音乐家以及拜伦·诺斯（Baron North）的第6个儿子，罗杰·诺斯（Roger North）明确表明，对于一位绅士以及“高素质人士”来说，掌握会计核算知识是一项很重要的优势，这可以让他们更好地打理个人事务，并跟踪国际贸易的走势。诺斯认为，会计核算已经演化得如此完美，人们甚至可以将其视为科学知识的组成部分。诺斯坚信，对于那些希望做好管理工作的人来说，他们必须知晓会计核算的内容。这种观点是很有价值的。1688年工业革命之后，负责消费税事宜的会计师已经开始利用复式记账法来记录政府的财政收支情况了。政治权力和政府管理与会计核算记录的关系空前紧密。[2]

苏格兰正是传统教育和商业知识相互交织的地方。1727年，约翰·墨尔（John Mair）被任命为埃尔（Ayr）文法学校负责教授算术、账簿和其他学科的教授。他将撰写一部有史以来影响最为广泛的英文会计学手册——《记账法》(*Book-keeping methodiz'd*, 1736)。截至1772年，这本书总共出了9个版本，并成为北美洲18世纪最著名的会计学专著。除了文法学校之外，会计学院或者人们所称的“书写学院”(因为会计师或管理员需要笔迹清晰)，甚至也会向那些可能进入剑桥和牛津深造的学生讲授会计核算知识，因为这些学生在之后入职军队或在政府工作时，可能需要具备这些技能。

18世纪下半叶，会计学院以前所未有的速度蓬勃发展，掌握会计核算方法甚至包括复式记账法在内，已经成为英国社会的普遍现象。到1740年，英国的会计学院超过了11所。到18世纪末，该数量超过了200所。约翰·鲁莱(John Rule)的伊斯灵顿学院(Islington Academy)的广告宣称，学校为“绅士、学者以及商人”提供教学培训服务。有许多学校的领导者自学成才，其中至少有9位是著名科学家，或者英国皇家学院(Royal Academy)的成员。作为工业革命的重要支柱，这些学院将科学知识、实验培训和经商实战的技巧等融为一体。它们传授的知识包括复式记账法、航海、测绘以及计量，甚至还有军事科目的内容。在一个机遇无处不在的环境中，培训教育的迅速及时是至关重要的。伊斯灵顿学院在1766年的一份广告宣传中吹嘘道，对于那些希望投身商业领域的绅士来说，学校保证他们可以在“极短的时间内”就掌握复式记账法的知识。[3]

随着社会生活中商业和工业的日益渗透，越来越难限制妇女接触会计知识。实际上，有人认为，对于没有男人当权的家庭或者单身女士来说，其可能成为财务诈骗者的目标，因此，学习会计知识有利于保护这些人免受损害。随着会计核算知识在社会各个阶层之间的传播，贵族妇女及店主、工厂主和产业主的夫人越来越多地掌握了复式记账核算知识，甚至据说有些人“从在母亲膝盖上撒娇时”就开始学习这些内容。正如当时一份广告宣传所说，妇女私人学校讲授“与‘记账’相关的全部英语、写作、算术知识，还有绘画、女工、舞蹈以及一些法语课程”。尽管有一些开明的产业主向自己的女儿讲授会计核算知识，但许多人仍然认为，会计属于男人的知识领域。[4]

许多会计学院的管理人都是异教徒，作为革新教会派的新教徒（Low-Church Protestant），他们如清教徒一样，因为拒绝放弃自己的宗教信仰，而被英国国教（Anglican Church）和大学校园排除在外。他们满怀幸福、自律、科技进步以及救赎等理想信念，这是对英国启蒙新教（British Enlightenment Protestantism）思潮的随意延伸和独特融合，马克斯·韦伯想当然地认为，这属于新教徒的行为准则。受到宗教思想的带动，他们对会计核算十分推崇。这些异教徒遵循英国的古老传统，试图将科学理性主义和自然科学知识与基督教义嫁接在一起。这些信息建立在艾萨克·牛顿的秩序、协调以及演化揭示的进步思想之上。对于这些高度自律、追逐利润的人来说，会计不仅仅是个人勤勉奋进的工具，还是实现政治自由的途径。[5]

私立学院可以为异教徒支付工资，是一个能让他们施展自身独特的科学和商业才华的地方。包括自然神论者（Deist Unitarian）、贵格会教徒以及长老会成员在内的不属于新教徒的人士，也纷纷涌入全英各地的学院。兰开夏郡（Lancashire）的沃灵顿学院（Warrington Academy）之所以成立，正是为了向异教徒的后代提供教育机会，学校授课内容围绕“商务贸易”展开，同时还传授“会计记账的最佳途径”。诺丁汉（Nottingham）的斯坦希尔学院（Standard Hill

Academy）设立的目标是，按照与国教传统相异的教学原则，帮助年轻人“在各行各业以及贸易活动和产业活动中获得优异表现”。[6]

这种商业课程安排甚至得到了高教会派（High Anglican Church）的认同。英国全社会的异教徒都通过科学实验和实地观察，试图发现上帝在大自然领域的造物，并将这些自然知识转化为世俗的财富积累。自由英国国教徒（Liberal Anglican）认为，科学知识和牛顿的工作成果，能够增强信仰新教的基督教教众对其他宗教思想和无神论的抵御能力，并将为一种全新的科学信仰的诞生打下基础。他们通过公开接受数学知识，支持逐利思想，希望能够恢复清教徒和异教徒对英国国教的信仰。正如1697年著名的古典主义学者理查德·本特利（Richard Bentley）在剑桥的波义耳讲座（Boyle Lecture）中所说，通过“追求”他们“自己的利益”，“人类”能够获得“利润”和“幸福”。对于这些哲学思想来说，会计核算居于核心地位。[7]

但是，对清教徒和异教徒来说，他们之所以记录个人信息，还有更重要的原因。英国法律禁止这些人担任公职或者参与组织官方教会。这种层级流动和监督制衡的缺失，意味着不列颠群岛的新教与英格兰层级分明的教会组织迥然不同，前者真正成了属于全体信众的教会，一种“谨慎监督”的新风尚开始在异教徒和加尔文教徒之间蔓延开来。忠实的信徒就好像信仰领域的科学家一般，用思想日记记录下自己对世界的观察结果。异教徒、贵格会教徒以及加尔文教徒应当详细说明自己的罪孽和美德，为此他们经常撰写各类日记和自传，把自己的善行、罪恶和经济成就记载下来。在许多情况下，他们不仅写下了自己的观察经历，还有账簿经营信息，以便反思自己经营失败的原因，或者按照命运的指引，找寻被救赎的证据。[8]

乔纳森·斯威夫特（Jonathan Swift）等文学家也有详细的账簿记录，长老会作家丹尼尔·笛福在《鲁滨孙漂流记》（*Robinson Crusoe*，1719）中也有对账簿记录的描述，笛福曾经撰写过专业的会计核算手册，并且还是一位多产的财经评论员，在《鲁滨孙漂流记》这本虚构的自传体著作中，他让鲁滨孙·克鲁索（Robinson Crusoe）按照“类似借方与贷方”的方式详细记录自己的生活，试图在自己生命中的积极因素和消极因素之间取得平衡。如同耶稣会中有关善举和恶行的记录一样，笛福也希望对生命中的善加以衡量。

作为利兹市（Leeds）一名成功的呢绒商人和异教徒，1739 年，约瑟夫·瑞德（Joseph Ryder）在其日记中写道，他通过写日记和记录账簿，来感恩“上帝的荣光使得人类成为理性生物”。人们把财富视为虔诚举止和优秀核算的产物。正如 350 年前意大利的天主教徒达梯尼一样，瑞德在日记中记下自己的道德举止，在会计账簿中分析自己的财务情况。对瑞德来说，如果通过对自然知识的学习，解决了产业发展或科技方面的问题并由此积累起财富，那这种成功并不是一种罪恶，而是命中注定的机缘，这是一种全新的思路。丰富的科学知识、完善的账簿记录和细致的会计核算，能够缩短人们与上帝和金钱的距离。会计核算越完善，个人就越能清晰地找到自己的救赎之路。因此，从英国国教教徒、在剑桥接受教育的贵族子弟到大商户、地主、城市商人以及金融家，还有普通人或中层人士，也就是那些受过教育和具备商业头脑的异教徒，在他们的生活中，会计账簿都占据了一个特殊的地位。在英国新教复杂的版图演变过程中，账簿起到了串联弥合的作用。[9]

在所有异教徒中，实业家约西亚·韦奇伍德表现得最为突出。他不仅亲身示范了一位勤勉刻苦的异教徒是如何取得成功的，还展示了会计核算在产业项目经营中的重要性，以及在产业革新过程中所能达到的高度。在异教信仰的启发下，韦奇伍德创设了历史上最为成功和最富创造力的公司之一——韦奇伍德瓷器公司。它如今依然让人们欣羡不已，一套六人晚餐餐具售价远高于1 000美元。之所以能做到这一点，缘于韦奇伍德对成本会计的广泛研究：对生产时间、人力、原材料、机器设备以及销售等多个要素成本的仔细计算。利用勤勉尽责的工作态度和细致完善的会计核算，韦奇伍德将企业的创新和成功带到了全新的高度，但即使是他，也需要在道德和个人的底线之间取得平衡。他发现，尽管自己一直在利用会计核算，并由此为自己带来了财富，但不见得能够带来自己理想的健康、幸福、自由和社会和谐。

沃波尔是一个傲慢贪婪的政客，以奢华的晚宴和霍加斯风格（Hogarthian）的胃口而声名远扬，而韦奇伍德则非常谨慎而满腹道德，他在伯明翰北部的伯斯勒姆（Burslem）打理着自己著名的瓷器工厂，当时工厂院子里立着一座有名的大钟。与沃波尔类似，韦奇伍德个人财富的增长过程也离不开会计核算的帮助；他之所以能够发家致富，并不是由于玩弄政治技巧，而是通过个人的虔诚和勤奋，韦奇伍德认为这些品质有利于净化自己及下属的灵魂。[10]

约西亚·韦奇伍德经常向自己的业务伙伴和好朋友托马斯·本特利（Thomas Bentley）吹嘘，通过产业经营，他收获了“财富、名望以及乐善好施的名声”（在他比较坦率的时候，就没那么高尚了，只说销售更多的瓷器会给自己带来“名声与利润”）。韦奇伍德在早期的通信记录中总是提及自然科学的重要性和对政治自由的渴求，但其中也经常夹杂着各种数据信息。形形色色而又十分复杂的复式记账法，正是第一次工业革命（约1760—1840）的基石。沃波尔熟练运用各种数据，而韦奇伍德则生活在各种数据之中。他喜欢计数，以女王夏洛特（Charlotte）的瓷器订单数据为例，这些瓷器随后成为女王御用瓷器："相关物件包括12个茶杯和12个茶托、一件茶碟、配有盖和托的糖碟、茶壶、茶托、茶勺、咖啡壶、12个咖啡杯、6件手持的烛台以及6件带叶的瓜碟。"尽管他经常给本特利发一些无关紧要的计算问题，比如建造特伦特河畔的斯托克城（Stoke-on-Trent）运河所需要的成本金额是多少等，但韦奇伍德同时坚信，会计核算能够解决工业生产率和利润率等问题。[11]

尽管中世纪和文艺复兴时期的画家经常强调会计核算的风险，但18世纪的英国艺术家往往会反思这个年轻的工业国家黄金年代的傲慢和轻狂。随着利润源源不断地进账，会计账簿记载的信息使得像韦奇伍德那样的成功的英国商人十分开心。英国商人和银行家摆出微笑的姿态，账本摊开放在其办公桌上，这样的绘画场景屡见不鲜。这些绘画是人们对现代会计核算满怀信心的表现。巴林兄弟（Baring Brothers）于1762年设立了一家银行，1995年因为著名的流氓交易员尼克·李森（Nick Leeson）而倒闭，后者同时也是该银行分行的审计师。兄弟俩的绘像由托马斯·劳伦斯爵士（Sir Thomas Lawrence）完成，描绘了二人面对其会计总账沉思的形象，一如探险者把手放在地图上一样踌躇满志。约翰·莫布雷（John Mowbray）是印度的著名商人，绘画中他双腿交叉坐在椅子上，带着一副志得意满的表情，当地报信员给他呈上一份报告，账簿散落在其身旁。一名优秀的会计师不仅能够熟练操控自己的账簿，还能把世界握在手中。[12]

但是，这种自信也粉饰了产业经营面临的各种问题。尽管英国商人流露出高度的自信，但他们在会计核算方面取得的进步小得惊人。实业家努力学习工厂经营所需的复杂会计技巧，却经常无功而返。他们的目标，本来是使会计核算能够适应工业生产的需要。韦奇伍德需要计算出其瓷器的生产成本，以此提高效率，并尽量攫取更高的利润。实业家开始学着对工厂进行细致的研究，通过财务分析将生产的每个环节都拆分开来。尽管从中世纪开始就有了成本会计的萌芽，但在劳动力、机器设备和原材料等要素成本的衡量方面，一直没有得到社会广泛认同的通用方法。除非有人可以确定，机器设备的某一新部件是否可以带来收益，否则上述通用方法就难以实现。[13]

因此，定期对机器设备的各个部件成本进行记录核算是很有必要的。为了更高效地经营工厂和运营矿山，经理人员需要确定每件工具的价格以及每项生产流程耗费的成本，以此确定某一矿山或者磨坊继续扩张还是关门大吉，正如1774年贵格会领导公司（Quaker Lead Company）试图操作的那样。1777年，会计师和数学家沃德豪·汤普森（Wardhaugh Thompson）针对行业生产，写下了复式记账法应用史上最具开创性的著作之一，并提到了工业利润会计核算所面临的困难。但他同时也说，如果没有会计核算，那就只能“胡猜瞎蒙”了。对于马克斯·韦伯等经济理论家来说，他们认为第一次工业革命是历史的进步，但是会计核算和工业管理仍然与数百年前没什么两样。尽管从今天看来，成本会计核算方法显而易见，但当时人们一直对此视而不见。尽管当时公司确实也会定期对其厂房的各项重要生产要素（原材料、人力、机器设备、现金、付款、股份支付、利润和损失）进行会计核算，但整体审计少之又少。[14]

但是工厂领导者也知道，准确的会计核算才是他们创造财富的基石。詹姆斯·瓦特（James Watt，1736—1819）是一名科学家和蒸汽机的发明者，也是苏格兰长老会的成员，在其众多的工厂和企业经营中，他深切感受到会计核算的重要性。就在瓦特还是一名年轻学徒的时候，他从父亲那里借钱偿还债务，并向父亲报告进展情况，每天坚持，风雨无休，即使在工作12个小时之后，他仍然挤出时间按照复式记账法对此进行详尽完整的记录。[15]

瓦特的合伙人马修·博尔顿（Matthew Boulton，1728—1809）认为，实验室、工厂和账簿属于机器设备的组成部分。他声称，科学研究中需要的细致和精确，在账簿记录中也是必不可少的。博尔顿和瓦特合伙创立的公司的首席会计师发明了一种针对商人和企业的特殊会计核算方法，希望能够在一个生产周期内就将企业的真实利润核算清楚。随着工业生产的不断扩张和会计信息的与日俱增，像瓦特这样的实业家面临需要记录的金融票据不断增多的难题。实际上，复印机正是瓦特发明的，其运作原理是，将特定的薄纸挤压在强力墨汁上，使墨汁能够在下一张页面上显现，这正是瓦特面对会计抄录员短缺的情况时，保存其公司的财务资料的方法。会计核算对于公司的竞争优势十分重要，正是由于意识到这一点，瓦特还暗中侦察其他公司，观察它们如何做账。会计核算方法可以成为商业秘密，瓦特是最早认识到这一点的人之一。[16]

与瓦特类似，约西亚·韦奇伍德也是一位强势角色。他追求的不仅仅是名声和金钱；通过其女王御用瓷器，他希望能够“让世界大吃一惊，因为我很讨厌在你知道的事情上浪费时间”。1765 年，他成功地做到了这一点，当时英格兰王后夏洛特下单定制了一整套瓷器。韦奇伍德是个急性子，在他身上，谦逊真诚的品质让位于不加掩饰的傲慢。他坚定不移地认为，皇家订单将带来需求，并进一步夯实自己的瓷器制造厂的显赫名声。韦奇伍德设计了一种营销策略。他给自己的业务伙伴本特利写信，要他留意公司精英客户中的英国贵族人士，因为这些人属于“时尚风潮的塑造者”。国王乔治三世（George Ⅲ）很快就有样学样，用上了全套的带有手绘花草的女王御用瓷器，一如当时全世界的朝臣和外交大臣。1770 年，英国驻俄国大使卡思卡特勋爵（Lord Cathcart）预定了一整套瓷器，将其献给了伟大的凯瑟琳女皇（Empress Catherine the Great）。[17]

尽管女王御用瓷器大获成功，但1769年，韦奇伍德遇到了现金流的问题。对于寥寥无几的贵族客户购买的昂贵产品，公司的支出很多，赚的钱却很少。韦奇伍德担心，仿制古代的花瓶样式“给公司带来的利润和损失一样多”。自相矛盾的是，对韦奇伍德来说，更多的业务订单却意味着会带来更多的损失。他给业务伙伴本特利写信说：“一定要镇定，要全身心地投入生产。”到年底的时候，他们制造出价值12 000英镑的瓷器，却欠下了4 000英镑的债务。[18]

菲利普二世也感同身受，这位优秀的产业人士也发现，会计核算十分棘手：“过去整整一周，我一直感到困惑不解，希望能确定合适的数据，找到合适的方法，来核算出每项产成品所对应的制造成本、销售费用、亏损和赢利状况等。”因此，韦奇伍德希望从书中找到答案，但他的困惑没有得到丝毫缓解，即使其计算过程看起来考虑了生产费用因素，但计算出的货物生产和销售费用只有实际水平的一半。他要求本特利重新核对会计账簿，因为他根本不知道自己错在何处。[19]

韦奇伍德开始进行会计核算创新。他计算了折旧成本、管理费用、销售费用和资金的利息。他将费用细分成14类，从“童工和杂项人员工资、仓库和保管费用”、“事故开支”到“租金、损耗以及偶发费用”等。他向本特利解释了自己是如何核算这些项目的，一行行地分类计算，细化到黏土的颜色。[20]

他的笔记中记满了会计信息，其唯一的目标就是降低人力成本。他说，利用自己的账簿记录，他能够以更低的成本，生产出更多的产品。韦奇伍德推断，可以大规模生产超级优质的陶瓷产品，并覆盖生产成本。在仔细研究账簿记录之后，韦奇伍德观察到生产成本的复杂变动情况，它会随着时间的推移像“时钟发条”一样移动。工厂就是一台机器，按照固定的时间间隔，像宇宙一样运转不息。通过会计核算，韦奇伍德清楚地看到，他能够对各个时间段的劳动力进行精准定价。[21]

借助会计记录，韦奇伍德再也无须猜测各类成本信息。他一直对那些醉醺醺的“毫无价值的工人”颇有微词，如今他可以对其实施更加高效的管理。他知道，与成人劳动力相比，童工的成本更低，效率更高，因为他们按件取酬而非按日取酬。他甚至根据历史数据来计算未来的销售情况，并设计了未来“扩大销售规模的途径”。他还对消费者心理学有着深刻的洞见。他也意识到，富人并不介意支付稍微高一点的价格，但这种价格的细微差别可能会让“中等收入人群”望而却步。因此，他需要同时为富人和中产阶级设计出相应的产品。[22]

此外，韦奇伍德还通过计算得知，其主管会计正在中饱私囊。韦奇伍德意识到，作为公司的最终审计者，搞清楚成本费用和舞弊事件的唯一方式，就是持续、实时地开展审计。他派自己信任的会计师彼得·斯威夫特（Peter Swift）“帮忙检查和搞定各种问题，这样自己就可以每周通过周一的邮寄系统，按照自己预先与彼得沟通的方式，及时看到公司的会计信息，从而推动经营所需的业务信息的搜集整理工作步入持续循环的动态轨道”。为了保证审计工作的有效开展，数据核算和审计工作将持续不断地进行下去。[23]

韦奇伍德不仅创立了细致详尽的成本会计核算法，从而可以对生产成本、劳动力和产品定价等进行得心应手的管理，他还提出了一系列会计理论。他有关成本会计的著述，属于经济学发展史上最基础的理论。韦奇伍德开创了分类法或者说是成本序列法，以此来对可能发生的成本做出预测。因此，在他的会计等式和管理方法中，就出现了概率论的身影。

而对韦奇伍德来说，这一切革新都结出了丰硕的果实。1773年，一场价格动荡席卷了整个欧洲，对陶瓷和其他消费品产生了巨大的冲击。而韦奇伍德已经降低了生产成本，制定了价格策略，提高了生产能力，并开拓了国际市场。正如我们所知，韦奇伍德的品牌源远流长，它扛过了长期以来经济危机的冲击，韦奇伍德继续自己的发家史并成为一方巨富。1795 年，当他去世时，人们估计他的财富达到了 50 万英镑（以当前价值看为 4 500 万欧元，但这笔财富在 18 世纪从购买力角度来看要多得多）。[24]

达梯尼把自己的财富留给了天主，而韦奇伍德则留给了家人。他经营的业务将会“满足全世界人类的需求并为他们带来幸福”。与传统的异教徒总是感觉低人一等不同，韦奇伍德傲气十足，甚至因为自己的成功而目空一切。尽管韦奇伍德满怀自信，但即使是他也常常担心，自己的成功只建立在脆弱的基石上。随着社会差距的逐渐拉大以及美国独立战争（1775—1783）带来的影响，英国社会对改革，特别是会计体系改革的需求日益迫切。但是，对于彻底的变革，如今已经富甲一方的韦奇伍德表示十分厌恶。这位异教徒已经成了现有制度体系的重要支撑。[25]

英国政府内部的会计核算改革进展几近于无，原因之一就在于，从沃波尔执政以来，政府已经具备了管理其公共债务的能力。但是，美国独立战争给欧洲带来一场财务风暴，在使其殖民地独立自主的战争中，法国和英国不得不竭尽全力筹集军费开支。英国先于法国遭受冲击，社会上对天主教的抵触情绪加上工人工资的下降，引发了 1780 年的戈登骚乱（Gordon Riots），这场骚乱损坏了伦敦城 1/5 的建筑，让有产精英惊惧不已。改革势在必行。反对者分成了两派：一派认为应当维持现状，另一派则呼吁彻底实施改革，甚至是爆发革命。

当像威廉·皮特（William Pitt）和威廉·温德汉姆·格伦维尔（William Wyndham Grenville）等辉格党议员在改革问题上寻求解决北美战争引发的危机的方法时，韦奇伍德的异教徒朋友理查德·普赖斯（Richard Price）等人旧事重提，抛出了救助基金的老办法。普赖斯在《对民主自由、北美战争和王国债务及财务等问题的总体说明和补充》（Two Tracts on Civil Liberty，the War with America, and The Debts and Finances of the Kingdom with A General Introduction and Supplement，1778）一文中呼吁，需要有一个“为被统治的民众利益服务”的政府，而不是“贪得无厌”的寡头政治，向着权贵和囤积居奇的富人的利益倾斜。普赖斯警告说，最大的危险在于政府债务。即使在 1783 年皮特当选首相之后，政府债务依然在持续攀升。到 1788 年的时候，英国政府 70% 的税收收入都用于偿债，政府债务总额从沃波尔时的 4 000 万英镑，膨胀到 1784 年令人震惊的 2.5 亿英镑。普赖斯原先被认为是异教徒中的激进分子，后来议会赞扬他是“能干的核算师”，“核算师”如今成了一种赞誉之词。其著作包含了数百页的计算公式和账户资料，展示了他所提议设立的救助基金将使政府债务逐步消减。[26]

皮特政府最终给那些有资历但人微言轻的议会账簿委员会成员赋予了真正的权力，希望他们对政府开支进行监督。皮特政府需要更多的收入，于是，他试图把政府会计核算这些传统的手段再次利用起来。在皮特的监督下，1785 年 7 月 15 日，委员会在唐宁街举行了第一次会议，随后又赶往苏格兰场（Scotland Yard）对审计师预付款账户进行检查，这些审计师要负责对所有皇家官员进行审计。他们的目标是，对全部账户进行检查，然后把它们合并到一份预算报告中。众多检察官和委员都将开展审计工作，对报告进行检查核对，记录和发回反对意见，并进行二次核查，然后才把正式报告呈送给财政大臣，财政大臣将会协助做出最重大的财务决策。[27]

1806年，皮特的前任秘书乔治·罗斯（George Rose）写道，公众对财政账户信息了解得如此之多，这在英国历史上是从来没有过的事情。罗斯认为，按照复式记账法记录国库的收入和支出情况，同时向公众公开这些信息，将会极大地缓解公众的担忧情绪。战争的爆发、经济危机、巨额债务以及社会冲突等，一系列因素综合起来，推动了异教徒梦寐以求的众多会计核算改革的诞生，成立一个民主共和政府一直是他们的理想。尽管皮特和普赖斯实施了改革，罗斯也大声呼吁，但许多委员也承认，他们仍然难以搞清政府账户情况。直到50年后的1832年，账簿委员会才推动改革真正完成。[28]

有人认为韦奇伍德对于这些改革将十分乐见其成，或者至少会积极参与。毕竟，他是当时最伟大的会计师之一，还是一名异教徒，也是激进的改革派的亲密朋友。韦奇伍德曾经抱怨道，任何不享有选举权的人，都可以被归于奴隶的行列。对于奴隶制本身，以及英国那些在北美战争中带来“灾难”的“顽固的统治阶层”，他也进行过辛辣的讽刺。但他对政治毫无兴趣。韦奇伍德的书信记录显示了一位功成名就人士的消极态度。他希望，自己身为异教徒的老友约瑟夫·普里斯特利（Joseph Priestley）可以有更多的“休闲”时间，而不要把那么多精力投入激进的传教活动中。1791年，约瑟夫还因此从英国跑到了宾夕法尼亚。[29]韦奇伍德十分怀念欧洲各国的君主及其治下的大贵族，他仍然需要他们的订单。随着1789年法国大革命的爆发，英王室的首席瓷器生产商以及曾经给全世界提供服务和带来幸福的人，对于自由已经不像往常那么上心，而是更热心于制作鼻烟壶，这些鼻烟壶上绘有法国财政部部长雅克·内克尔的头像，更具预言意味的是还绘有国王路易十六的革命兄长德奥尔良公爵（Duke d’Orléans，很快他的兄长就在断头台上与其告别了）的头像。世界正处于革命变动之中，异教徒认为他们的契机已经来临，而韦奇伍德正全身心地投入浮雕陶瓷的制作当中。[30]

1791 年，就在伯明翰地区的普里斯特利骚乱（Priestley Riots）爆发后不久，韦奇伍德写信表示支持。这场骚乱被人诱导，走向了抵制异教徒、抵制韦奇伍德的朋友进行颠覆性布教的道路。韦奇伍德家族的老朋友，作为科学家和异教徒传教士的普里斯特利是氧元素的发现者、工业生产的坚定信徒，也是一位坚持不懈捍卫政治和宗教自由的斗士。韦奇伍德支持普里斯特利，反对那群暴徒将其教堂焚毁的行径。但是，在韦奇伍德读到普里斯特利声称支持法国大革命并要求英国建立民主政府的呼吁书后，对于进行武装反抗的要求，他表示反对，并建议双方保持冷静。韦奇伍德对于自己革命好友的不以为然已经显而易见，在这一点上，作为前激进分子的詹姆斯·瓦特与他意见一致。瓦特也警告普里斯特利说，“就在大不列颠处于前所未有的繁华盛世”之时，其他国家正因为革命而动荡不休，因此，他认为“推翻一个有为政府”的做法是愚蠢的。[31]

普里斯特利因考虑自身安全而逃到美国费城，在那里，他受到费城市市长和本杰明·富兰克林革命英雄般的欢迎。在此之后，韦奇伍德的书信记录里再也看不到任何激进的言论了。在写给密友伊拉斯谟·达尔文（Erasmus Darwin）博士的信中，韦奇伍德仍然集中精力，试图计算出一套完善运作的水运系统能给英国带来多少好处，后来伊拉斯谟斯·达尔文的儿子罗伯特迎娶韦奇伍德的女儿苏珊娜（Susannah），两人生下的孩子查尔斯·达尔文成了进化论的开创者。就在这样一个革命此起彼伏的时代，韦奇伍德依然固守着自己偏爱的底线，同时也是他留给后代的遗产：完善的生产管理和针对中产阶层的陶瓷餐具。

但是连那些位于伯斯勒姆的十分成功的工厂也面临着严酷的现实。工业污染给韦奇伍德的工人及其家庭带来的影响，让他不禁怀疑，为什么科学技术没有更好地推动人类的进步和发展。随着战争和骚乱革命的乌云将欧洲大陆笼罩，结核病开始在韦奇伍德家族及其他产业家庭中肆虐。约瑟夫·普里斯特利及詹姆斯·瓦特的女儿都患上了结核病，而韦奇伍德工厂生产中产生的铅粉和煤灰，也给约西亚的儿子汤姆的肺造成了损害。晚年的时候，詹姆斯·瓦特写道：“我发现它（金钱）既不能买来健康，也无法带来幸福，如今美好的一切都已经荡然无存。”韦奇伍德一贯相信科学的力量，在这种思想的指引下，他拿出资金为找到这些疾病的治疗方法而展开研究，但从内心来讲，他对利润和工业生产的关注，要远远超过医疗进步和人类的幸福。[32] 对现代工业的恐惧，给威廉·华兹华斯（William Wordsworth）等浪漫主义诗人带来灵感，他们哀叹道，工业生产是英国大地上的“毒药”，让黑暗的阴影笼罩了“高山河谷”。工业大生产时代确实出现了很多问题，而即使像韦奇伍德这样真正的天才，也根本无力负担起这样沉重的责任。[33]

最终，尽管韦奇伍德作为创新者利用会计工具试图保持现状，但对经济学家和哲学家来说，会计工具可以在社会文化变动和发展过程中发挥更加广泛的作用。亚当·斯密借助会计信息提出了自由市场理论。正是在《末日审判书》（土地调查清册）这样的古代账簿文献中，亚当·斯密称其为“极度不完善的账簿”，他看到了无形的市场价格之手的运动轨迹。借助法国、英国和苏格兰的食品市场账簿记录，他对价格变动有了更深刻的认识。作为一位道德思想家，斯密在理论探索过程中，将会计数据与商业道德和自由市场结合在一起，为增进人类福祉设计出一整套运作模式。[34]

英国新教徒思想家在注重利润的会计核算基础上更进一步，试图在测算工业生产的同时，对人类的幸福也进行量化。1781 年，实用主义哲学家杰里米·边沁试图利用“快乐幸福的微积分学”对“最大幸福原理”加以解释，这是一种测度幸福的复式记账法。边沁要求对幸福和痛苦按照以下方式进行记录：“一方面把幸福产生的价值加总起来，另一方面把痛苦的分量汇集起来。”他认为，最后得到的余额，就能够显示个人好的特点和坏的习性，个人就可以尝试改善自己的生活，而且无须去追求救赎，只要抓住世俗的幸福就够了。[35]

因此，会计核算这门学科就成为一种针对幸福、福利和个人价值的思考方式，而不再局限在原先的底线范围之内。边沁指出了韦奇伍德根本不会意识到的内容：宗教推崇的勤勉刻苦，既会带来幸福，也会带来痛苦。同企业经营一样，人类生活所面临的挑战在于，需要在财富本身之外追逐幸福并实现平衡。但在 18 世纪末期，人类幸福和商业经营之间的协调依然是空中楼阁。正如普里斯特利试图向韦奇伍德所传达的，世界上存在着巨大的不平等，许多人觉得，只有通过革命实施清算，才能够为人类带来自由和幸福。

第九章
巨额债务、天量数据及法国大革命

> 陛下……要模仿英国，公开账户信息……这实在有损国家的形象……
>
> ——法国外相韦尔热讷伯爵向路易十六的陈述，1781 年

50 年之后，弗朗西斯·哈奇森（Francis Hutcheson）所制作的英国预算数据手册，依然难以在欧洲或美洲找到类似的身影。要想使会计信息成为社会参政议政、传播信息的一种方式，需要法国人展开一场有关数据的辩论，也需要法国大革命的强力推动。在对会计数据和政府诚信展开辩论的最初时刻，人们对各类数据就抱着半信半疑的态度。法国大革命的爆发，部分针对的是政府执政的诚信和财务数据的准确。这场斗争将政府账户信息在现代政治管理中的应用普及开来。[1]

会计核算和诚信执政的社会思潮在法国而非荷兰或英国一直绵延不断，这一点让人感到十分惊奇。我们知道，荷兰的政治领导者熟练掌握会计核算知识，而且政府行政管理相对开明。英国的议会体制、立宪政府和负责债务管理的中央银行等相互作用，组成的财务问责机制是 18 世纪专制统治下的法国所不具备的。也许正是开明政治管理体制的缺乏，才使法国人对公开账户信息和实施政府问

责的政治诉求以更加猛烈的形式爆发出来。[2]

约翰·亚当斯（John Adams）在1778年的巴黎之行中，写下了为众人所关注的著名观点，那就是与时代已经格格不入的法国君王及手握种种特权的贵族阶层故步自封，把自己局限在纸醉金迷的小圈子里，丝毫不管大多数法国人已经日益陷入水深火热的贫苦境地。政府也曾经努力削减开支，即便如此，面对政府可能在债务利息方面违约的威胁，市场利率水平依然一路飙升。要想降低政府债务水平，抑制通货膨胀和利率水平的飙升，唯一的方法就是向法国那帮不可一世的贵族和大地主征税，因为这些人虽然不足总人口的3%，却掌管着全法国90%的财富。100多年来，对于征收5%以上税率的改革努力，或者其他所有的改革措施，法国的精英人士一直进行着坚决的抵制，他们尤其反对对国家财政账户进行审计，认为这是掌握他们手中所持财富的第一步，能征税就更好了。

法国会计核算和问责的文化传统一直存在，却只限于一小群商业经营者和政治经济学家的范围内。1716年，路易十四去世一年后，在摄政王菲利普·德奥尔良（Philippe d'Orléans）的破产政府统治下，承担着对“税收农场”这一私人征税体制实施改革任务的财政官员，也就是力主改革的巴黎兄弟制订了改革方案，试图理顺征税体制，并对独立的收税员的工作进行审计。1716年7月10日，他们发布法律声明，要求所有收税员和政府会计师上交其收据资料，并记录日记账，以供当地的会计“管控者”进行审计。他们将把各地的管理用日记账综合起来，编成按照复式记账法记录的总账。作为这部法律的一部分，会计手册的简略版被巴黎兄弟通过海报方式向社会公开。他们声称，曾经专属于商人和会计师业务领域的会计知识，如今将成为政府管理的有机组成部分。[3]

毫无意外，这些改革措施遭到了强烈的抵制。收税员采纳复式记账法的进度十分缓慢，这既是因为学习这种方法有一定难度，也是因为他们不愿意放弃自己借助征税权谋利的特权（或者是出于对巴黎兄弟争夺权力和可能独揽大权的担心，他们本身就是令人生畏的政府财政官员）。这种情况的变化，恰逢 1716 年约翰·劳的通用银行（Banque Générale）的设立及其密西西比计划的发端。对这位才华横溢但最终带来灾难性后果的苏格兰人财务官来说，清晰的账簿核算并非优先考虑的工作内容。在金融界和旧贵族（他们畏惧征税，抵制任何对自身特权的冲击）的敌对，以及劳本人广泛的影响下，1720 年，巴黎兄弟遭到了放逐。而皇恩雨露变幻莫测，1721 年，在劳的密西西比泡沫破灭后，法国政府无力应付这场财务危机，首相红衣主教杜布瓦（Dubois）又把他们召集回来。[4]

尽管巴黎兄弟从来没制订出与沃波尔救助计划类似的应对方案，但在接下来的 4 年时间里，他们还是继续推进会计体制改革。对他们来说，会计核算改革不仅是可以用来推动整个国家发展进步的手段，也是前所未有的治国理政工具。在一篇可能是为政府管理提出建议的秘密报告中，克劳德·帕里斯·勒·蒙塔涅（Claude Pâris Le Montagne）声称，实现“政府平稳有序运行”的唯一途径，就是借助复式记账法实现财务问责制度。他坚持认为，对私人包税商等影子金融（shadow finance）行为秘而不宣，是不利于专制君王统治的稳固的。他警告说，遮掩将会导致腐败，唯一的解决之道，就是通过“踏实的几何方案”，按照复式记账法记录的“客观数据表格”，对各省财政情况实施“整体掌控”。他由此总结道，公开信息和复式记账核算法构成了“公众利益”的基石。[5]

尽管实施了一系列改革，但巴黎兄弟的行为对政府的大政方针没有产生持续的影响。在劳主导的经济泡沫破灭的冲击下，无论公众还是政府人士，都很少有人能够完全理解会计核算和政治问责的基本概念。法国并非商业文化浓厚的英国，法国摄政王也与荷兰人相去甚远。此后，巴黎兄弟抱怨道，摄政王“从没有翻看过账簿（政府财务总账）首页之外的内容”。对于围绕法国科学院报告展开的争论，巴黎兄弟原本寄予厚望，但这场辩论从未触及问题的实质。[6]

在法国经济辩论中占据优势地位的是重农主义者，这些具有创新意识的经济学家认为，农业生产和自由市场才是财富的源泉。重农主义者有宏伟的想法，其理论也注重数据信息，但是对于哈奇森或者巴黎兄弟所做的那些针对会计账户和政府预算的财务分析，他们从未涉及。其中最著名的观点，是由弗朗斯瓦·魁奈（François Quesnay）、文森特·德古尔内（Vincent de Gournay）以及安妮－罗伯特－雅克·杜尔哥（Anne-Robert-Jacques Turgot）等法国经济学家提出的，也就是广为人知的自由放任政策（laissez faire），这是一种基于市场自由法则的商业理论。在亚当·斯密提出其观点之前，这些经济学家希望，通过提高政府补贴、实施价格管制和行业垄断，“看不见的手”将推动农业生产，提高国民财富水平。在一个自动平衡调节的市场中，并不需要政府采取大规模的财务管理。尽管魁奈利用数学知识对经济理论进行了研究，戴高乐以及杜尔哥也都是熟练的会计师，但他们出版的著作很少会包含关于复杂数据、账户信息或者政府预算的分析内容。就在英国人对政府税收凭据、借款利率以及救助基金等争论不休的时候，法国人却生活在一个金融信息的孤岛上，造成这种局面的，正是他们信奉秘密主义的专制君王。[7]

但是，重农主义者和自由市场的开创者也认为，政府债务将有损国民经济的发展和社会事业的进步。他们的观点与苏格兰哲学家大卫·休谟（David Hume）的观点不谋而合，休谟在1751年形容政府债务是“危险”且“不顾后果的”，最终会给国家和民族带来极大的危害。对于政府选择财政盈余还是财政赤字，休谟以预见式的词汇进行了描述：“一国如果不能解决政府债务，那政府债务就将毁灭这个国家。”回顾历史，休谟就如先知一般：1776年，面对难以偿还的债务和巨额政府财政赤字，法国王室早已经濒临破产。事实确实如此，1789年，当革命的洪流席卷而来的时候，法国社会的旧秩序被扫荡一空。但是，国家依然存在，因此，政府债务也并未消失。[8]问题在于如何才能对其加以管理。

法国公众越来越希望了解自己国家财政信息的详细内容，以及承担的巨额债务情况。在美国独立战争（1775—1782）引发的社会动荡中，随着法国承担的巨额债务日益膨胀，路易十六（Louis XVI）发现自己越来越难以举债。尽管早期的改革派人士已经对税收征管体系进行了一定的改进，但由私人包税商主管的税收体制滥用现象依然如故，而且如果考虑法国所承担的巨额债务，财政负担就变得越发沉重。由于国家缺乏统一的核算体系，没有人确切知道国家的财政收入水平或者未偿贷款额度。作为国王的私人包税商，农民和登记员的记录零零散散，在上一财年数据不实的情况下，第二年的账户信息依然十分原始，而且经常漏洞百出。每3年一次的审计工作力度不足且流于形式，这为账户作假提供了充分的时间。有些省的财务官甚至在19年后才将其账簿记录汇总到皇家账户。与此同时，这些不负责任的收税员一边截留国库税收，一边以很高的利率向国王放款。贪污腐化实际上已经以制度的形式固化下来。[9]

由于无法获得贷款或增加财政收入，1777年，法国国王任命著名的新教徒、瑞士银行家雅克·内克尔（1732—1804）为法国财政部部长。内克尔是平民出身，作为日内瓦当地和法国的银行家和贸易商，他通过谷物投机以及管理法国东印度公司赚了大钱。他的爱人主持召集著名的沙龙，参加者都是巴黎艺术界、文学界和科学领域的名人，包括狄德罗（Diderot）、达朗贝尔（d’Alembert）、格林姆（Grimm）、马布利（Mably）和德方夫人（Mme. du Deffand），还有内克尔夫人曾经的爱人爱德华·吉本，吉本当时恰巧正在撰写《罗马帝国衰亡史》（*History of the Decline and Fall of the Roman Empire*，1776—1778）。

不管内克尔有什么缺点，通过法国的谷物贸易市场和上市公司经营而积攒其财富是需要一定的道德取舍的，事实证明，他是一位成功的管理者，也是一位具备较高文化素养、有壮志雄心的人物。他自身的才华、财务方面的精明，以及通过参加内克尔夫人的沙龙而对外界视角和公众观点的了解，都让他成为巴黎政界和社会领域的一个强势角色。最重要的是，他与日内瓦之间的密切联系，使其成为代表法国王室向前者借款的重要渠道。当时的法国在经历了七年战争（Seven Years’ War）和北美独立战争后，政府债务已经膨胀到远超 30 亿里弗的天文数字。按照平均 5.5%~6% 的利率，每年还本付息就需要 3 亿里弗，该数额超过了政府每年财政支出的 50%，也远远超过政府一半的财政收入。而与此形成鲜明对比的是，只有法国面积 1/3 大小的英国，成功地应对了类似规模的政府债务问题，部分原因在于，后者每年通过独立的中央银行借款的利率只有 3%。[10]

内克尔采取了措施，试图让包税商在将收上来的税上交之前，停止将资金借给王室的行为，同时，他还希望收税员能够准确记录日记账，以便随时可以对其进行审计。他建议，将 48 位包税商的数量削减 3/4，让 12 个受到严格审计的收税员取而代之。在 1778

年 10 月 18 日的会计监管规定中，内克尔试图根据其严格审计下的复式记账账簿，将全国财政体系集中为一个单独的账户，并对其进行管理。

内克尔的这些举措，威胁到法兰西王国整个自成一体的金融阶层，在这一点上，他与此前的改革先行者毫无二致。而自然而然的是，每当特权阶层受到威胁的时候，贵族人士就能闻到血腥的味道。在抵制改革长达一个世纪之后，他们自然不会在这个时候就缴械投降。[11]

不久之后，在一片猛烈的宣传声浪下，大众媒体开始对内克尔展开抨击，未来的财务大臣卡洛纳（Calonne）不无恶意地称其为一种公众舆论的“病态”表现。作为信奉新教的外国人，身为财政大臣和瑞士信贷银行的行家里手，当看到自己的名字被流行媒体肆意玷污的时候，内克尔震惊得无以复加。在谣言和诽谤四起的巴黎舆论环境中，内克尔简直就是最理想的被攻击对象。[12]

正如内克尔那名气更大的女儿、作家斯塔尔夫人（Madame de Staël）随后所说，她的父亲受益于公众舆论，并在最开始的时候坚持认为，公众舆论属于一种理性的政治势力。但随着他主导的改革走向深入，对他本人的攻击也越来越尖锐，并带有威胁的成分。1780 年，一份善于中伤人的小册子引起了大家的关注。巴黎律师雅克–马蒂厄·奥热尔德（Jacques-Mathieu Augéard）发表了匿名文章《杜尔哥先生给内克尔先生的一封信》（Letter from Monsieur Turgot to Monsieur Necker），其中包含大量的财务信息，让人们觉得作者必定是一位政府内部人士。奥热尔德抨击内克尔作为一位瑞士银行家，一心从法国政府攫取财富并据为己有（他声称，总数有 175 万里弗之多）。他对这位“日内瓦人”的会计才能进行了批评，声称“内克尔比我们这些从事金融行当（会计核算和记账等）的门外汉要懂得多”，并认为内克尔除了“在金融和资金方面的写写算算”，其他的不值一提。更为严重的是，奥热尔德指控内克尔是另一个约翰·劳，认为他正在大肆印刷用于投机的纸币，这将会导致另一起密西西比泡沫式财务危机。他还警告说：“1720 年的例子仍然历历在目。”[13]

尽管奥热尔德嘲笑会计核算，但在这场公开论战中，他利用数据作为自己的攻击武器，举例来说，他认为内克尔对包税商的改革，使包税商付出了 9 800 万里弗的代价。此外，他还指控内克尔谎称单就法国金融家所持有的公司而言，如果能把这些公司未缴纳的税征收上来，其金额就高达 2.5 亿里弗：“先生，这简直是一派胡言！如果你能屈尊让我协助你算一下这个数据就好了，因为我才是真正的知情人。”这些数据证据、反驳言论和叙述性的控诉一起袭来。影响力十足的舆论制造者德方夫人声称，6 000 份由奥热尔德编制的手册在巴黎和凡尔赛迅速销售一空。从奥热尔德的《秘密回忆录》(*Mémoires Sécrètes*) 中可以发现，随后他幸灾乐祸地认为，自己的小册子取得了“无与伦比的成功”。[14]

1780 年，政治宣传已经成为一种高度发达而又杂乱无章的文化手段，直到此时，内克尔依然能够做到洁身自好。然而这些来自四面八方的攻击接踵而至，不断迎合大众的心理，甚至借用看起来极具迷惑性的财务计算来说服公众，在这种情况下，内克尔别无选择，只能回击。作为首相自降身价，陷入政治辩论的泥沼，这不仅不合时宜，而且十分危险。内克尔本来可以利用其政治地位来禁止那些具有挑衅性的出版作品的出版发行，但是这样做的效果并不显著，当时整个法国根本不存在真正有效的审查手段。因此，面对这些危及自身地位、损害自己名声的出版刊物，他只能从法院和社会两方面同时着手，对这些论述采取控制措施。

1781 年，内克尔出版《上国王书》，说明了法国当年的财务状况。内克尔骄傲地指出，这在法兰西王国的历史上还是第一次。作为财政部部长，他展示了自己对财务管理负责的态度，并向公众披露了计算过程，展示了当年 1 020 万里弗的预算盈余。[15]

正如一份时事手册描述的那样，在此之前，政府从未公开过财政预算情况，蒙在鼓里的民众只能通过“胡乱猜测”来估计真实的财政状况。面对一个向自己征税、军费支出庞大而且为建造凡尔赛宫拨出巨资的政府，民众对财政状况进行了解的需求日益迫切。内克尔的举措，恰巧填补了这种财政信息的空白。在社会将公开财务信息用作评估政府运作效率的重要手段时，内克尔的《上国王书》的出版标志着这个关键时刻的到来。[16]

内克尔所选择的回应方式，正是这种开明姿态和不计后果的冒险的混合体，而这也是王国的那些保守派人士畏惧其瑞士财务主管的地方。这是一起完美的媒体逆袭，目标群体正是那些受到改革威胁的权贵和包括瑞士皇家债权人在内的欧洲旁观者，内克尔希望让这些人知道，法国的财政状况是稳健的，通过《上国王书》，他揭开了对手的真面目。如果对手试图利用数字来攻击自己，那他手头拥有的正是对手并不具备的武器，也就是从内部来公开政府真实财务状况的能力。内克尔希望，通过公开“这些隐晦的财务数据”，揭露“政府财务状况的迷局”，反驳公众对自己的批评。他自诩道，这是“一个伟大的王朝在历史上首次”公开其并不怎么好看的真实财务数据。内克尔无须对民众负责，专制王朝统治下不存在这种问责机制，但是他依然坚持认为，只有这种信息公开才能使社会平稳有序，使民众恢复对政府的信任。因此，在开出这样一剂加尔文主义的信息公开药方后，内克尔投下了赌注，希望自己揭开政府财政状况的“面纱”的做法，能够让法国重新赢得国外借款人的信任。[17]

内克尔并没有转移视线，而是提供了一种有关政治管理的全新视角。内克尔声称，英国议会每年都会将其财政状况印刷成册，而自己只是有样学样，显而易见的是，他并不了解英国的政治传统，也不知道就在自己写下这些文字的时候，社会上围绕其进行的日益发酵的激烈辩论。内克尔说，会计账簿才是一个“有道德”、“繁荣”、“幸福”和“强大”的政府赖以运作的基石。他详细阐述了自己的财务管理、政府税收和支出情况，在最后，他还附上了账户信息，以此向公众证明自己观点的准确性。账簿资料的数据是为了证明其财务管理取得的成就。简而言之，打开细致的账簿，就能看到稳健完善的政府运作。对于政府运行的正当性和统治权力的威慑力来说，社会繁荣和公众问责至关重要。这简直具有革命性的意义，内克尔从中暗示，树立起政府权威的，并不是国王个人的意志，而是对财政账户的妥善管理，而他自己在这方面是颇为自得的。[18]

《上国王书》揭示了政府每个重要部门的财务状况及其支出和收入情况，收入合计为 26 415.4 万里弗。在“一般性”支出的 25 395.4 万里弗中，国王花在军事上的支出为 6 520 万里弗，法院和生活支出为 2 570 万里弗，阿图瓦（Artois）伯爵的日常开支为 800 万里弗。与此形成鲜明对比的是，花在道路和桥梁上的费用为 500 万里弗，巴黎警察、照明和市政清洁费用为 150 万里弗，无家可归的穷人救济支出为 90 万里弗，著名的皇家图书馆开支为 8.9 万里弗。这些令人尴尬的数字，使皇室开支的优先顺序一览无余。

被披露的这些信息令公众十分震惊，这不仅因为其列示的各项费用支出的极度不平衡，还因为，揭开皇室日常生活的神圣面纱，公开凡尔赛宫的权力运行，经由这种信息公开的方式。《国王之家》

（*Maison du Roi*）所展示的，并非忠诚、合法、隶属私人或者神秘力量，而是一系列令人震惊的数据。在全国上下饿殍遍野之际，在公众对皇室的不满和怒火不断飙升之时，内克尔不失时机地对王室的公款吃喝费用进行了批评，他声称，通过良好的管理，这些费用可以降低一半。[19]

《上国王书》的主要内容，就是其附件中的账户信息。内克尔提供了看起来十分完整的政府账户信息，后附内容的最后一页是一张大表，上面是最终的账户汇总数据。内克尔声称，所有的计算信息都有“经得起推敲的资料”作为支撑，政府账户资料上都有起草人的署名，内克尔把这些资料保管在盒子中，未来依然可以当作证据。在计算过程的最后，内克尔宣布：“收入超过支出……1 020 万里弗。”全部数据都汇集于此，最终结果显示存在财政盈余。正如随后所展示的，内克尔遗漏了约 5 000 万里弗的军费赤字和政府债务支出，这一点甚至得到内克尔本人的承认，他认为这属于特殊项目开支，这一举措成为被后人竞相模仿的先例，即出于国家利益的考虑而低估财政支出，或者说政府财务报告中不包括军费开支。[20]

倒霉的路易十六一直声名不显（除了他自己倒台这种大事之外），但他显然没有意识到，通过公开财政账户信息，他的首相的举措到底将带来什么样的影响。就内克尔本人而言，他当然可以借此提高自己的政治地位，却根本没有考虑过他公布的数据会被人质疑。他通过《大百科全书》（*Encyclopédie*）的出版商潘寇克（Panckoucke）出版了《上国王书》，该出版社认为这将会取得巨大的成功，而事实证明确实如此。如果说奥热尔德的作品印刷数量达到 6 000 就算成功的话，那《上国王书》造成的轰动就难以用语言来描述了。在一个月之内，潘寇克印刷的 60 000 本《上国王书》

就售卖一空，仅1781年一年就销售了10万多本，这让人们对何为畅销刊物的传统观念为之而变。外文版本的印刷量成千上万。《上国王书》成为古往今来最为成功的作品之一，也是新闻传媒界的一大奇迹。煽动性十足的宣传材料一直在私底下秘密流转。内克尔做的事重新界定了社会讨论的题材。1781年3月3日，在出版《上国王书》的同时，内克尔发表了皇家问责书，要求所有收税员上交其账簿资料和一份未来的预算报告。他这样做并非偶然。内克尔所提议的"会计核算法"为国王提供了将政府一般财务收支和特殊收支项目同时理顺的可能性。此前，人们对何为好政府的争论一直不断，文字辩论甚至图画和歌曲等的交锋层出不穷。随着《上国王书》的问世，人们的辩论越来越激烈，辩论的内容也换成了冷冰冰的会计数据。[21]

内克尔的《上国王书》以其所揭示的秘密真相吸引着众人的目光。但正如内克尔在其本人早期对政府金融机构的批评中早就阐释的那样，尽管对政府财政状况的描述做到完全准确无误几乎不太可能，但与自己的那些诽谤者相比，内克尔的表述无疑要准确得多。内克尔的众多批评者对他披露的数据表示认同，对他的披露行为却提出批评，尤其对其公开皇室支出的举动进行批评。人们认为，他曝光皇室账户收支状况的方式，动摇了皇室专制统治赖以存在的社会信仰：隐秘性。法国外相韦尔热讷抨击揭露政府隐秘信息的观念，认为《上国王书》是对国王个人权威的直接威胁；他与大多数公众一样，也觉得内克尔披露的信息不仅是真实存在的，而且是准确无误的。在给路易十六的一封信中，韦尔热讷提道，《上国王书》"是对国民性格的一次玷污，国民本应该是满怀激情、充满自信并全心全意地信奉王权的。陛下，如果您允许首相借鉴英国的例子，那法国可就真的颜面尽失了，而这本来是您的前任所极度厌恶的行为啊”。[22]

有位贵族的反应尤为强烈，克雷基侯爵（Marquise de Créquy）对《上国王书》火冒三丈，这恰恰展示了诚信问责的概念对宫廷贵族造成了多大的冲击。克雷基知道，内克尔发表《上国王书》含有公众表演的成分，但一想到一位新教徒金融家让皇室隐私暴露无遗，就觉得这侵犯了贵族建立在等级、血缘、宗教和民族基础上的特权。问责制度或者对政府财政隐私的披露，本身就是一种具有颠覆性的行为，这体现了一位启蒙“百科全书派人士”和“类似犹太人”的新教徒金融家的个性品质，他放低姿态，参与社会闹剧并投身到商业核算的基本业务活动中。克雷基感慨道，这一切最终都是皇家首相莫勒帕（Maurepas）的错，因为他把政府的财政秘密交到了像内克尔这样信奉新教的外国人手中。[23]

有评论者警告说，《上国王书》给公众带来的“幻觉”和社会焦点必须“被扼杀掉”，其原因在于内克尔所采用的数据都是幻想出来的。在最初仅仅对数据信息表示反对之后，内克尔的反对者很快就着了他的道。他们发现，批驳这些糟糕数据的唯一方式，就是利用“数字证据”。这正是现代政治辩论的模式：一场根本不可能穷尽数据信息的军备竞赛。几乎没有人能够真正对计算过程进行验证，这就导致数据成为贪婪腐败的绝佳掩饰工具。[24]

在接下来的 10 年里，寡廉鲜耻的权臣查尔斯 · 亚历山大（Charles Alexandre），卡洛纳子爵，也就是其对手所称的“赤字先生”，将会成为内克尔在政府会计核算和财务问责方面的劲敌。卡洛纳是皇家税务律师，或者说是监督官，他对政府财政状况十分熟悉，这足以让他利用反面数据对内克尔展开攻击。二者之间长达 10 年的论战在历史上留下了浓墨重彩的一笔，这是围绕政府财务数据展开的首次公开辩论。

卡洛纳等人精心谋划的批判行动，击穿了内克尔的政治外壳，而难以想象的是，这些针对王室首相的抨击，无论看起来如何客观中立，都丝毫没有让路易十六动容。而这位超脱的国王最终向特权人士做出了让步，这些人包括王后、宫廷人士、他的兄长阿图瓦、皇家理财师以及巴黎最高法院人士等。国王于 1781 年 5 月 19 日将内克尔革职。在被放逐至乡下后，内克尔利用这段时间写下了自己畅销一时的代表作《论财务管理》（*Treatise on the Administration of Finances*，1784），由此进一步奠定了自己作为世界顶级财务作家的地位。他的女儿嫁给了瑞典大使，成了法国著名的浪漫主义作家斯塔尔夫人。内克尔在政治舞台的谢幕并没有改变这一事实，即他将问责制这一魔鬼释放出来并引入政治领域。

在接下来的 6 年里，法国的各项改革尝试都没有超出内克尔此前所提议的范围。1787 年 2 月，卡洛纳成为法国财务总管，并且也直接面临着与内克尔一样的财务问题。为了再次解决法国政府财政问题，在参与凡尔赛宫的达官贵人圈子的讨论时，卡洛纳试图就法国的财政赤字做出解释，并就指责进行推脱，他甚至还提议征收普通土地税，因为该税收的纳税人也包括贵族人士，该提议遭到了众人的鄙视。尽管他无须为这些债务负责，但从政治角度来说，解决这些问题也是他的分内之事。正如此前试图对政府财政实施改革，并必须对贵族征税的所有前人一样，1787 年，卡洛纳毫无意外地失败了，随后他逃到了伦敦。

饱受诟病的卡洛纳不得不努力挽回名声，并拯救自己的职业生涯。他找到的解决之道，就是通过展示内克尔在《上国王书》中所采用的计算是错误的，来对其进行斥责：法国财政账户不仅不存在 1 020 万里弗的财政盈余，相反，其财政赤字达 4 632.9 万里弗，这与内克尔的计算结果相差了 5 652.9 万里弗。在政治问责方面，卡洛纳与内克尔的观点毫无二致：证明政府管理成功的唯一方式就是通过数据进行计算。他声称，正是在内克尔的迫使下，自己才“被迫公开这些信息”，这将以“无可辩驳的事实”击穿对手的“伪装”。“这是多么大的错误！”[25]

对于社会公众到底能不能对 1 020 万里弗这样的数据进行判断，这一点实在令人心存怀疑。1785 年，发生了钻石项链事件，在这场错综复杂的珠宝盗窃和倒手事件中，玛丽·安托瓦内特（Marie Antoinette）被诬告而名声扫地，她使公众对 200 万里弗这样的数字有了一定的感性认识。当时工资的计量单位是苏（sou）而非里弗，劳动者平均每天的工资为 15～25 苏（约等于 1 里弗）。技术精湛的工匠的工资是这一数字的两倍。每天的面包支出约为 7～15 苏，约是一名熟练工人 50%～100% 的工资。对于社会热议的天文数据，没有几个人能理解，更不用提这些数据所用的计算方法了。但无论如何，这些数据开始出现在文化人的日常交流中，很快，内克尔所称的 1 020 万里弗成为一个备受争议的数字。对平民百姓来说，不管是否识字，如今显而易见的是，社会热议的这个数字简直令人难以置信，并且令王室名声扫地。[26]

自 1781 年以来，《莱顿公报》（*Gazette de Leyde*）、《法国信使》（*Mercure de France*）以及《阿维尼翁邮报》（*Courrier d'Avignon*）等报刊，都密切关注着内克尔的《上国王书》与其竞争对手所编纂的《上国王书》之间的论战。他们经常讨论数据信息，有时候也对会计核算做一番品评。1788 年，《阿维尼翁邮报》概述了各个版本的《上国王书》，并重新刊发了皇室账户信息及其计算过程的节选内容。尽管记者们并没有真正从专业或技术的角度对账户信息进行分析，但他们仍然对各个账户进行了对比，并集中强调了杜尔哥、内克尔以及卡洛纳所进行的账户数据汇总之间的差异。纵观 1788

年全年，《上国王书》以及数据信息频繁出现在各大报刊上，它们日益将可靠的会计核算与政治统治的合法性等同起来。显而易见的是，能让社会公众关注的，不仅是具有煽动性的言论和造谣中伤的消息，更多的是数据信息的说服力和会计核算的影响。[27]

1788年，内克尔以胜利者的姿态，重新成为财政总管。当时的寓言认为，他等同于自由本身。出于显而易见的原因，路易十六并不希望这位旧首相回来，但内克尔巧妙地借助公众呼吁，重新掌握了大权，而此时路易十六变得越发弱势。群众涌上大街小巷，为内克尔的成功回归欢呼。但老问题依然如故，内克尔也再次被淹没在各种问题和数据信息的海洋中。

1789年6月23日，有谣言称，王后已经逼迫国王将内克尔革职，群众涌上凡尔赛的街头，在王宫金碧辉煌的大门前展开了抗议。内克尔走到宫殿的前门，接受民众的赞美欢呼。有些有先见之明的人士担心，如此大规模的公众集会对王室权力造成了威胁，但人群并未散去，而国王也开始召集巴黎和凡尔赛的军队。1789年7月11日，内克尔对军队出现在法国首都表示了抗议。这种分歧已经屡见不鲜，于是国王让内克尔再次下台。内克尔已经得到了平民阶层的全力支持，该阶层由非贵族政治代表构成，影响力与日俱增，并声称将在凡尔赛召开国民大会（National Assembly）。听到自己被免职的消息后，内克尔不禁惊呆了。他宣称，自己凭一己之力就曾经使法国将“饥荒和破产”挡在了门外。

1789年7月14日，一群愤怒的暴徒聚集在凡尔赛宫前，这是一座巴黎市郊的中世纪城堡建筑，如今成了皇家监狱和兵器展览所。从14世纪开始，凡尔赛宫就一直被用作皇家监狱——尽管其关押的犯人只有7名（其中有一名是爱尔兰人，他认为自己是上帝），却一直被认为是皇室权力和专制统治的象征。卡米尔·德穆兰（Camille Desmoulins）喊道，“同胞们，时间宝贵”，这位激进的革命领袖就此打开了地狱之门，之后却被他的好友罗伯斯庇尔（Robespierre）送上了断头台。“对爱国者来说，内克尔被免职，意味着圣巴塞洛缪大屠杀（Saint Bartholomew，发生于 1572 年的一场著名的法国大屠杀）的丧钟已经敲响！就在今夜，瑞士和德国的军队将拔营出发，来将我们屠戮殆尽；我们别无选择，唯有拿起武器！”当天结束时，国王的头颅已经岌岌可危，武器弹药被民众抢夺一空，数百年来传承下来的皇室档案被丢弃在街头，王室旗帜也被降下来。当利扬库尔公爵（Duke de Liancourt）把这个消息告诉路易十六的时候，这位国王问道：“这是一场叛乱吗？”公爵的答复广为人知：“不，陛下，这是一场革命。”[28]

随着旧体制的崩塌，内克尔再次被请了回来，在对他推崇备至的社会公众的支持下，他重回凡尔赛宫。但是，随着革命的洪流奔涌向前，事情已经完全超出了这位温和派的控制，他看起来也无能为力。内克尔是改革派，并非革命家，而对于旧的统治秩序来说，改革是完全行不通的。通过召开国民大会，革命者希望清除贵族的特权，推翻王室的统治。内克尔原本希望可以用于改革的会计核算知识，也完全可以被运用到新政府的建设中。在接下来令人热血沸腾的两年时间里，内克尔慢慢退出了舞台，但是会计核算改革和公众对天文财政数据的讨论一直没有中断。

数据信息仍然是政治辩论的组成部分，会计核算甚至成了革命宪法制定的重要逻辑。英语中的“问责”（accountability）一词，可能源于将法语 comptabilité 翻译成 accomptability，或者最终的 accountability。无论其最初用意如何，这正是英国人在翻译法国革命宪法的时候所用的词汇。1791 年的法国革命宪法规定，政府的所有财政和政治举措都要以《上国王书》（公共账户）的形式向大众公开。[29]

1792 年，国民公会（Convention Nationale，如今的立法机构）组建了问责局（Bureau of Accountability）。问责局由 8 位委员组成，并对其自身的年度支出情况进行了核算。他们当年花费了 499 001 里弗，这是一笔不小的开支。但是，成立问责局并非易事，胜任该职位的会计专家少之又少。就在这一年，副局长安托万·比尔特（Antoine Burté）出版了一本名为《对问责委员资格条件的快速观察》（*Rapid Observations on the Conditions of Eligibility of the Commissars of Accountability*）的小册子（这可能是其面对国民公会所做的演讲词）。在这本册子中，他谈到了如何做账、熟练会计人员的稀缺，以及在培训会计问责委员时所遇到的困难等。[30]

随着 1790 年包税商制度的废止以及统一的政府税收办公室的设立，社会进步的车轮缓缓前进。不仅所有政府部门都需要公开其账户信息，财政部部长和海军大臣也需要定期发布账务报告。政府各部门的每项收入和支出都需要认真做账，并有票据资料作为支持。通过这些填满数字的财务小册子，政府向公众公开了其业务活动，并彰显了其工作业绩。[31]

在远离纷乱芜杂的舞台中央后，内克尔回归本源，在临近日内瓦的科佩城堡（Chateau of Coppet）度过了余生。与此同时，斯塔尔夫人继承了家族温和中立的政治衣钵，不遗余力地对拿破仑展开抗争。1804 年，内克尔在 71 岁时与世长辞。

革命并没有建立起代议制的负责政府，但是，它将财务文化和问责制度引入了政治生活，这反过来又为未来的会计核算改革奠定了基础。借助政府的资产负债表，内克尔的《上国王书》开创了一种对政府实施评价的全新途径，这本小册子也成为现代预算制度甚至财经媒体的前导。全欧洲，甚至北美洲都竞相模仿。1790 年，托斯卡纳大公（Grand Duke of Tuscany）以及未来的奥地利皇帝彼得罗·莱奥波尔多（Pietro Leopoldo）出版了自己的政府账户报告书。即使是宪政治下的英格兰和创立之初的美利坚，也对《上国王书》和法国的会计改革给予了密切关注。对法兰西而言，尽管它长期以来一直在政府财政问责方面历经坎坷，但最终为构建现代责任政府提供了一个可供借鉴参考的模板。

第十章
自由的代价

一切公款的收支报告和账目应不时予以公布。

——《美利坚合众国宪法》第一条第九款

雅克·内克尔的《上国王书》的影响，并不仅仅局限在法国。他的著作和会计改革，也为美利坚合众国的开国元勋提供了灵感。不管是欧洲还是新大陆的国家建设者和管理者，都发现了古老会计核算工具的全新应用之道。这些新的应用之道，将根植于年轻国度的肥沃土壤，并茁壮成长，因为这些应用之道的建立，正基于政治问责的理念。在这里，在全新的美利坚合众国，有着以问责制为基础构建政府的大好时机。

在成为宪政国家之前，美利坚曾经是会计核算覆盖的领域。众人眼中看到的光辉事业，起初源于企业家的冒险。1620年的《五月花号公约》(Mayflower Compact)，约定将清教徒从海路运到新大陆，正是采取了商业合约的形式，由投资合伙人签字盖章，共担费用，共享利润。随后，合约进一步演化成会计账簿的形式。我们不应忘记，尽管最初出于宗教目的，但早期美利坚殖民冒险之旅的目的完全是获取利润。同荷兰、法国和英国的东印度公司一样，早期的美利坚殖民公司都是特许公司，其贸易垄断地位得到了英国国王的授权，公司设立的目的就是对英属北美地区开展殖民贸易。

马萨诸塞海湾公司（Massachusetts Bay Company）属于私人公司，由“承办人”发起设立，并获得了国王查理一世及众多官员颁发的特许状，这些官员包括总管、副总管以及一位财务长。波士顿清教徒的头领极力推崇约翰·怀特（John White）的方案设想，因为马萨诸塞海湾的“种植场”的设立不仅是一项殖民主义的商业冒险，同时也是为加尔文清教徒找寻避风港和宗教自由之所的一次尝试，在查理一世英国圣公会治下，加尔文清教徒遭到了无情的迫害。1629 年，股东在英国剑桥集会，签署了《剑桥协定》（Cambridge Agreement）。有些股东退居幕后，而另外一些股东在约翰·温思罗普（John Winthrop）和托马斯·达德利（Thomas Dudley）的带领下，借助一艘长约 27 米的木质油漆船，开启了穿越大西洋、驶向未知大陆（尽管当时人烟已经十分稠密）的为期两个月的艰难旅程，并最终发现了波士顿城和纽敦城，这里随后成为新剑桥，坐落在到波士顿最为便捷的枢纽位置，横跨在被人们尊称为查尔斯河（Charles River）的“绵长牡蛎滩”上。

正如人们所预期的那样，按照意大利人的光荣传统，任何一家由众多合伙人组建的航海公司的发展，都依赖于其账簿记账水平的高低，这些账簿涉及有关公司办公室的记录，有关航船的记录，有关交易场所的记录，或者殖民地记录。与工厂相比，经营殖民地对账簿的依赖更甚，这是因为，如果不进行账簿检查，将无法对千里之外的投资做出评估。早在“五月花”事件中，由于当时的会计没有做账，清教徒的早期移民就遇到了大麻烦：“马丁说，他既没有能力，也没有意愿进行任何的账簿记录，苦难和谨慎导致他忘恩负义，我们因此不再信任他并愤然离去，这将导致大家最终一事无成。”1629 年，为了计算出马萨诸塞海湾公司欠每位合伙人多少钱，人们对这家公司进行了审计："鉴于股份公司欠了一大笔钱，在政府深度涉入之前，最好采取一些清算措施。为此，适当的举措是首先对其实施审计以搞清楚债务状况。"实际上，账簿记录显示，尽管公司可能经常处于负债状态，但北美殖民地将带来巨大的财富。除了宗教、殖民、贸易、奴隶、教育和哲学外，北美洲的早期历史，也就是公司债务管理的会计核算历史。自 1636 年开始，马萨诸塞海湾公司就开始了"审计"，或者说对会计账簿"负起责任"。同样的情形也出现在荷兰殖民地。1651 年，在今天的纽约城区，北美贸易公司的荷兰主管雇用约翰内斯·戴克曼（Johannes Dyckman）作为"新尼德兰的记账员。"[1] 美利坚合众国的创始人不仅仅是宗教理想主义者、商人、走私犯、哲学家和奴隶，他们还是对利润孜孜以求的会计师。在此之前，没有任何国家设立于记账员警惕的监督目光之下。

但与英格兰有所不同，美国并非商人经营的热土。当时这里是一片田园风光，农场和种植园星罗棋布。就普罗大众来看，复式记账法并不常见，实物货币十分稀缺［经常混杂着基尼（guinea）、一些辅币和西班牙元，其中"元"的称谓正是来源于此］，在早期的殖民历史上，这种情况尤为严重。大多数城镇规模都很小，居民很少纳税。有些人通过走私赚钱，而大多数交易的形式都是以货易货。[2]

但是，美国的精英人士和城市阶层实实在在地成长于英国金融革命后的世界中，不管是地主、商人，还是英国人、苏格兰人、荷兰人、瑞典人、瑞士人，甚至包括一些犹太殖民主义者，都拥有商业会计核算的传承。1653 年，同时具备水手、马萨诸塞州法院发言人和军人身份的罗伯特·凯恩（Robert Keayne），就在自己的账簿手册中写道："第 3 本用白色牛皮纸卷着，上面有我大多数账簿的数据记录，其中既有我与其他人结平的数据，也有我航运投资的记录，还有我尚未偿还的债务信息。”在美国城市中，会计核算文化同在英国一样得到了发扬光大。18 世纪早期，英国式的“记账学校”已经在绝大多数大型城镇中崭露头角，它们以指导“商人记账方法”作为广告词。当 18 世纪的历程走过 3/4 时，殖民地的人口膨胀到 200 万人，而拥有 20 000 名居民的费城则成为英帝国的第二大城市。从波士顿书商、费城商人到南部的农场主，18 世纪的英式记账方法几乎已经家喻户晓。[3]

早期的美利坚合众国大地上，流传着各种英式会计手册。其中，约翰·墨尔的《记账法》在多家殖民地的图书馆中都有收藏。许多家庭经常利用墨尔所著的版本来教授下一代记账法。费城图书馆公司（Library Company of Philadelphia）藏有该手册的第 8 版复印版本，上面还有所有者的签名：“1776 年，山姆·米克尔（Sam Mickle）”及其后人、“1830 年，乔治·米克尔（George Mickle）”和“1906 年，约瑟夫·米克尔·福克斯（Joseph Mickle Fox）”。到 18 世纪 90 年代的时候，作为贸易之都的费城的市面上已经出现了美版的会计手册。1789 年，托马斯·撒金特（Thomas Serjeant）的《会计机构概论》（*An Introduction to the Counting House*）在这里出版发行。但墨尔的手册依然占据着市场主体地位，因其宣称复式记账法正是为商人和种植园主所准备的记账工具。墨尔说，如果没有这些，就很难利用会计核算对房产、农场实施管理，政府治理也是如此。无论对社会精英阶层还是对普罗大众，墨尔都极力鼓吹复式记账法的作用，认为这是“实实在在的生意活动”，也是殖民地国家进行建设、贸易、农业生产以及家庭生活所必不可少的核算工具，并给出了像“殖民地烟草生产和贸易”这样具体的案例进行说明。[4]

作为罗得岛（Rhode Island）普罗维登斯（Providence）布朗家族的前船长，俄巴底亚·布朗（Obadiah Brown）利用一本英式会计手册自学了会计知识。其早期的会计核算大多数是按照单式记账法随机进行的，尽管这对他来说已经足够了。布朗在账簿记录中夹杂着个人的日记。到 18 世纪中期的时候，有布朗家族成员成了著名学者，他们借助通过贸易活动积攒的财富，在 1833 年，将罗得岛这块英国殖民地的浸会学院（Baptist College）变成了布朗大学（Brown University）。[5]

在早期美国共和派创始人的经历中，会计核算扮演着重要的角色。约翰·汉考克（John Hancock）等商人被派到伦敦，以学徒的身份学习会计核算知识。汉考克在其会计账簿中依然会犯错，但账簿本身包含的内容十分广泛，充分体现了英国海外贸易的背景信息。他利用这些技巧大发战争横财。但会计核算并非简单的发家致富之法。就本杰明·富兰克林来说，这形成了他的世界观，在国家和民族的构建过程中也起着至关重要的作用。[6]

在《新教伦理与资本主义精神》（*The Protestant Ethic and the Spirit of Capitalism*，1905）中，社会学家马克斯·韦伯把本杰明·富兰克林当成靶子进行了批判，在我们今天看来，这正是对新教资本主义的讽刺。在韦伯的职业道德理论体系中，复式记账法处于核心地位，因为他认为这种方法是“理性的”。韦伯引用了富兰克林的名言“时间就是金钱”和“信用就是金钱”，他还借鉴富兰克林有关记账和钻营方面的财务格言，以其作为最典型的例证。韦伯进一步推论道，赚钱和自我节制并不仅仅是资本主义的工具，它们还是加尔文主义者的神圣道德准则。

从某种程度上说，这就是富兰克林，世界上最勤奋、最富有经营品质的人。而很显然，他天赋惊人。账簿信息显示了他是如何利用会计核算安排好自己生活的方方面面的。作为一名通才、发明家、印刷匠、商人、科学家、音乐家、政治家、作家、藏书家、学者、新闻记者、哲学家、外交家和一家之主，很显然，富兰克林对会计核算的看法，与18世纪法国的柯尔贝尔毫无二致：这是贯穿于其广泛兴趣爱好之间共通的原则。在他还是一名印刷学徒的时候，他学会了会计核算知识，这些知识之后在其生活中发挥了重要的作用。在打理家族产业时，在管理家庭事务时，在担任英属殖民地的邮政大臣时，在代表初出茅庐的美利坚合众国在外交领域纵横捭阖时，他都借助了会计核算工具。

富兰克林年轻的时候，身为费城的一名印刷匠，一直有记账的习惯。对于那些知道如何运用复式记账法的人，富兰克林表现出极大的尊崇，在其《自传》（*Autobiography*，1771—1790）中还专门提到，具备这项技能就拥有了很大的优势。他还描述了自己的朋友、未来的诗人和作家詹姆斯·拉尔夫（James Ralph）如何精通复式记账法：“鉴于他记得一手好账，而且还熟练掌握数学和账务知识，他认为自己在这方面得心应手。”[8]

1735—1739年，富兰克林的店铺账簿事无巨细地记载了其所有的销售和交易记录。记录条目包括“一本年鉴”、“为渔人克里斯蒂弗提供的约28克油墨”，以及记入借方的“借给一位波士顿陌生人”的6便士。让富兰克林大受触动的是，他的一名雇工本人并不具备会计核算的能力，他“自小在当地长大的”荷兰人妻子，却可以熟练运用会计核算技巧，并使印刷厂能够平稳运行。富兰克林建议，要对所有女性进行会计培训，这不仅是为了帮助企业经营，更是为了将会计知识传授给子女，这将最终“给整个家族带来长久的竞争优势和源源不断的财富”。[9]

而这正是新教工作伦理的理想情形，这种思维源于会计核算，并被作为传家技能向妇女和儿童传授。实际上，对富兰克林来说，生活能够实现平稳运行，会计核算至关重要。会计核算不仅帮助富兰克林理顺其财务事宜，还协助他深入思考、勤于著述并实现思想道德的成长。他还记录道德账，其中"以 13 行红线做标记，每一行的开头就是某种优点的首字母"，利用这种方式，富兰克林对自己的优点和缺点进行打分评判。富兰克林认为，要通过会计核算来保持敬畏之心。

此外，富兰克林还认为，应当将会计作为机构管理的常规手段，并进行针对性的调整来满足特定业务的需要。1753 年，富兰克林就任殖民地皇家邮政大臣，在得到这一肥差后，他设计了一套制度，以使各地邮政局局长可以借助复杂的会计核算工具来管理邮件。在《本杰明・富兰克林、威廉・亨特以及士绅和邮局总管关于北美大陆的邮局管理建议》(Instructions Given By Benjamin Franklin, and William Hunter, Esquires, His Majesty's Deputy Post-Masters General of all his Dominions on the Continent of North America，1753 ）中，富兰克林简要描述了该如何对邮局实施管理。对邮政局局长来说，认真处理信件是最关键的，他们要把信件整理得"井然有序"，确保信件的安全，不让其他任何人看到信件内容。除此之外，鉴于很多信件都是关于业务往来的，有些还涉及应税货物，每封信都要盖上邮戳、缴纳邮费。还要注意，邮递包裹经常含有珠宝等物件，其价值需要进行记录核算。邮政局局长要想实现对业务的有序管理，唯一的方式就是对所有的信件和包裹进行细致有序的记录核算。富兰克林声称，他给每位邮政局局长寄送了自己印刷的表单，来帮他们进行记录核算，这样就大大简化了管理工作。[10]

在对管理和组织思想进行的基础性描述中，富兰克林阐释了如何记录这些复杂的账簿，其中邮戳、税项和字母类型代表着不同的价值含义，每个项目的由来、去处、仓储、付款与否等都有记录。这样，富兰克林不仅创设了记录这类账目的指引手册，以印刷好的示例展示了如何才能达到这种效果，还阐述了邮局如何才能更好地利用复式记账法，这既牵涉管理学的知识，也牵涉数学知识。不管从哪个角度看，这本手册都是古往今来最有创新意识的会计核算手册，因为它是针对复杂的政府机制而设计的，既“在借方”详细列明了各项支出和未付项目，同时也“在贷方”记录各类杂项和无法投递的信件以及收入情况。在指示说明中，他还签上了“B. 富兰克林”的名字。[11]

因为意识到这些复杂的指引可能难以执行，他又制作了大型展板，也就是直径约为 61 厘米的宣传折页，挂在邮局的墙上，以摘要的形式对手册的全部内容进行说明，还附上了复式记账法的示例和小册子。因此，早期美国所有的邮局墙上，都挂着复式记账法的演示手册，并有如何运用的说明材料。富兰克林不仅使殖民地的邮局能够平稳运作，还广泛播撒着自己经世济民的视野和情怀。[12]

考虑到富兰克林所信奉的职业道德（早睡早起等），他所实施会计核算的活动内容，也或多或少地体现了其内心的想法。他热心地向妇女讲授会计知识，由此带来的结果，并不见得与延迟享乐的伦理道德完全吻合。早年间，他的夫人黛博拉·里德·富兰克林（Deborah Read Franklin）在费城的店铺柜台上进行会计核算，记录销售交易的信息。富兰克林将黛博拉的店铺账簿和自己的交易流水账综合起来，按照传统的方式将各会计分账过入自己的总账。他按照借方和贷方进行分类，标记账簿页码，正如随后所记载的，在 1757 年去英格兰当差之前，“我已经对本书中所有这类账簿都标上了红线，这些账目要不已经结清，要不就不太可能收回”。当时美利坚民族诞生不久，富兰克林在 1774 年夫人去世后，以大使的身份来到法国，在此地从1776至1785年驻守了10年之久，遍阅人世繁华，陪伴其左右的，是巴黎最美貌和精致的一群女士。[13]

对于自己出使欧洲所承担的众多外交使命，富兰克林都有简明扼要的记录。抵达巴黎后不久，富兰克林就在帕西（Passy）开设了一家铸造和印刷厂，帕西是位于塞纳（Seine）河畔巴黎西部的一个小村庄，也就是如今的巴黎第16区。1779年，正是在这里，富兰克林印制了各种小册子，宣传美国的独立之路，传播喜剧作品，还有第一份美国护照。他还开创了叫作“富兰克林”的第一款美式字体，为此，他不得不两次从海路将其运到美国，以避开英国的封锁。在最终创造出字体后，富兰克林十分高兴，在自己的“现金账”中记录道，他在帕西召开了一场盛大的独立日庆祝宴会，消费了“100多瓶红酒”，及来自法国夏季乡村的各色美味佳肴。这场宴会是打着美食家、战争英雄乔治·华盛顿（George Washington）的名头举办的。富兰克林还亲自印制了邀请函。他本人显然根本不觉得有什么延迟享受的必要。将伟人拉下凡尘的并非巴黎城。事实上，一本好的会计记录并不见得总是能够体现出新教徒的道德情操。[14]

尽管会计核算是富兰克林生活中的重要支撑，但有时他也对此心生厌倦，在某些政治敏感的情况下，他都没有进行记录。作为驻法大使，富兰克林犯下的会计错误数不胜数（他故意将一笔400万的法国债务报告成300万），而当需要开展枯燥的审计时，他还经常置之不理。就在《上国王书》出版前后，他与雅克·内克尔还有书信往来，与此同时，他还需要与喜怒无常的皮埃尔-奥古斯丁·加隆·德·博马舍（Pierre-Augustin Caron de Beaumarchais，1732—1799）就美国贷款问题保持沟通，后者是一位著名作家，著有《塞维利亚的理发师》（*The Barber of Seville*）以及《费加罗的婚礼》（*The Marriage of Figaro*）等作品，身兼讽刺作家、钟表匠、发明家、军火商、间谍等职，同时还是路易十五的法国代言人，负责对美国独立战争的赞助支持事宜。富兰克林抱怨说，这位老兄可算不上是位好的会计师。1782 年 8 月 12 日，在写给美国大权在握的财务监督官罗伯特·莫里斯的信中，富兰克林描述了自己在与博马舍打交道时遇到的种种刁难，并希望负责来欧洲解决财务问题的专员“比我更善于跟博马舍打交道。他经常认真承诺，2~3 天内就把资金划到账上。但几年过去了，丝毫不见他有什么动静。我有时甚至都怀疑，他的会计记录可能好不到哪儿去，以至于根本就无法做到这一点”。富兰克林意识到，就政治领域而言，会计核算能够发挥的作用可能往往不及预期。但就自己而言，他仍然对账簿记录信心十足。他向莫里斯承诺说，他“绝对相信”审计之后国会就会认同他的账簿记录。富兰克林一手掌管着美国的国际财务和贷款大权，而他本人作为会计师又是如此的专业和自律，从这一点上来说，美国无疑是十分幸运的。[15]

但是，并非所有的创始人或者新教徒都是专业的商人、财务高手或实业家。尽管托马斯·杰斐逊（Thomas Jefferson）等种植园主也广泛利用会计账簿，来管理自己的农场和贸易活动，但从严格意义上来讲，他们并非那种勤俭持家、努力工作的新教徒，正如韦伯之后所描绘的理想角色那样。杰斐逊属于贵族式的地主，只是装作 18 世纪法国贵族的样子，他对这些人十分推崇。但是，对美国种植场主和奴隶主的现实生活及道德伦理来说，会计核算依然处于核心地位。奴隶制和会计核算完美契合，约西亚·韦奇伍德对此进行了完美的诠释，会计核算的存在，使人们可以更方便地以数字的形式把童工或者奴隶的表现记录在表格中。正如当时奴隶身披枷锁成排成列坐船来到美国，如今他们被作为商品卖来卖去，也是以同样的方式在账簿上排列得整整齐齐。从事奴隶贸易的皇家非洲公司（Royal African Company）按照复式记账法进行记账。人口被作为资产买来买去，并在大西洋的贸易路线上往来不息。正是海上国际贸易本身的特点，使复式记账法成了奴隶贸易在财务上有利可图的必要条件。[16]

杰斐逊家境宽裕，博学多才，十分喜爱奢侈品、科学、建筑、书籍和美食，60年来，他一直记录着各类账簿，从而为其日常生活和价值体系留下了事无巨细的记录。其中有一本账簿上贴着“不可或缺”的标签，这是专门为记录书籍和美酒准备的。除了数据信息，他的账本还充当了日记本的作用，其中记录的内容甚至细致到他去世的姐姐所用的墓碑价格以及建造成本等，还有给一名奴隶准备的墓碑：“蒙蒂塞洛墓地的一半……给我自己的家人使用，其他的留给陌生人、仆人……在这座墓碑下沉睡的，是一个让人喜爱的忠实仆人，墓碑以一块粗糙的岩石做成了金字塔的形状，基座磨平，人们在上面刻上碑文。”他还在上面附上了自己的诗篇，也就是不伦不类的抒情诗——《一个非洲奴隶的铭文》（Inscription for an African Slave）。作为一名优秀的小提琴演奏者，杰斐逊注意到“琴弦”的成本，以及他自己和夫人在玩纸牌游戏及双陆棋时所损失的金钱。这些会计记录揭示了在人类自由和民主方面，美国最伟大和最有影响力的现代思想家，以及一名不怎么懂得忏悔的奴隶主，是如何冷冰冰地算计人类生活的，正如1817年他所做的：“买到一匹马……偏枣色，前额有一颗星，鼻梁上有刀痕，右后蹄雪白……120美元；买了一名黑人妇女卢克蕾提亚，她的两个儿子约翰和兰德尔，以及之后出生的她的孩子，180美元。”杰斐逊账本中最后一些内容，是给“骑术展示”、“艾米特博士的一本书”、“李的小牛排”以及“艾萨克斯的奶酪”等项目的付款。[17]

作为一位绅士农场主和奴隶主，同杰斐逊一样，乔治·华盛顿也十分重视会计账簿。他受过日常会计核算以及简单的复式记账法培训，在他的图书馆中发现的约翰·墨尔的会计手册看起来已经磨损得很厉害了。他的会计账簿尤为重要，因为他要负责独立战争的军费管理，这从军事和财务两个角度来说，都属于沉重而艰巨的任务。最后，他得到了亚历山大·汉密尔顿（Alexander Hamilton，1775—1804）的帮助，后者是美国第一任财政部部长。华盛顿的管理对象包括军队、政府，还有其夫人玛莎（Martha）的大笔财产，当然还有他的众多奴隶，其中牵涉大笔资金的管理，这在早期的美国人中并不常见。国会图书馆（Library of Congress）的收藏中，有华盛顿的公共的和私人的账簿，时间为1750—1794年。同杰斐逊的账簿一样，这些账簿也鲜活地展现了华盛顿的政府管理、军事生涯，以及其农场主、奴隶主的奢侈生活做派。[18]

身为一名优秀的会计师，华盛顿也经常需要为做账绞尽脑汁。1775年8月至1783年9月，他获得的总收入是80 167英镑，他失望地发现，自己无法搞清楚，该收入中哪些属于其公司的利润。但是华盛顿也很有经验，通过计算出“丢失的资金、被盗资金或者付掉的资金”，他总是能够将自己的账簿结平。他在记录民兵组织账簿和独立战争账簿时都采用了同样的方法。实际上，华盛顿的亲信和士兵都很佩服这种管理技巧，这也帮他最终击败了英国军队。[19]

但华盛顿的账簿记录还揭示了其他一些内容：华盛顿将自己在战争期间不菲的个人开支和强制性的奢侈品花销也都一一记录了下来。他的律师埃德蒙·彭德尔顿（Edmund Pendleton）参与起草了华盛顿的1775年宣言，拒绝了当时大陆军总司令每月500美元的收入。

阁下，就薪资而言，我应当向国会保证，给我支付如此高的工资，会诱惑我接受这份艰巨的任务（以我的美好家庭和幸福为代价）。我不希望从中获得什么好处。我将仔细记录每一笔开支。我认为他们不会拒绝这些要求，而这也正如我所愿。[20]

1783 年，当政敌指责他大发战争横财的时候，华盛顿坚决采取超常措施，将自己的《1775—1783 年革命战争费用账户记录》（Revolutionary War Expense Account 1775—1783）交给了政府审计员（他确信，该记录将通过这些人向社会公开）。华盛顿计算了战争期间的个人开支，并因此要求政府为自己报销 160 704 美元，在今天看来这相当于几百万美元。他的账簿记录总体上是无比严谨的。最终，华盛顿写了一封个人便函进行解释，说自己认为并没有必要向社会公开战争期间的个人费用支出，但是由于"涉及公众事务所带来的尴尬局面"，如今他觉得自己"有必要"这样做。他写到自己的"垫付资金"的金额要"远远少于手头的收据"的所示金额，因此个人不得不承担很大一部分开支。政府审计也验证了这一点，并发现美国政府仍然欠华盛顿将军不到 1 美元，来弥补他的个人支出。[21]

华盛顿将个人账簿公布于众，是一项十分大胆的举动，尽管从政治角度来看也是有必要的行为。独立战争期间，华盛顿成千上万的费用都花在了奢侈品上。军队司令每月收入是 166 美元，而华盛顿出于荣誉感的考虑，在战争期间放弃了 40 000 美元的薪水，这属于一笔巨大的风险投资。华盛顿根本不可能知道，他将赢得这场战争。一旦失败，英国人就会把他送上断头台。他因此也大手大脚地花钱，成千上万的钱花在了马德拉酒（Madeira wine）、优质台布、最高档的英国马拉彩车、名贵华服以及盛大宴会上。1776年7月24日至8月6日，长岛之战（Battle of Long Island）前的纽约城的账簿记录显示，他参加了宴会狂欢，雇用了一位法国大厨，并享用了鸽子、小牛肉、南瓜、鸡蛋、众多昂贵的酸橙汁、鸭肉、浆果饮料，还有他一直没有停止享用的无数桶马德拉酒，在这方面的花费，需要一位军队司令薪资的5倍才能付得起。他还花了27 665.30美元，作为玛莎·华盛顿对冬季营地的参观访问费用，这占了军费的很大一部分比例。由此可以看出，战争期间，华盛顿的体重增加了20磅，就丝毫不足为奇了。[22]

尽管华盛顿有点自我放纵，但他做到了内克尔或沃波尔所未曾做到过的事情。他公开了自己真实的账簿信息，以及自己奢华的开支情况，但全然没有削弱自己的权威。他还取得了很少有人能够取得的成绩：他打赢了一场建国之战。这一事迹自然使他的账簿记录看起来不那么扎眼。1789年4月30日，就在法国大革命爆发前不足一个月的时候，他被总统选举团（Electoral College）一致推选为美国第一任总统，他原本可以终身享有这个职位，尽管喜好奢华，但他没有留恋，只在这个为美利坚合众国服务的位置上待了两届任期。

美利坚的创建者熟知会计知识，这显然是件好事，因为这个年轻的国家在建立时，正值战火连绵、债务缠身。1776年，市面上已经几乎见不到有金币或银币流通了。1781年国会发行的2.415亿纸币只值两美分。因此，国会只能通过国内债务和打白条来筹集资金，购买食物和战争用品。各州所欠的债务超过了两亿美元。具有讽刺意味的是，国会因此又转而向濒临破产的法国求救，富兰克林动用自己强大的关系网和影响力，成功借到了近800万美元。这些债务可比国内债务沉重多了，因为它们必须以面值偿还，而不能拿一文不名的美元纸币来应付。[23]

到 1780 年的时候，政府债务事实上已经对这个年轻的国家造成了严重威胁。很多人据此认为，如果美国无法偿还其欠法国的债务，那法国就可以拥有美国的大片领土。政府债务对一个国家的生存造成了威胁，这在历史上尚属首次。国会转而向美国最大的国际贸易商、费城商人罗伯特·莫里斯求助。

莫里斯于 1734 年出生于利物浦，他的一生是 18 世纪国际贸易商的缩影。在他 13 岁时，他的父亲移居马里兰州，从事烟草代理。莫里斯被派到费城，在一家商业公司当学徒，这就意味着，他可以从最基层开始对会计和财务的基础知识进行系统的学习。在经营航运、开磨坊、土地买卖、掠夺商船、买卖股票、奴隶和糖料贸易活动中，他赚取了不菲的财富，密西西比的奴隶种植园也有他的投资。即使在战争期间，美国经济动荡、纸币价值缩水，莫里斯的财富依然继续增长，据说他积累起巨额财富，金额足以与约西亚·韦奇伍德相匹敌。在复杂的国际财务交易活动中，莫里斯如鱼得水。几近破产的美国政府自然迫切需要这类管理技巧。

当大陆军弹药用尽甚至衣不蔽体的时候，正是莫里斯为独立战争提供了资助。但在很大程度上，莫里斯提供的是以自己深厚的财务知识为支撑的各项理财服务，这缘于他自己的坚定信念：如果美国未来要偿还债务并能够获得其所需的军事贷款，那其会计账簿中就需要体现出良好的管理水平。这听起来很耳熟。作为费城首屈一指的商人，莫里斯深深根植于英国的商业传统，但他同时也是一位创新力十足的金融家，更是雅克·内克尔的追随者和崇拜者。

1776 年，国会已经设立了财政部，并配有审计总长和一组“合格”的助理及文员。涉及公共支出的所有账户都要由两个不同的部门实施两次审计。收据的复印件要交给审计官，他负责管理财政部的日常运营。1779年，财政委员会成立，委员会由国会的两名成员和外部的两名成员组成。审计总长负责为该委员会记录账簿信息和保管账簿资料。[24]

很快就有人抱怨，称这套流程并不可行。正如审计总长本人所留意到的那样："这套运行机制十分滞涩，在很大程度上甚至会阻碍财政账户迅速结账。"1780年，国会委员会报告称："整个部门都弥漫着不和谐的氛围。"报告还总结道，应当解散财政委员会，由个人全权掌管。1780年，弗吉尼亚州代表约瑟夫·琼斯（Joseph Jones）宣称："我们的财政系统需要一位像内克尔这样的人物，来组织协调并实施改革，就这项艰巨的任务来说，我个人认为莫里斯是我们能够请得动的最合适的人选。"1781年2月7日，国会任命莫里斯为美国第一任财务监督官。华盛顿从来没有奢望，他这位富甲一方的朋友能够"妙手生花……竟然能够逐步将我们从财务泥潭中解救出来"。[25]

尽管美国面临的形势很严峻，但莫里斯也知道有一个国家，曾经的财政状况要比美国的更加严峻、处境更加悲惨。莫里斯研究了内克尔在法国实施的会计核算改革，对其通过集中征税权、向收税员和财务主管讲授复式记账法等方式提高财政收入的做法进行了认真学习。1781年，内克尔已经出版了《上国王书》，而继内克尔（实际上是柯尔贝尔）之后，莫里斯也被任命为美国财务监督官。随后莫里斯给内克尔写信，寻求他的建议，并表达了自己"面对内克尔先生这样一位公正无私、大获成功的金融家，追随其脚步的热切愿望"。正如内克尔一样，莫里斯也曾经被托马斯·佩恩（Thomas Paine）这样的角色抨击，认为他是一位腐败的"金融家"。但是政府需要莫里斯，并授予这位监督官管理其会计团队的"绝对权力"。[26]

莫里斯因循了内克尔的例子。1782 年，他发表了《从入职财政部到 1781 年 12 月 31 日，在财务总监的授权之下，对财政资金收支情况的概述》（1782 年，费城登记办公室）。美国开始了从法国借钱，以便与英国作战的日子。相关的收入大部分来自法国的借款，而支出绝大部分属于军费开支。莫里斯最终得出结论说，“截至 12 月 31 日，财政国库的余额”为 852 650.59 美元。

莫里斯的《上国王书》与内克尔的《上国王书》的不同之处是，与法国相比，美国的预算数据微不足道。此外，1781 年，莫里斯还不知道，内克尔的数据中没有包含 2 500 万里弗未入账的负债。而且内克尔也根本没有机会，来将其在《法国财政管理概论》（*Treatise on the Administration of French Finances*，1784）中提到的金融改革落到实处，而这未来将为莫里斯和赛拉斯·迪恩（Silas Deane）以及亚历山大·汉密尔顿等政治家提供指引和激励。

莫里斯的任务，是提供切实可行的财务报告，这不仅是管理政府资金的需要，也是重新赢得公众信任、获得战争贷款的需要。在莫里斯的领导下，美国财政管理体制实施的变革，恰恰为其获得贷款提供了可能。为此，莫里斯就需要重新搭建财政部的审计体制。莫里斯采取的改革措施，迎合了内克尔的期望，也与随后法国革命政府所取得的成绩相映生辉。他对手下文员进行培训，这样“每个账户首先要按照特定的格式来记录，由此个人一旦熟悉该格式后，就可以很便利地来检查财政账户信息了”。所有文员和审计师都要接受“监督”，但要实现这一目标，就必须有清晰、统一的账簿记录。因此，将复式记账法引入美国政府的管理体制，也就水到渠成了。[27]

莫里斯遵循内克尔建议的改革措施，甚至沿用了法国的管理用词，他要求大陆的收税员负责征税。按照内克尔的建议，莫里斯要求每位收税员每个月都要在“各州的新闻报纸上”公布其名字和税收收入。通过这种方式可以对账簿记录进行监督。1782年，他写道，税收收入的发布，能够激发公众的好奇心，让他们希望知道哪些先缴了税、哪些没有缴税。除了征收核算体制，莫里斯还希望营造一种政治和财务的诚信问责和透明公开的文化氛围。这可不是一件小事。莫里斯认为：“正如自然法则所认同的那样，在一个自由民主的国度里，民众应该完全了解政府事务管理的真相，这样做不仅是合适的，而且很有必要。”[28]

莫里斯本人进一步公布了下一年度的《上国王书》，或者说管理声明，这次公开的内容中包括了政府422 161.63美元的明细。管理声明被送到财政部和国会的官员以及华盛顿和富兰克林手中。莫里斯很好地兑现了他的诺言。他使政府收入持续提高，因此可以获得更多贷款。但同内克尔一样，他也需要平息批评者的言论，因此，他公开账簿信息就成了一项政治手段。他重新发布了政府财务表，并交给政府立法人员，提醒他们注意自己所欠的巨额债务，必须采取措施才能摆脱这种状况。[29]

1783年，当国会对莫里斯开展审计的时候，国会发现他的账簿记录良好、“正常”。但是，此时莫里斯刚刚搭建起财政管理体系和政府的征税系统。下一步，需要围绕这些改革措施来构建政治体系，因为1782年，征税体系和财政体系还没有完全实现集中统一。这需要联邦自治运动的推动，或者从某种程度上说，这基于一个简单而又极难实现的概念，即要实现对政府的管理，其执行者或代理人需要一张记录良好、统一集中的会计核算账簿。

罗伯特·莫里斯是一名优秀的会计师和财务管理人员，却并非哲人。《宪法》起草前夜，美国政府所面临的迫切难题，是建立一个抽象的政治框架，来为莫里斯的改革措施保驾护航，这样就能够将公共债务维持在一个国家所能承受的较高水平上，就会使美国在面对国际贸易和帝国威胁的不利环境时，能够更有效地维护自己国家的利益。因此，当他收到亚历山大·汉密尔顿这位优秀的年轻文员和华盛顿手下的战争英雄寄来的求职信时，莫里斯以及与其想法相似的人可谓幸运之至。

亚历山大·汉密尔顿出生于加勒比海的尼维斯岛，他早期的成长经历可谓颠沛流离。他是一名私生子，母亲于 1768 年去世，当时他只有 13 岁。美利坚合众国的其他创始人，包括富兰克林在内，都没有这么早就被迫工作的经历。汉密尔顿因为自己非同寻常的才能和精力而得到认可，但在圣克洛伊岛的会计学徒生涯让他感到无比沮丧，12 岁的时候，他给朋友写信称："我的雄心壮志日渐升腾，身为小职员的卑躬屈膝和悲惨境地，或者类似的经历，让我痛苦不已，为了出人头地，除了人格之外，我甚至愿意献出生命。"他希望"爆发一场战争"。[30]

15 岁的时候，汉密尔顿随身带着几封介绍信，就勇敢启程前往纽约，有人将他推荐给新泽西州伊丽莎白镇的威廉·利文斯顿（William Livingston）办公室，他在这里去新泽西大学，也就是如今的普林斯顿大学深造。随后的 1773 年，他又去国王学院，也就是今天纽约城的哥伦比亚大学就读。汉密尔顿是古典作品以及霍布斯、洛克、孟德斯鸠（Montesquieu）、布莱克斯通（Blackstone）以及休谟等启蒙时代哲学家的作品的热心读者。会计核算知识、国际贸易经验和哲学爱好，几个因素综合起来，使汉密尔顿在独立战争之后，可以主政财政部，并理顺联邦的财政预算方案。这使美国从几个殖民地的联合体，转变成为一个拥有国家银行、造币厂以及健康财政体系的国家。[31]

汉密尔顿个子不高，但气度非凡，他在普林斯顿战役（Battle

of Princeton）中表现英勇，在那场战斗中，他的加农炮直接击中了普林斯顿大学如今备受尊崇的拿莎堂（Nassau Hall）。据推测，这一炮将乔治二世的雕塑轰得粉碎，这引起了华盛顿的注意，并把这位“小雄狮”纳入麾下。正是处在这一相对较高的职位上，汉密尔顿给罗伯特·莫里斯写信，表示自己有志为搭建美国的财政体制贡献力量。汉密尔顿还告诉莫里斯，自己十分推崇法国集中的财务管理制度。在“伟大的柯尔贝尔的非凡才能和不屈不挠的努力下”，法国已经找到了国家繁荣之道。对于自由放任主义，汉密尔顿并没有多少耐心，因为当时美利坚合众国的生死存亡才是当务之急。他坚持认为，美国必须获得国外贷款。为此，美国在陷入国际贸易逆差和高额军费泥潭而苦苦挣扎的时候，绝对不可能采取“放手不管”的经济政策。美国政府需要统一财务管理制度，否则就会承受国家灭亡的风险。[32]

在他那封著名的写给纽约律师、政治家詹姆斯·杜安（James Duane）的信中，汉密尔顿阐述了自己对联邦制政府的观点，这些观点的基础，正是集中的财务和审计管理体制，一如莫里斯努力希望实现的那样。国会需要凌驾于政府之上的权力，以此来为战争筹集资金。他坚持认为，不仅限于战争、国防和外交等事务，国会在各个方面都“应当拥有绝对的权力”。因此，就需要有相应的措施来为之提供保障。

也许是考虑到柯尔贝尔和内克尔，汉密尔顿还坚持认为，政府应当由一些大权在握的部长来管理，“同法国一样”，这些人应当是各自领域的专家，随后他在《联邦党人文集》（*Federalist Paper*）第35篇中对此进行了论述，而这与法国也毫无二致。他们的权力范围包括管理国家的“总的收入和支出账户”。汉密尔顿知道，政府权力将不断缩水，仅限于对总账的管理。他声称，权力“要牢牢扎紧国库钱包的绳子”。他认为，对政府财务实施统一集中管理，才能“把权力落到实处”。[33]

1782 年，国会授权成立了北美银行（Bank of North America）。1789 年，当华盛顿希望任命莫里斯为财政部第一任部长的时候，他拒绝了，并推荐汉密尔顿担任这一职务。1790 年，正是在这个岗位上，汉密尔顿撰写了著名的《有关公共信用的报告》（Report Relative to a Provision for the Support of Public Credit），其中，他坚持认为，政府债务正是“自由的代价”。有些人认为他是美国政界最伟大的天才，但是麦迪逊（Madison）和杰斐逊都极力反对汉密尔顿将债务用于战争和国家建设。但是，作为一名一文不名的会计文员，来到美国 17 年后，汉密尔顿协助设计并落实了美国的财务制度，该制度既考虑了私有财产神圣不可侵犯的概念，还考虑了有效的税收征管和统一集中的政府财政账户的概念。美国宪法第一条第九款规定：“除依据法律规定拨款外不得从国库支款；一切公款的收支报告和账目应不时予以公布。”[34]

事后看来，我们可能得出这样的结论：即使存在像汉密尔顿这样优秀的设计师和先驱者的伟大设计方案，良好的政府核算制度、政治问责制度和有效的税收征管体制仍是很难实现的目标。即使宪法第一条第九款只在从表面上与 14 世纪意大利北部或荷兰的基本行政惯例类似，就 18 世纪末期的美利坚合众国来说，真正的创新确实已经开始萌芽。联邦政府和形形色色的政治家发布了版本众多的政府财务报告，在宾夕法尼亚州更是如此。1791 年，宾夕法尼亚联邦众议院发布了一份详细的政府财政账户信息，各表格资料、计算过程和盈余数据相互钩稽。这是一份具有革命性意义的财务报告。报告作者专门标注道：“我们同时认为，如果把账簿放在登记总署，即账簿应该存放的地方，对公众和个人来说都将带来巨大的便利。”所有市民都可以看到这些资料。全部账簿都将美元作为计量单位，放在同一个办公室中，有严格的查阅时刻表，并接受审计，所有市民都能够亲眼验证公开账簿资料的计算过程。在 1795 年的《宾夕法尼亚账册》(Accounts of Pennsylvania) 中，政府审计官约翰·尼科尔森（John Nicholson）声称，当看到“诚信负责”的政府账目后，市民更有可能自觉纳税，甚至会乐于纳税。这有利于营造社会诚信，保护私有财产，推动商业繁荣，促进美国的自由民主。这是一个崇高的理想。[35]

第十一章
铁路公司

专业的会计师应当是调查员，是无孔不入的探测者，是条分缕析的分析人，是最高水平的侦探……他是欺诈的敌人，也是诚信的拥趸。

——《记账员》（*The Bookkeeper*，1896）

到19世纪早期，英国、法国、美国、普鲁士、托斯卡纳大公国（Grand Duchy of Tuscany）等意大利各城邦、奥地利以及其他许多地区都已经建立了清晰透明、诚信可靠的财务管理体制。作为曾经的改革先行者，英国于1848年授予英格兰银行自治的权力，继续推动集中化进程，于1862年进一步实施了集中化改革措施。政府负责制定预算和做出规划，这通常意味着大笔的军费开支。在经历了500年的起伏交替后，随着专业会计核算的兴起，政府日益参与会计核算标准的制定和改革进程，现代化的诚信政府时代似乎已经开始。

整个19世纪和20世纪早期，是一个钢铁工业涌动、帝国大肆扩张和资本跨界横行的时代。同时，这也是一个强盗贵族上位的时代，是狄更斯描述的贫困时代，是金融凋敝的时代，是殖民地存在大规模屠杀行径的时代，也是战争导致成千上万人失去生命的时代。工业革命最终为人们带来的，既有生活水准和大众民主水平前所未有的大幅提升，也有枪炮、铁路和对无数人生命冷冰冰的算计和操纵，还有刚果大屠杀，以及从马恩（Marne）河到奥斯维辛（Auschwitz）集中营的血流成河。始终存在又反复无常的情形是，无论是在胜利的时刻，还是在罪恶发生的那一瞬间，都有会计核算的身影。事后看来，显而易见的是，随着会计核算日益复杂，发生欺诈犯罪的可能性与日俱增。因此，在现代意识中，会计核算呈现出两种面孔。有些思想家对会计愈发不信任，认为它是剥削和欺诈的工具；而也有人认为会计属于现代理性的模板。这在英国和美国得到了淋漓尽致的体现，前者是一个全球性的帝国，而后者属于影响力跨越几个大陆的超级大国。

尽管在 18 世纪出现了多次改革，但在 19 世纪 20 年代和 30 年代的英国，社会对议会腐败的抗议浪潮此起彼伏。1819 年，超过 60 000 人聚集在曼彻斯特，对食品价格和议会操纵选举、弄虚作假的行为进行抗议。他们的行为遭到了军事镇压，15 人死亡，数百人受伤。辉格党改革派抱怨道，议会完全被操纵在大地主的“口袋里”。1821 年，提倡改革的英国国教牧师西德尼·史密斯（Sydney Smith）宣称：“国家现在完全落在了拉特兰公爵（Duke of Rutland）、朗斯代尔勋爵（Lord Lonsdale）、纽卡斯尔公爵（Duke of Newcastle）以及其他约 20 位权贵手中。他们成了我们的主管！”工人和新时期的妇女要求获得投票权。革命的幽灵飘荡在英国上空。政府必须采取行动了。[1]

辉格党首相格雷伯爵（Earl Grey，如今人们记住的是以他的名字命名的茶）希望改革的不仅仅是英国的投票制度，还有政府的会计核算制度。只有当政府账户清晰透明的时候，政治腐败才能被彻底清除。在 18 世纪实施了众多改革后，1822 年，议会委员会注意到，政府不仅“难以实现收支平衡”，就连债务管理、重大项目管理或者发现“账务问题”都难以做到。焕然一新的政府需要一份“简单、智能”的集中账簿核算。[2]

这份报告可能让读者感到震撼。经历了数百年的会计改革和发展演变之后，英国作为工业革命的发源地，依然难以做到收支平衡。改革的车轮再次启动。格雷伯爵让一位可以跻身英国历史最杰出人士之列的人想办法做到这一点。约翰·宝宁（John Bowring，1792—1872）是实用主义哲学家杰里米·边沁的信徒和好友，边沁在去世时，指定前者作为其遗嘱保管人。这项工作可谓恰如其分，因为宝宁作为一名一神论者，不仅被认为是英国技艺最精湛的语言学家（据说他至少可以说 100 种语言），还是一位政治经济学家，在会计核算方面有着深厚的造诣。1831 年，政府账目委员会指派宝宁前往法国和荷兰，考察这两个国家是如何记录政府账目的。

宝宁发现，荷兰的财务管理制度很不透明，而且遭到了拿破仑战争的破坏。而法国已经脱离拿破仑帝国的统治达数十年，并恢复了专制统治。法国的情况引起了宝宁的高度关注。针对英国宿敌的账户信息，宝宁被授予很高的接触权限。引起宝宁兴趣的，是法国的集中管理体制，这使法国贵族能够通过一个“统一”的账户了解全国的财政状况。宝宁向下议院报告说，雅克·拉菲特（Jacques Laffitte）作为法兰西银行（Banque de France）的前主席，以及如今新的法国路易·菲利普国王（King Louis Philippe）的首相，向自己保证，法国的财政状况很好，认为当前的这套制度几近完美，这套“政府机器”运行非常顺利，它不仅使法国政府能够随时了解其确切的财政状况，还提供了防止腐败的安全网。首相“亲手”计算出国库的财政余额，政府也可以公然表示，在前任财务大臣夏布罗尔伯爵（Count Chabrol）的管理下，法国每年能够节省 80 万英镑的个人支出和 1 480 万英镑的政府债务支出，这一切都得益于政府日常运作的“有序和谐”。通过复式记账法，夏布罗尔可以编制月度资产负债表和年度收益表，并呈现给审计署、立法院和社会公众。为了验证这一点，宝宁亲自查看了这套制度，了解了“不受干扰的运作和检查链条是如何从最高权力机构传递到最低权力部门，收益又是如何从底层汇总到中央的”。所有管理部门的“财务账簿”都是集中管理的，这确实让人钦佩。他在随后的一篇报告中写道，这套制度的存在，使对军队系统实施“彻底审计”成为可能。宝宁将继续担任中国香港的管理者。帝国版图和产业资本都在迅速扩张，而对像宝宁这样熟练掌握管理账簿的人来说，他们有充分的理由相信，自己具备管理整个世界的能力。[3]

历数工业革命的所有成就，铁路的出现当数最具革命意义的一项，因为铁路改变了整个世界。对于农民来说，此前他们的视野从来没有远离所在村庄的教堂尖塔，如今他们几个小时就能到达大城市。铁路还改变了财务核算和政府的管理体制。如果宝宁认为政府已经解决了自我管理的问题，那他就错了。铁路时代的到来，不仅带来了伟大的工业发明，同时为金融体系的日益复杂和腐败蔓延提供了更新更快的生长空间。

1803 年，英国发明家和实业家理查德·特里维希克（Richard Trevithick）制造了世界上第一节高压蒸汽动力车厢。他与其竞争对手将把这个“咆哮的魔鬼”驯化到蒸汽动力货车引擎使用中。从梅瑟蒂德菲尔（Merthyr Tydfil）、威尔士，到巴黎、科隆和费城，发明家争先恐后地注册铁路蒸汽引擎的商标专利。奥利弗·埃文斯（Oliver Evans）是费城的高压蒸汽引擎设计师，他预见到了铁路将会给时间和空间的体验带来巨大的改变：“人们坐在蒸汽引擎驱动的车厢里，从一个城市到另外一个城市，几乎跟飞鸟一样快，车辆每小时速度高达 15~20 千米，这样的时代已经到来……在同一天中，车辆早上从华盛顿出发，乘客们将在巴尔的摩（Baltimore）吃早饭，在费城吃午饭，而晚饭则可以在纽约享用。”[4]

借助管理时刻表（专为铁路而发明的词汇）、无线通信和连锁账簿等，海岸、工厂、港口、仓库和军营等相互关联，遥远的城镇与辽阔无边的全国铁路网连接在一起，铁路的出现，改变了文化体系，也改变了人们对时间和空间的认知。千米每小时这一概念，就是与铁路相伴而生的。1840 年，英国铁路里程数为 6 000 千米，欧洲大陆和美国各有 7 000 千米。到 1870 年的时候，美国拥有 51 000 千米铁路里程，相当于英国、欧洲和世界其他国家的总和。美国将成为世界产业的中心。[5]

问题在于，这一波史无前例的增长需要投资者的资金，然而没有足够的美国资本为美国铁路建设提供支撑。19 世纪 50 年代，英国投资者开始在纽约证券交易所（New York Stock Exchange）购买铁路债券。到 1869 年的时候，已经有 38 家铁路公司的股票在纽约证券交易所挂牌，股票市值达 3.5 亿美元。巨额资本的流入，为人类历史上最为复杂的工业建设提供了支持，也提出了全新的会计核算要求，为公司在快速的往来和贸易活动中进行大额交易提供便利。从铁轨、横贯大陆的土地所有权、煤炭供给、车站、车票售卖和各色乘客，到游轮餐厅和海量运输，这一切都需要进行核算和管理。来自铁路各个部门的众多会计师将其审计报告汇总到总核算办公室。当时采用的是活页本，没有使用固定账本，特定账簿、日记账和各类凭单被大量生产出来，并进行剪裁，以满足重复性工作和手稿复制之用。[6]

铁道工程师和会计师需要根据整个铁路系统的运力使用情况，计算出每张票的价格。1844 年，法国铁路工程师阿道夫・朱利安

（Adolph Jullien）利用平均值和相关比率，确定了单一铁路运行的实际成本。他考虑了每一节车厢的运行费用，以及载运乘客每一千米所花费的成本。在运行成本中，他还加上了管理成本和债务利息成本，以此确定公平的票务价格。[7]

1860年，在铁路公司的股东报告中，经常可以看到审计报告的身影。1857年波士顿和伍斯特铁路（Boston & Worcester Railroad）的年度报告就含有4页的审计报告，其对账务资料及其记录情况进行了说明："每个部门都由精干的主管负责，在他们各自的办公室里，我们对他们据以收费的客票或货运单据的所有账户信息进行了确认。"同时，报告还附有说明书，提出了意见，指出根据对财务账户的分析，建议在某些方面做出改进，具体方面包括对客票销售进行验证，对较短的铁路线路加强风险管理，这些较短的铁路线路的成本与普通铁路线路的成本毫无二致，却很难赢利。[8]

铁路管理出现了新的要求，随之而来的，是各类创新的不断涌现。本杰明·富兰克林有一句名言："时间就是金钱。"对铁路运营来说，这可不仅是一个抽象的概念，因为铁路运营需要在使铁路顺利运行的同时，对各类资产的成本费用进行核算，这些资产一直处于运动过程中，而且需要不断修理维护，其范围从蒸汽引擎到火车轨道等无所不包。对铁路实施管理，涉及审计、计量和测算数百项金融交易行为，并将时间本身严格划分到各个区段，记录火车的运行情况。规模最大的纺织厂通常设有4套账簿，而1857年的宾夕法尼亚铁路（Pennsylvania Railroad）设有144套账簿，人们每月对这些账簿进行编纂印刷，然后将其在年度报告中做成表格。[9]

正如国家一样，铁路公司也设有内部审计办公室，其职责就是计算公司的利润和损失状况，以及厘清"作业管理比率"这个新的概念。即使能够掌握一些数据资料，公司仍然面临这样的问题，即如何在计算出需要多少收入来支付运营成本的同时，获取一定的利润。这里涉及折旧的问题。铁路公司如何才能对蒸汽引擎进行折旧计算呢？如何才能对轨道的损耗进行衡量呢？雷丁铁路公司（Reading Railroad）1839 年的一份报告计算数据显示，引擎修理和折旧费用以及燃油开支，约占 8 000 美元总成本的 25%。要准备好流动资金，以备机器设备和物料的日常修理和更新之用。经理人员开始尝试将这些成本纳入公司经营预算中，但他们并没有意识到，这些成本并不是运营过程中的单次费用，而属于嵌入式、重复发生的开支项目的费用。如果这些费用以单次开支的形式放在运营预算中，那审计师或股东就无法看清公司真实的折旧成本了。这就意味着，如果没有折旧账户，对于维持铁路长期运营所需的真实成本，投资者就会一无所知。[10]

随着资本不断涌入铁路行业，摩根（Morgan）、范德比尔特（Vanderbilt）、古尔德（Gould）、洛克菲勒（Rockefeller）、德鲁（Drew）以及菲斯克（Fisk）等“强盗大亨”赚取了巨额利润。这类权势阶层的存在，对公开财务报告和政府财务管理都造成了负面影响，因为如果公司的财务报告没法看到、难以辨识的话，政府是无法对这些企业征税的。当时的大企业主通过晦涩难懂的财务报告操纵其公司的股票价格，投资者无法完全搞清楚铁路公司的真实财务状况。连轮船和铁路企业家丹尼尔·德鲁（Daniel Drew）都说：“如果你并非内幕人士，那么在华尔街投资，就如同希望点着蜡烛买到好牛。”这里没有监管要求铁路公司向股东和公众进行准确报告，不仅如此，古尔德、德鲁和菲斯克还贿赂纽约和加利福尼亚州的立法者，使自己被允许通过公有土地谋利，实施内部交易，并形成垄断局面。1867 年，马克·吐温（Mark Twain）在旧金山报纸上写道：“一条铁路就是一个谎言——为了让谎言不破，你就需要不断地造铁路。”政府监管既不能跟上行业发展的步伐，也无法与日益复杂的会计核算方法保持同步。与铁路发展相联系的，越来越不是客观理性的数据分析，而是无处不在的华丽骗局。[11]

当时众多的金融丑闻源于有问题的资产负债表，而非仅仅源于过度复杂的铁路设计。资产负债表的权威性，既可以用作客观的证据，也可以被错误操纵。1855 年，爱尔兰金融家、国会议员约翰·萨德莱（John Sadleir）出售了 19 000 股皇家瑞典铁路公司的伪造股票；然后他和其兄弟詹姆斯·萨德莱（James Sadleir）向蒂佩里银行（Tipperary Bank）递交了一份伪造的资产负债表，账簿余额显示可以承诺每年 6% 的分红。身为银行董事，萨德莱兄弟利用伪造的会计信息，隐藏了他们自己所欠该银行的 247 320 英镑的债务，兄弟两人对此已经无力偿还。1856 年，当银行陷入破产境地的时候，有人把詹姆斯伪造的资产负债表拿出来，强迫他们在上面签字确认，承认他与其兄弟的欺诈和资不抵债的事实。此后不久，约翰·萨德莱在位于亨普斯特德（Hempstead）郊外的杰克·斯特劳城堡酒店后面自杀身亡。人们发现他携带了一壶毒药，身旁还放着一瓶苦杏仁油。萨德莱代表了维多利亚时代那些懦弱无力、脸色蜡黄的金融诈骗犯的形象。查尔斯·狄更斯根据他所说的“极其罕见的厚颜无耻者约翰·萨德莱”，在其小说《小杜丽》（*Little Dorrit*）中创作了莫多尔先生这个失败的诈骗犯形象。[12]

随着资本主义在各个大陆和帝国疆域之间的迅速扩张，政府也对其进行了跟踪管理，这个过程虽然缓慢，却十分系统。大规模的铁路管理工作产生了海量的财务信息，这也在一定程度上减轻了财务诈骗行为和危机事件的发生，政府需要进一步扩大自己的监管权力，以加强对巨无霸公司的监管。铁路公司已经把这类风险暴露出来，并切实体现了对经济进行自由放任管理是不可行的。如果铁路公司倒闭或者卷走投资者的资金，那资本主义本身，或者确切来说是政府和国家，就将无法正常运转。监管必不可少，而作为现代资本主义的正式监督者，会计师也正式登上了历史的舞台。围绕铁路和铁路公司所形成的会计信息，政府监管者和私人会计公司得到了迅速发展，而它们反过来也需要对账户信息进行处理，以便针对政府监管者的行为做出回应或者进行掩饰。

政府不见得具备对大型企业进行审计的手段。私人会计师因此兴起，充当了私人企业和政府之间的桥梁。1854 年，苏格兰采取了一系列措施，组建了官方认可的正式组织，将注册会计师组织起来，他们需要接受适当的培训并具备相应的职业道德，以便开展审计工作并在审计报告上签字盖章。英格兰随后跟进。1849 年，纽约开始制定财务审计准则。1887 年，美国会计师协会（American Association of Public Accountants）正式成立。同年，美国政府还成立了州际商务委员会（Interstate Commerce Commission），对铁路实施监管。[13]

美国已经成为全球规模最大、最复杂的经济体，这或许能够解释，为什么美国和英帝国一同所在的盎格鲁－撒克逊世界（Anglo-Saxon world）成为会计创新最为活跃的地区。只要有工业生产和复杂的贸易活动，就需要有现代会计核算为之提供支撑，在这一点上，古今一致。注册会计师开始签字盖章，并对资产负债表进行审核检验。到 1899 年，法国、德国、意大利、荷兰、瑞典和比利时都成立了专业的会计组织。在意大利，佛罗伦萨人引领潮流，于 1876 年成立了全国会计师大会（National Congress of Accountants），这一点想来丝毫不会让人感到意外。荷兰注册会计师协会于 1895 年成立。这些得到认证许可的、受到政府监管的团体组织成立了全国性的会计学校，组织编写了教科书、专业杂志，还制定了私人企业和政府会计核算的相关准则。[14]

但会计核算并非某些人所期望的实证主义科学。会计师和政府监管者并不具备要求公司进行报告披露的强制性权力，也不存在要求实施强制审计的有效法律规定。除此之外，许多保守精英人士还对这些基于量化分析的审计规则进行了抗议。企业、政府和专业会计组织之间的关系依然没有明确。由于受到金融诈骗和危机的冲击，1831 年，英国议会通过了《破产法》(Bankruptcy Act)，以法律的形式规定，在破产管理、资产拍卖、企业清算和债务处置进程中，会计师作为“法定受托人”承担起组织领导的职责。1844 年，议会通过了《股份公司法》(Joint Stock Companies Act)，以便对成百上千家企业的财务实施有效管理。受到培训的会计师开始尝试对企业进行审计，但是如果没有大量精算师的参与，工作量显然过于庞大。1849 年，英国男爵、政治家和股票经纪人威廉・奎尔特(William Quilter)爵士向议会委员会证实，审计需要基于个人判断，而非“单调的算术计量”。试图利用概率论对企业利润进行预测，当时仍处于起步阶段，而且属于思辨科学的知识，这与当今没有什么不同。在没有合规性要求的情况下，监管是无法有效发挥作用的。[15]

会计师需要具有权威性，也需要组成大型的审计团队。到 19 世纪 40 年代的时候，英国已经出现大型会计师事务所。德勤、普华永道、安永和图什（Touche）以及其他众多会计师事务所散布在爱丁堡、英国中部和伦敦地区。普华永道是当今世界上最大的会计师事务所，它是由英国布里斯托尔的制陶工人之子萨缪尔・骆威尔・普赖斯（Samuel Lowell Price，1821—1887）与威廉・霍普金斯・霍利兰德（William Hopkins Holyland）以及埃德温・华特豪斯（Edwin Waterhouse）合伙成立的，其中，埃德温・华特豪斯是“有点严厉”但很富有的贵格会磨坊主的儿子，接受过大学教育。霍利兰德和华特豪斯持有 25% 的股份，普赖斯持有 50% 的股份。合伙人需要将个人资金投入企业，这随后形成会计师事务所的传统。

尽管建立在会计核算的基础上，但美国没有足够发达的会计师团队，为其产业扩张提供支持。19 世纪 70 年代，美国充斥着来自英格兰和苏格兰的会计师，他们对从查尔斯顿（Charleston）到罗彻斯特（Rochester）的各类企业的账簿展开审计。普华永道在美国市场上旗开得胜，并一步步走向成功。1890 年 9 月 11 日，公司派刘易斯·戴维斯·琼斯（Lewis Davies Jones）在百老汇 45 号开设一家纽约分所，以便承揽美国北部、中部和南部的审计业务。19 世纪 90 年代，J.P. 摩根开始了一系列大规模的企业整合，购买了约 30 家企业，将其并入美国钢铁与电缆公司（American Steel and Wire），同时还收购了 5 家农业机械公司，将其最终整合为国际收割机（International Harvester）公司。摩根希望对其所收购的公司进行审计，普华永道公司获得了这项业务，使其在 1897 年一年获得的利润就超过了过去 5 年的总和。以此为基础，普华永道最终成为美国审计行业的领导企业。[16]

但是，早期专业会计师依然在原始且不受监管的美国市场上苦苦挣扎。政府无力对铁路实施监管的情况，给勇于开拓的金融分析师约翰·穆迪（John Moody）提供了灵感。作为现在的穆迪分析（Moody’s Analytics）公司和穆迪投资服务（Moody’s Investor Service）公司的创始人，他充当了要求公开政府财务信息的改革派，并最终成为财务诚信的代名词。此外，他从不实财务信息的搜集和分析问题中看到了商机。他高度重视长期以来一直存在的铁路公司诚信问题，发表了《如何分析铁路公司的财务报告》（How to Analyze Railroad Reports，1912 年），这为他此后再次出手设立穆迪投资分析（Moody's Investment Analysis）公司打下了基础。在《铁路公司报告》（Railroad Reports）中，穆迪指出，股东同合伙人一样，为了使投资获得成功，股东需要了解公司真正的赢利能力。因此，“对变化中的财产……消除时间和空间因素的影响”进行分析所采用的统一的方法，就需要建立在客观数据的基础上。“经营活动循环往复，永不止息，每天、每月、每年地进行，要想知道各项业务活动和损耗对财务的影响，可不是一件简单的事情。”他的主要论断是，随着时间的推移，要想对成本费用和公允价值（fair value）进行衡量，折旧是一个必不可少的概念。[17]

可以说最重要的改革，就是要坚持把折旧费用与运营成本分别进行独立核算，要将其作为一项持续的必要支出，而非一次性支付的费用。会计师努力希望解决的问题是“何谓利润”。考虑到折旧（随着时间推移发生的维护成本）的话，这可算得上是一个棘手的问题。为公司带来营业收入的某项资产可能会掩饰长期成本，最终甚至会吞噬利润。1880 年，根据会计属于对“历史价值”的衡量这一理念，查尔斯 · E. 斯普拉格（Charles E. Sprague）创造了“会计核算的代数表达式”。他所提出的等式是资产 = 负债 + 所有者权益（A=L+P），在资本价值评估过程中同时考虑了折旧和风险因素。也就是说，资本、权益或者所说的所有者权益，即所有者实际拥有的资产，等于资产减去各项负债，比如借款、必要的支出和折旧等。根据斯普拉格的恒等式，我们可以确定公司的各项交易及净值，或者说手头资产减去全部负债。这就使会计师在面对铁路公司账簿等复杂的数据信息时，具备了核算利润和公允价值的能力，而此前如果没有受过专门训练，人们是无法将公司的权益和负债与各项流动资产区分开来的。19 世纪末期，随着弗雷德里克 · W. 切尔德（Frederick W. Child）等人坚持呼吁设立专门账户，既要衡量折旧价值，还要支付折旧费用，折旧逐渐成为会计核算理论的核心内容。在他看来，有必要以现金储备平衡（或支付）折旧费用，因为必须将这些项目在会计账簿中列明。[18]

尽管有所进步，也实施了一些改革措施，但政府监管者依然无法获得准确的财务报告。会计核算就如迷失在金融和政治诚信迷宫里的阿里阿德涅的线团（Ariadne's thread），改革者每当试图抓住线头，就会发现两手空空。大型公司普遍拒绝公开账簿信息。1867年，《商业与财政纪事》（*Commercial and Financial Chronicle*）提道："铁路公司的财务信息被遮掩起来，会计核算也被扭曲。"同美第奇家族一样，现代公司也设有"秘密账簿"，并用钥匙和锁保护起来，只有少数得到信任的合伙人才获准查看。备受尊敬的银行家亨利·克卢斯（Henry Clews）曾经正式建议，受过培训、持有执照的会计师能够制作出有说服力的财务报告，这有利于公司业务发展。但是，西屋电气制造（Westinghouse Electric and Manufacturing）等铁路公司和企业，既不公开财务报告，也不召开股东大会，1900年，有一份政府报告指出，"大型企业存在的主要问题，就是董事缺乏对股东负责的态度"，不肯公开资产负债表。J.P. 摩根的控股公司拥有泰坦尼克号（Titanic）的所有权，他抱怨道，西奥多·罗斯福（Theodore Roosevelt）总统旨在鼓舞士气的改革措施，将使"我们不得不亮明家底做生意"。而尽管摩根协助成立美国联邦储备（Federal Reserve）机制来抵御经济危机的冲击，但他公开的唯一内容，就是自己具有传奇色彩的图书收藏，这可真符合美第奇家族的风格。[19]

在金融家、实业主和政治家群体中，普遍弥漫着对会计的不信任。实际上，约翰·D. 洛克菲勒（John D. Rockefeller）最初受到的培训，是按照会计师和审计师的要求进行的，他作为世界首富，尽管备受尊敬，但有时也被人轻蔑地冠以“冷血无情的施洗会记账员”的称谓。会计师曾经一度以风光的赞助人、迅速堕落的罪人或者金融和实业界满面笑容的主管等形象出现在宏伟画作中，如今这些都已经一去不返。取而代之的，是身着黑衣、脸色阴沉的专家形象，如今的会计师被描绘成一脸严肃、索然无趣的财务数据公断人的样子。他们的角色定位有些模糊：他们既能够为资本主义经济发展和政府监管提供帮助，也有可能通过做假账来为二者制造障碍。[20]

但是就会计师本身而言，他们也在努力打拼，一方面为了自身专业的诚信可靠，另一方面也为了在镀金时代打击腐败欺诈的工作中占据一席之地。1896 年，《记账员》的一篇社论激发了他们对实施会计核算改革的热情：“专业的会计师应当是调查员，是无孔不入的探测者，是条分缕析的分析人，是最高水平的侦探……他甚至可以读懂象形文字（而无论其如何书写），这是因为账簿的每次修改，每次争执（原文如此），每次插入的内容，每个表格、破折号或者字符都有其独特的含义……他是欺诈的敌人，也是诚信的拥趸。”[21]

记账员要发挥其作为财务领域的夏洛克·福尔摩斯（Sherlock Holmes）的作用，揭开财务领域的各种谜团，这种想法，成为会计核算这个全新职业中教育派改革家和有影响力的先行者的普遍共识。查尔斯·瓦尔多·哈斯金斯（Charles Waldo Haskins）出身名门，身为拉尔夫·瓦尔多·爱默生（Ralph Waldo Emerson）的侄子，他是最早的注册会计师之一。作为会计领域的通才，他出版了许多作品，论述金融领域和家庭内部的会计核算问题。哈斯金斯的《商业教育与会计》（*Business Education and Accountancy*，1904），对那些嘲笑“文化人”的“生意人”表示惋惜。他认为，通过会计核算，企业家可以与“科学家”一起，创造出一种企业管理的新模式。哈斯金斯认为，从古至今，对于那些受过教育的“企业家”来说，会计都为其提供了一种理性、专业的业务管理方式。[22]

哈斯金斯的家族十分重视女性教育，也许是受到这种家庭文化氛围的熏陶，在其设想的按照会计核算管理的社会体系中，哈斯金斯坚定地为女性预留了一席之地。在他看来，女性不可以管理企业，却可以管理家庭事务，为此，她们也需要借助会计核算这一工具。在他的学术著作《如何给家庭记账：一本家庭账簿手册》（*How to Keep Household Accounts: A Manual of Family Accounts*，1903）一书中，他回顾了会计核算的悠久历史，证明会计核算在“家庭”事务中发挥的作用，与其在“财务和管理”中发挥的作用不相上下。他还引用法国文艺复兴哲学家蒙田的观点，来为自己认为男女都应该学些打理家庭事务的“知识”这一观点进行辩护。因此，对家庭账户的科学管理，就创造出一套实施理性管理的完整链条，链条的环节从政府管理、地方管理，到企业经营、家庭事务等无所不包。通过商学院（尤其是哈斯金斯自己所在的纽约大学）和家务经济学习，经济实用主义的内容就可以得到系统的归纳和整理。如今看来，接受过会计核算培训的美国人，应该具备了与欺诈和无知等威胁相对抗的本领。[23]

第十二章
狄更斯迷局

无论需要做什么，政府各个部门都会把兜圈子机构（Circumlocution Office）顶在前面进行推脱——实际上他们将会琢磨如何才能不做。

——查尔斯·狄更斯，《小杜丽》（1855—1857）

并非每个人都相信会计核算的理性客观。考虑到与工业化进程相伴而生的各种经济诈骗以及失望情形，19 世纪的金融观察家对于审计的成效抱有挑剔的眼光，对于个人和政治领域的诚信有所怀疑，这种情况想来不怎么令人感到惊讶。会计师本人可能值得尊敬，但欺诈案件层出不穷，其造成的影响十分恶劣。传统的两难局面依然存在：会计核算既不能为理性和秩序提供绝对保证，也不能为道德或幸福提供令人信服的模板，后者正是约西亚·韦奇伍德等实业家以及杰里米·边沁等哲学家孜孜以求的目标。关于会计核算到底是为善的工具还是作恶的手段，19 世纪的伟大作家一直摇摆不定。

在 1828 年的小说《禁治产》（*The Ban*）中，法国作家奥诺雷·德·巴尔扎克（Honoré de Balzac）表明，会计最适合对“人类心灵的悲惨遭遇”进行衡量。巴尔扎克描述道，巴黎地方官不仅查处财务腐败，还设计了一套会计核算体系，来管理巴士底广场（Place de la Bastille）上面巴黎第十二区的各项事务："我们对周围的所有悲惨遭遇都进行了量化记录，并填列在账簿中，并对每个悲惨的故事都进行了记录，就如商人记录其各项应收账款一样。"他设计的这套体系既不衡量财务数据、道德权利或邪恶罪行，也不衡量幸福美满。它遵循的是柯尔贝尔的传统，充当了监督管理的工具。[1]

作为夏洛克·福尔摩斯的前辈，波皮诺（Popinot）要把各类诈骗和重大犯罪行为公布于众，对其辖区内悲惨民众的生活细节加强管理，避免他们打扰上层社会。问题的核心正如巴尔扎克所说，是"人间喜剧"的细枝末节，这些内容对法官十分有用，因为他要对巴黎大街小巷那些见不得光的事务进行管理和操控。波皮诺并没有试图完全戒除罪恶。会计核算也不能即刻带来福音。波皮诺认为，社会的阴暗面是日常生活的组成部分。正如对成本的态度一样，他试图对其进行管理。

在19世纪的所有作家当中，查尔斯·狄更斯对会计师和诚信问题的观点最为鲜明。在狄更斯描绘的世界中，会计师的形象被简化成好心肠但总是不走运的办事员、满怀恶意的诈骗犯或噩梦缠身的官员形象。会计师可能是像鲍勃·克拉契（Bob Cratchit）这样的好人，他是《圣诞欢歌》（*A Christmas Carol*，1843）中小蒂姆的父亲，他忠诚如一地为守财奴埃比尼泽·斯克鲁奇（Ebenezer Scrooge）的银行或钱庄记账。埃比尼泽·斯克鲁奇及其银行业的合伙人雅各布·马利（Jacob Marley）都是受过培训的会计师。克拉契一笔笔地踏实做账，拿着微薄的工资，以体面的态度和基督徒的宽容心态，平静地接受生活的磨难，而雅各布·马利因自己的财务交易而饱受折磨。他向埃比尼泽·斯克鲁奇发出了警告，不要被会计账簿和贪婪奴役。马利的幽灵出现在埃比尼泽·斯克鲁奇面前，锁链缠身："一条长长的锁链缠在腰间，上面挂着（埃比尼泽·斯克鲁奇观察得很仔细）钱盒子、钥匙、存折和厚厚的钱包。"金钱、账簿和会计契据，把这位精明的银行家牢牢地锁了起来，奴役着他的灵魂。按照帕乔利的逻辑，要在圣诞节的时候对穷人做善事，如果不进行上述改变，那埃比尼泽·斯克鲁奇也将变成马利的样子。[2]

狄更斯看到了两类会计核算员，其中一类是埃比尼泽·斯克鲁奇这种人，还有一类是像鲍勃·克拉契这种好的实诚的办事员，或者是像《大卫·科波菲尔》（*David Copperfield*）中的米考伯先生（Mr. Micawber）那样的人，他公开揭露了其雇主兼诈骗犯尤赖亚·希普（Uriah Heep）的真实面目。米考伯阐述了如今广为人知的名言，这句话抛开了边沁的优雅的哲学论述，但也很好地传达了他的思想："如果收入 20 英镑，花 19 英镑 19 先令 6 便士，他就快活；如果花 20 英镑 1 先令，他就苦恼。"米考伯的话，体现了狄更斯的个人经历，因为他的父亲约翰·狄更斯（John Dickens）本人就是一名会计，是海军出纳办公室的一名办事员。狄更斯一家都经历过饥寒交迫的生活。1821 年，约翰·狄更斯失去了工作，他在负债累累的情况下被抓了起来，并被送到萨瑟克区（Southwark）的马夏尔西债务人监狱（Marshalsea Debtors' Prison）。父亲被捕时狄更斯只有 12 岁。后来，狄更斯的祖父去世并给他父亲留下一笔财产，将他父亲救出监狱。狄更斯作为伦敦底层社会的一员，为一份工作操劳奔波。

狄更斯将马夏尔西监狱作为其《小杜丽》小说的场景，这本小说描绘了财务的走样、债务问题以及他父亲的窘境。威廉·杜丽（William Dorrit）正如狄更斯的父亲一样，在被投进监狱之后，无法工作赚钱并偿债。书中作为主角家庭好友的亚瑟·克伦汉姆（Arthur Clenham）怀疑自己的母亲与杜丽一家的悲惨遭遇有关联，于是来到兜圈子机构询问债务详情。尽管以英国财政部为原型，这家兜圈子机构与约翰·宝宁所吹嘘的目空一切的理性机构并没有多少相似之处。狄更斯的小说原型奥威尔部（Orwellian ministry）并不是一个实际部门，而是一个吞噬文档的空洞，无论投进去什么东西，“什么东西都不会出来”。在一直缺席的泰特·巴纳克（Tite Barnacle）的指引下，这就是令政客声名大振的“如何放出迷雾而不做实事”的机构场所。把政府的财政账户交给这些人管理，就一定会导致他们把账簿信息糊弄成难以理解的谜团。[3]

对狄更斯来说，在英国维多利亚时期，财政部这种肆意妄为而又不透明的会计核算和管理行为，只会漫无目的地对杜丽这类实诚人造成伤害，并为萨德莱这类诈骗犯大开方便之门，狄更斯将萨德莱描绘成莫多尔先生这一不朽的文学形象，莫多尔最终使亚瑟·克伦汉姆破产，在此之后又自杀身亡，这与实际生活也十分吻合。通过运气，狄更斯的会计师父亲和杜丽一家才最终脱险。而如果缺乏政府的监管或财务诚信，也只有天灾人祸才能给予萨德莱这样的人某种形式的正义审判。

会计核算的逻辑思路和形象不仅对文学创作有影响，对于哲学思维也有一定的渗透。会计核算在亨利·戴维·梭罗的方案设想中处于核心地位，他是对工业和金融持批评态度的美国社会评论家。梭罗及其先验论同事都是在哈佛大学受过教育的一位论派信徒，他们反对工业发展，抵制政府收税，奉行不合作主义，反对奴隶制。在自然科学的吸引下，梭罗成为一名奉行环境保护主义思想的急先锋。他因作品《瓦尔登湖》[又译为《湖滨散记》(*Life in the Woods*, 1854)]而声名大噪，在书中呼吁人们回归自然。他警告称：

“人类辛苦操劳的前提就是错的，人类从一出生就开始自掘坟墓。”梭罗的思想夹杂着清教徒式的对现代理性主义的批判，并受到浪漫主义的影响。他高声呼吁，要通过沉思以及与自然相容而实现自给自足，最终达到灵魂的纯净。他说，与在满世界修建铁路相比，“在泥沙中劳作”的行为要好得多。[4]

在一次“家政学”试验中，他在马萨诸塞州康科德（Concord）的瓦尔登湖住了两年。梭罗试图实现思想净化的途径之一，就是要确定哪些因素是“生活所必需的”，而又有哪些不是。梭罗通过单式记账法进行了罗列，详细描述了其经营的农场和各项生活费用的“支出”，以及其销售农产品取得的收入。他通过计算得知，考虑到“食品费用……尽管我在那里住了两年多，但这项费用并没有考虑马铃薯、青玉米以及豌豆等，这些都是我自给自足的”，他总共赚了 13.34 美元。尽管《瓦尔登湖》中记载的账簿信息都很简单，但梭罗的个人账单包含了一系列的核算信息，这体现在将这些资料付梓印刷之前，他对于账簿记录的态度是严肃认真的。最终，梭罗从会计核算的逻辑体系中后退了一步，远离了韦奇伍德等实业家遵循的获利逻辑，而仅仅计算自己在大自然中清心寡欲的精神体验所需要的最低给养。[5]

路易莎·梅·奥尔科特（1832—1888）由信奉先验论的父母抚养长大，她的父母与爱默生和梭罗过从甚密，并指导过幼时的奥尔科特，这使她也意识到了会计核算所面临的窘境。在《小妇人》（*Little Woman*，1868）一书中，奥尔科特描述道，尽管会计记账是家政管理的必要手段，但也可能给贫贱夫妻的婚姻生活带来压力：“她至今都做得不错，细心谨慎，一丝不苟，整洁地记录着账簿信息，每月让他看一下，他丝毫不担心。但那个秋天，毒蛇钻进了梅格（Meg）的伊甸园，并拿着美丽的衣服而非苹果，不停地诱惑她。”当梅格的丈夫约翰拿出账簿看到她的花销之后，她感到了真实的恐惧。账单不受欢迎，却揭开了事情的真相，他们一起记录的会计账簿早早就预示了这一点。[6]

数字信息和数学核算日益渗透到工业化时代大众生活的方方面面。概率论为保险公司运营打下了基础，而数据统计也成为现代社会的组成因素，以及判断科学和社会运行状况的基础性内容。法国哲学家奥古斯特·孔德的作品所表达的部分意图，就是既希望将自然纳入人类的思维体系，又希望将社会运行和工业生产纳入数据管理。从地图、生物学、人类行为学和铁路，到生存死亡概率以及时间管理本身，如今一切都纳入了人类统计核算的范围。科学已经渗入人类生活的方方面面，这为工业生产、科技发展和医药产业进步带来了巨大的便利，但同时也被用于从道德角度来看十分模糊的敏感领域。[7]

杰里米·边沁试图利用复式记账法对幸福加以衡量，托马斯·马尔萨斯则在其《人口论》（*Essay on the Principle of Population*，1798）中利用数值均衡进行类比推理。他与边沁秉持同样的悲观论调，也认为两方面因素会相互抵消影响。在一系列的生物学推算过程中，人类的生存需要和自然灾难导致的人口死亡，会使得人类总体数量保持自然均衡，由此“在自然灾难和人类恶行的共同作用下，人口的超级增长将会受到抑制，实际人口数量将与生存资料基本保持平衡”。作为人类死亡率计算领域的核算人员，在自然法则和人口统计这个全新的话语体系中，马尔萨斯利用质朴原始的术语，对人口的平衡和清算进行了阐述。早在巴尔扎克和狄更斯之前，马尔萨斯就分析了“自然灾害和人类恶性”所产生的影响，牢牢抓住了人类生存均衡的概念，这正是但丁思想在现代社会的空洞回响。[8]

通过与会计账簿进行类比，马尔萨斯看清了生存和死亡的本质，在这一点上，他并不是独一无二的。1859年，身为马尔萨斯作品读者的查尔斯·达尔文撰写了《物种起源》（*The Origin of Species*）。“物种”一词源于亚里士多德对动物分类所用的词，同时还是古代对资金的称谓。对达尔文而言，一方面，他对物种的分类和列示，展示了生物的演化过程和大自然有序而剧烈的平衡体系，另一方面，这其中还涉及会计核算领域的知识，这两方面是密切相关的。达尔文对加拉帕戈斯群岛（Galápagos Islands）的观察笔记是历史上最为著名的资料之一。需要提一句，达尔文是约西亚·韦奇伍德的外孙。[9]

1873年，身为达尔文堂兄的探险家、博学家和科学家弗朗西斯·高尔顿（Francis Galton，1822—1911），给英国皇家学会的一些成员发放了一份调查问卷，统计其日常行为习惯。高尔顿感兴趣的内容包括地理、统计知识，跟他的堂弟一样，他也对遗传性状十分好奇。高尔顿并非韦奇伍德的外孙，而是韦奇伍德最好的朋友伊拉斯谟·达尔文的外孙，后者的贵格会子孙们通过制造枪支弹药发了大财。在上述调查中，高尔顿希望了解是否存在日常行为或遗传性状，可以解释社会成员与其父代的智力差异是如何造成的。达尔文也填写了其堂兄的调查问卷。在问卷的左栏，他列出了自己的特点，在右边则是他父亲的情况。调查问卷包含了“性格”等问题，达尔文对此坦诚作答：“略微内向。”对自己的父亲，他满怀尊敬地写道：“乐观开朗。”他还写下了自己的身高、头发及眼睛的颜色，以及政治态度和宗教信仰。对于“是否用功”的问题，他声称自己“非常刻苦”，但在涉及父亲的一栏他也很坦诚：“并非十分用功，思想上比较平和，只有在交流沟通时，父亲才是奇闻逸事的狂热收藏者。”这是进化史上一个值得铭记的时刻：达尔文作为儿子，将自己的能力个性与其父亲进行了衡量比对。[10]

毫无疑问，高尔顿是优生学的倡导者，他还实施了更为邪恶的人体测量学研究，试图通过基因和社会遴选，提高人类社会中那些地位更高、“出身高贵”人群的知觉品质和素质水平。这正是可怕的现代科学种族主义诞生的基础，这种思潮在 20 世纪给全世界带来了灾难性的后果。高尔顿最为尖锐的问题之一，也揭示了达尔文自身研究方法的起源。在“特殊才华”这一行，达尔文回答道：“没有，除了记账的相关活动，回复信件，还有很擅长打理资金。我习惯于系统梳理。”事后看来，达尔文显然过于自谦了。就他父亲的情况，达尔文回答道：“通过经营事业，他赚了很多钱，却没遭受损失。”

会计核算在约西亚·韦奇伍德的生活中居于核心地位，他把这些知识传给了自己的儿子和女儿。在韦奇伍德－达尔文家族中，会计核算也很重要。对达尔文及其堂兄弗朗西斯·高尔顿来说，通过比较列表和平衡公式进行分析的方法，依然是他们思考各种问题、理顺日常生活所遵循的固定模板。达尔文自己也承认，他“习惯于系统梳理”。他一直持有详细的账簿资料，记录自己所有的活动信息，这些活动涵盖业务经营和家庭事务的方方面面，每项活动都归入各自的类别：“科学、园艺、个人和家庭（包括仆人的工资）。”与维多利亚时代男女分工十分常见的情形一样，达尔文的夫人艾玛负责管理家庭事务账簿，记账内容包括食品、衣物、佣人、娱乐、家具、出行乘车、钢琴调音、活页乐谱、演唱会门票以及子女教育等各项支出内容。作为生物进化论创始人的达尔文的家庭的最大支出项目就是肉类支出，1867 年，达尔文在这方面花了 250 英镑，而同期的衣物支出为 213 英镑。[11]

达尔文的儿子弗朗西斯·达尔文（Francis Darwin）写道：“在

金钱和生意方面，他（查尔斯·达尔文）十分谨慎，一丝不苟。他很用心地进行账簿记录，对其分门别类，每年年末都要结平账簿，就像个商人一样。我还记得他把账簿拿在手中、记入每笔所付款项的着急模样，就好像他必须在自己忘记这件事之前，迅速把它们记录下来一样。”老约西亚·韦奇伍德的习惯已经传给了下一代，他们以同样严肃的态度来对待日记和账簿资料。如韦奇伍德一样，达尔文的生意也很成功，这大部分缘于风险投资，投资目标类似于他祖父所钟爱的运河和铁路股票等。尽管也遭受了一系列损失，但达尔文这位精明的投资者总是很善于对投资进行分析，到 19 世纪 60 年代中期的时候，他卖掉了铁路股票，转而投向政府债券。账簿资料显示，达尔文结婚的时候，持有债券 10 000 英镑，银行存款 573 英镑，现金 36 英镑。1881 年，就在达尔文去世前一年，他的兄长起草的遗嘱显示，他持有的资产高达 282 000 英镑，查尔斯的儿子威廉跟父亲开玩笑说：“你之前想象过自己会有超过 100 万英镑的 1/4 这么多的钱吗？”[12]

正如此前的商人和英国日记作家一样，达尔文也有一本账簿，核算其日常的生活收支，对生病的日子、健康的日子以及花在工作上的时间进行核算管理。他还试图对社会制度的效用进行衡量，在年轻的时候就写过：“结婚，或者不结婚，这可是个问题。”与祖父相比，达尔文计算得更加精细，而相比之下，他祖父的生活热情显然更加饱满。达尔文还把他与爱人玩牌的时间记录在册。尽管身为自然科学家，但他依然情不自禁地根据个人的生活观察做出判断。在《人类的由来》（*Descent of Man*，1871）一书中，他声称：“如果无法避免让孩子过一贫如洗的日子，那就不应当结婚。”这显然是呼应了马尔萨斯甚至是韦奇伍德的论调。跟他的堂兄高尔顿一样，达尔文认为，正是社会财富带来了科学发展、工业进步和艺术前行。他认为，“受过适当教育的人”才能从事必不可少的“脑力劳动”。高尔顿则更进一步，他认为自己家族的众多成员都成就不菲，这种长期以来的家族传统说明，自己的家族是一个高人一等的勤劳族群。生物科学、会计核算以及功利主义价值观，共同导致一种全新的生命价值评估方法的产生，这种方法却不见得符合基督教教义或者狄更斯的价值取向。[13]

一代人之后，波兰作家约瑟夫·康拉德（Joseph Conrad）看到了会计核算在掩饰人性罪恶和苦难中发挥的作用。在其小说《黑暗的心》（*Heart of Darkness*，1899）中，他对殖民地暴行进行了无情的抨击，“公司”日渐堕落，在其位于非洲的种植园参与谋杀，但其会计记录总是整洁清白，记录的信息十分全面，而且总是能够避免出错。在这片丛林杀戮地带，只有受过严格培训的会计师才能做到对文明的伪装和掩饰。“因此，这个人确实实现了目的。他对账簿记录全情投入，将其记录得井井有条。”主角马洛（Marlow）对这种黑暗地狱中的模范表现大加赞赏。会计师能够将衰败的景象和腥风血雨的事实，转变为整洁的数据，传回总部。在会计师编造的数据中，我们可以看到康拉德刻画的经典帝国主义人物形象库尔茨（Kurtz），以及他对奴隶的血腥压榨和噩梦般的盘剥，但这一切从会计账簿上来看都是既干净又高效的样子。[14]

以数据为代表的财务上的亮丽表现，压制了企业对人权的关注，这一问题对工业革命造成的困扰延续了很长时间。弗雷德里克·温斯洛·泰勒（Frederick Winslow Taylor）出生于费城的一个名门望族，该家族最初是乘坐“五月花”号渡海来到费城的，他先是在费城水利工程公司（Philadelphia Hydraulic Works）成为一名模具学徒和机械技师，随后在1871年，在米得维尔钢铁公司（Midvale Steel Company）工作。如今，泰勒因泰勒主义（Taylorism），也就是他开创的推动工业管理和提高劳动效率的“科学管理”方法广为人知。从许多方面来看，泰勒都可以被看作钢铁时代的约西亚·韦奇伍德。他注重将机械成本和人工成本与时间联系起来，对其实施严格的管理。泰勒管理模型的核心，就是在每月结算报表基础上实施的细致的成本核算，以及详细的资产负债表和利润表。泰勒声称，这些内容正是“我的会计核算体系与一般商业和工业会计核算体系的不同之处，而且据我所知，其他任何核算体系都不能达到这些效果”。[15]

泰勒不仅搭建了公司内部成本报告和信息流转的全新制度体系，还把会计核算办公室搬到了战略规划办公室，这样就能够直接根据会计核算分析来制定工业生产和管理策略了。制造流程的每个环节都会有专门的卡片标明相应发生的成本。随后，公司会把这些成本卡片收集起来，并由成本部门进行分析，对每项成本进行分类汇总，这样，生产链条的每个环节都可以被分析得一清二楚。为了确保成本评估的准确性，他还设立了专门的成本办公室，由其向会计核算办公室汇报。他认为，利润核算的基础，是准确的成本计量，而成本计量必须对人工、材料以及劳动力生产所耗费的时间等因素进行评估。生产效率的提高，弥补了工人懒惰和知识水平不高的缺陷，推动了利润的增长。按照泰勒的逻辑，约翰·杜威（John Dewey）认为，杰里米·边沁的推算过程显示，让工人工作是很痛苦的，因此，他们天生懒惰。泰勒主义弥补了这项损失。

泰勒的管理方法在许多方面都得到了成功运用。他不仅通过提高产量，为伯利恒钢铁（Bethlehem Steel）公司赚取了大额利润，还成为历史上首位管理咨询师，他的追随者还提出了其他管理理论，对铁路公司和工人的心理实施有效管理。哈佛商学院（Harvard Business School）的成立，部分原因正是泰勒的启发，有名的咨询公司麦肯锡（McKinsey & Co.），也是由芝加哥大学的咨询顾问詹姆斯·O. 麦肯锡（James O. McKinsey）发起设立的。

美国养成了一种追逐效率和速度的风潮，对于工作应当“尽快完成”这一观点，赫伯特·胡佛（Herbert Hoover）总统表示十分赞同。亨利·福特（Henry Ford）从泰勒及其管理方法（包括其试图解散工会的做法，泰勒认为自己将薪资与产量挂钩的做法，已经使得工会失去了存在的必要）中得到启发，全世界的工厂主纷纷追随。他们能够实现规模化的产品生产，这在带来大量财富的同时，也产生了社会的不和谐因素，最终还引发了骚乱。受到泰勒主义约束的工人经常组织罢工游行，抱怨其所受到的不人道待遇，1912年，沃特敦（Watertown）、马萨诸塞州、阿森纳（Arsenal）等地都出现了这种情况。工人还认为，在追求更高产量的同时，对揭发工人所遭受的不公待遇以及有损其理论的数据和证据，泰勒实施了查禁。[16]

列宁对泰勒的理论很感兴趣，斯大林也是如此。希特勒向福特授予了奖牌，并对泰勒推崇备至。阿尔伯特·施佩尔（Albert Speer）声称：“当希特勒任命我为国防部部长的时候，我把军事长官晒在一旁，而与专家、工厂主和工程师打得火热。随后我又借用了沃尔特·拉特瑙（Walter Rathenau）的观点，他是上次战争期间德国经济的大总管：实施零部件标准化、劳动分工以及最大限度利用流水线管理。”这可真是黑色讽刺：拉特瑙正是在德国推行泰勒主义的犹太人先驱。[17]

对于合理化量产和把工人缩小为机器中顺从的齿轮，希特勒可能会喜欢这样的观点，但是对于财务诚信的概念，他并不感兴趣。最终，对利润的追求让位于意识形态，德意志帝国银行（Deutsche Reichsbank）的（铁路）主管抛弃了实施细致的成本核算这个概念。尽管经理人员纷纷请求，德意志帝国银行的总管沃尔特·斯贝尔（Walter Speiß）还是拒绝了实施成本核算的要求。他的理念是，铁路运营属于公用事业，不能追求利润，而是要围绕帝国的政治目标做好服务。1936 年 1 月 1 日，负责成本管理的主管被解职，并被分配到其他工作岗位上，对会计核算数据的收集工作也相应被压缩。就像在菲利普二世统治时期一样，内克尔以及大英帝国海军都认为，战争（当时的战争规模可谓前所未有）是一项特殊的费用支出，不能按照传统的投资收益或清晰的会计核算方法进行管理。这种军事领域的主宰思潮将会继续演化，最终，战争本身就成了一场可怕的清算。[18]

20 世纪初的时候，会计师已经重新赢得了人们的尊敬，而此前狄更斯曾经将这种荣耀剥夺。正如查尔斯·瓦尔多·哈斯金斯一样（作为会计核算培训和标准制定方面的先驱），他们是服务于理性分析和社会大众的一群人，也是试图搞清楚神秘的公司账务和财务信息，并对其加以监管的世俗检察官。有意思的是，尽管反犹太主义者将犹太人描绘成恬不知耻的国际金融家和投机商人，但会计师仍然被视为政府公共服务和公众利益的代表。他们作为现代经济社会沉默仲裁员的角色，在新的会计师事务所中得到了进一步强化。截至 20 世纪 20 年代，在美国这个全球最大的工业化民主国家，信奉公众利益的会计师与主张自由民主的政治家通力合作，为使市场经济和政府管理变得更加透明、更加理性而共同奋斗。行业、会计师和政府都不断进步，看起来都已经信心满怀，认为他们不再面临难解的迷局。哈斯金斯及其追随者创设了各种会计等式、会计方法、会计手册，开办了许多会计学校和专业服务机构，甚至还推动立法，并设立了政府审计机构。所有这些都围绕着一个目标，就是在现代社会中做好会计核算工作。

第十三章
审判日

上帝会让我们偿还所欠的债务。

无须执迷于惩罚的外在形式：

想一想接下来将会发生什么；最差的情形，

也不会超过末日审判。

——但丁，《炼狱篇》（*Purgatorio*）第 5 章

亚瑟·洛斯·狄金森（Arthur Lowes Dickinson）于 1900 年 10 月底从伦敦来到纽约，担任普华永道纽约办公室的主管。狄金森来自一个画家、思想家辈出的名门望族，并拥有剑桥大学的数学学位，他办事有条不紊，致力于将英国会计核算中道德独立和服务大众的悠久传统发扬光大。在狄金森的监督推动下，声誉日隆的普华永道为美国钢铁公司（U.S. Steel）准备了 1902 年的财务报告，《科学美国人》（*Scientific American*）称赞其是"有史以来全美国企业发布得最完备的财务报告"。他还在芝加哥和圣路易斯（St. Louis）主持开设了审计分所，并成为伊利诺伊州会计师协会的会长。他不知疲倦地工作，为联邦贸易委员会（Federal Trade Commission）设定审计标准，并撰写会计书籍，比如影响深远的《会计实务和程序》（*Accounting Practice and Procedure*，1913）等。[1]

作为极具绅士风度的会计师的典范，他回到了普华永道伦敦办公室，并在第一次世界大战期间就任公职，之后在1919年，英皇乔治五世（King George V）为其授勋。狄金森认为，会计师要专心投入到数字核算和推动合规的工作上，切实担负起企业与政府之间不偏不倚的仲裁员的责任。要保持这一姿态并不容易，在竞争激烈的新大陆更是如此。狄金森发现，美国企业的发展难以预测，节奏很快，而且大多没有监管。他抱怨称："在英国，年度审计一直是公司业绩的重要保证，但在美国，这种情况少之又少，而且美国大企业的业务发展往往取决于少数人的心血来潮，这种发展模式可不能说具有什么确定性。"[2]

狄金森也很快发现，美国客户并不知道如何区分"好的审计和差的审计"。这就意味着，普华永道承接的美国业务，因为无法接触到完整的会计账簿信息，不得不依照"投机取巧"的审计模式来开展，这种行为在英国被视为不道德的行为。在这种情况下，狄金森被迫采取了一些非常规的方法，比如现代广告等，并积极向客户争取接触完整的财务账簿信息。但糟糕的是，美国客户并不希望"完全公开财务信息"，他们希望得到业务经营方面的意见和建议，这在狄金森看来，是身为经验主义核数师的会计师难以做到的。但无论如何，狄金森一直致力于推动提供尽可能完备的审计报告。截至20世纪20年代末，普华永道已经成为美国最大的审计机构，正如《财富》（*Fortune*）杂志所称，其当数"世界头等的会计师事务所"，为纽约证券交易所700家上市公司中的146家提供审计服务。查尔斯·瓦尔多·哈斯金斯家乡本地的哈斯金斯销售公司（Haskins and Sells），以及其他如德勤等一系列受人尊敬的事务所日益崛起，为美国的石油公司和蓬勃发展的商学院提供服务，在狄金森看来，理性和秩序已经降临曾经是一片蛮荒之地的美国西部地区。[3]

但是，狄金森一直期待，在理智的私人审计师的努力下，实现企业经营秩序井然，政府管理平稳协调。他的这种希望却一直没有得到实现。纵观20世纪和21世纪，现代会计师事务所充其量扮演了不偏不倚的仲裁人和经验丰富的财务分析师的角色。而在很多情况下，面对一团黑幕的企业账簿和不负责任的政客领袖，它们其实只能自认倒霉。从最坏的情况下，它们其实充当了财务诈骗的帮凶。现代财务日益复杂，经济危机的浪潮此起彼伏，改革措施和财务诚信的目标越发难以实现，这些导致会计师的角色地位更弱，也日益模糊。

如果说在20世纪20年代早期的时候，亚瑟·洛斯·狄金森可能还觉得十分骄傲，因为他在美国一手构建起专业的英式审计体系，但他没能预见社会诚信出现的大问题，而这些问题很快就导致大萧条（Great Depression）的爆发，以及针对会计核算行业本身的残酷审判日的到来。1926年，哈佛大学经济学教授威廉·Z. 里普利（William Z. Ripley）在《大西洋月刊》（*Atlantic Monthly*）上发表了一篇广为传阅的文章："停下来，看一看，听一听！股东要求获得足够的知情权。"在里普利看来，在诸如哈斯金斯以及狄金森等人的包装下，满世界都是完整细致的账簿信息，这完全是一个假象。他警告称，企业依然"在很大程度上处于云山雾罩之中"。他十分怀疑，广告宣传能够替代清晰透明的财务报告信息。"我的桌子上摆满了大量的公司宣传手册。其中，我主要关注的是皇家烘焙面粉公司（Royal Baking Powder Company），在超过25年的时间里，该公司从来没有公开过任意一张资产负债表或者一份财务报告。"对于像造星工厂（Singer Manufacturing Company）、美国饼干公司（National Biscuit Company）以及吉列安全剃须刀公司（Gillette

Safety Razor Company）等企业，“这些花里胡哨的企业根本不设利润表或者折旧科目”，而权责发生制（或者负债项目）则更是被扔得一干二净。[4]

里普利预测，公司缺乏信息透明制度，将最终对美国经济造成侵蚀。为了确保投资的安全稳健，公众需要了解更多的信息，因为“公司信息的晦涩掩饰早已经不合时宜了”。只有当公司披露其真实的价值资料时，股票市场才能够实现正常运转。他对此控诉称，对于企业财务报告和资产负债表的披露，根本就没有任何制度规范。尽管存在像普华永道这样的公司，但众多家族企业的账簿资料依然很糟糕，而大公司甚至直接不公开其收益情况。里普利坚持认为，美国企业依然在热带雨林中野蛮生长。

如今已成为美国普华永道高级合伙人的乔治・O. 梅（George O. May）对里普利的观点做出了回应，他坚持认为，审计并不是完美无缺的。任何一家公司都可以做假账，而这是很难验证的。他认为：“不管实施多少监管，都没法让投资者从一家管理糟糕的企业中获得满意的回报。”但尽管为会计师事务所的工作内容进行辩护，他也承认，对于金融监管的缺失，以及在不良财务报告基础上开展的审计工作准确性等问题，他也十分担心。他建议对企业保持警觉，坚持要求每位审计师提供证明文件，说明财务报告“按照认可的会计准则进行了公允反映”。[5]

20 世纪 20 年代，纽约证券交易所逐渐发展成为世界重要的金融机构。其交易量也开始成倍增长，道琼斯工业指数（Dow Jones Industrials Index）在 1922 年是 95.51 点，在 1929 年 1 月之后一路攀升至 340 点。但随后正如里普利警示的那样，繁荣的 20 年代（Roaring Twenties）只是因美国企业财务作假、包装宣传吹起来的泡沫。几个月之后，就在 10 月 24—29 日的短短几天时间里，股票市值缩水超过30%。在最低点的时候，美国国内生产总值下降了30%，商品批发价格下跌了32%，9 000家银行破产，失业率飙升至25%的高位。截至1933年，纽约证券交易所股票市值缩水89%。这可不仅仅是经济糟糕表现的全部内容。此前从未有过规模如此巨大、结构如此复杂的经济体，在很大程度上依赖公开交易股票的情况下，如此不透明的财务信息却依然得到了监管机构的默许。里普利是正确的，企业的会计账簿信息已经一塌糊涂。糟糕的会计核算并非大萧条的直接动因，却起到了推波助澜的作用。危机爆发数月之后，华尔街交易员已经彻底明白，自己手中交易的股票一文不值。经济学家约翰·肯尼思·加尔布雷斯（John Kenneth Galbraith）感叹道："如果必须说市场很疯狂的话，那我们也不得不感慨其场面的宏伟壮观。"但是那些悲惨的失业人员并不见得认同这一观点。[6]

为了应对这次危机，1933年，国会修改了《格拉斯－斯蒂格尔法》（Glass-Steagall Act），将投资业务和商业银行业务分割开来，阻止投资银行开展风险过高和难以监管的交易活动，将投资者置于高风险的境地。这也有利于对资产和负债进行审计。纽约前地方检察官费迪南德·佩科拉（Ferdinand Pecora，1882—1971）曾经揭发J.P.摩根与享有特权的投资人分享优先股内部信息，这些特权投资人包括美国前总统卡尔文·柯立芝（Calvin Coolidge）在内，在他改革热情的激发下，1934年，罗斯福内阁组建了SEC，进一步强化了改革措施。该委员会由政治王朝的开创者约瑟夫·P.肯尼迪（Joseph P. Kennedy）担任主席，而且更重要的是，肯尼迪还是深谙内幕交易的行家里手。SEC对上市公司的会计核算和报告标准进行了规范统一。罗斯福并不认为他可以清除诈骗和瞒报行为，但他认为，SEC能够阻止向股票持有人"故意散播恶意信息"，限制内幕交易行为，禁止那些扰乱市场的优先股的投机行为。[7]

美国《1933年证券法》(Securities Act of 1933)为这家新成立的监管机构赋予了监管权力，使其有权要求公司提供更完整的资产负债表和损益表，“资产评估表”或“资产负债估值表”，以及对“折旧项目”和“清理项目”进行的核算，还有对公司所有分支机构实施的详细的合并审计等。1935年，在“首席审计师”的协助下，SEC制定了监管规则，对所有上市公司的财务报告提出了监管要求。即便如此，会计师事务所的主管依然担心，这些改革措施给自己（而不是公司）带来了太多的责任，因为公司仍然有可能对提供给事务所的报表做手脚。会计师事务所希望每份审计报告之后都有一份声明：“我们对贵公司的账目进行了审查，并提出了审计意见。”[8]

美国会计师事务所的主要合伙人担心，政府对金融市场的监管过程会占据过于突出的地位，影响金融行业的独立性和金融创新活动。从会计师事务所的角度来看，这就是他们所担心的问题，从19世纪中期它们向美国政府提供审计服务和审计标准之时，这种担心就一直存在：强制性的审计要求可能取代注册会计师的地位，取而代之的，是一些看不惯金融企业的政府审计人员。但是，在1929年大危机之后的一片混乱情形下，这种论调逐渐丧失了市场，人们对遭受挫折的金融行业的信心降到了历史低点。看到监管的推行已经不可避免，普华永道的一位高级合伙人乔治·O.梅希望，通过帮助政府实施改革并加强监管，可以继续确保会计师那受人尊重的独立地位。人们依然对私人会计师保持敬意，他们可以在政府实施监管的过程中发挥领导作用。按照这一逻辑，会计师志愿者为SEC设计了财务报告的格式，并起草了官方的审计指引。梅本人还协助起草了美国通用会计准则（Generally Accepted Accounting Principles，简写为GAAP）的基本条款，如今这些规定依然以

GAAP 的形式为人熟知。[9]

大危机过后，监管标准改革的涟漪蔓延至全球各国。1949 年，美洲会计师协会（Conferencia Interamericana de Contabilidad）起草制定了南美和中美洲的监管标准。1951 年，奥地利、比利时、法国、德国、意大利、卢森堡、荷兰、葡萄牙、西班牙和瑞士成立了欧洲会计师联合会（Union Européenne des Experts Comptables）；丹麦、爱尔兰、挪威、瑞典和英国于 1963 年加入。1957 年的《罗马条约》（Treaty of Rome）成立了欧洲经济共同体（European Economic Community，简写为 EEC）以及国际会计准则委员会（International Accounting Standards Committee，简写为 IASC）。同年，远东会计师大会（Far East Conference of Accountants）宣告成立。战后各国合理搭建起一整套会计核算框架，对新的全球经济体制实施监管。到 20 世纪 60 年代的时候，普华永道已经可以要求利用通用准则，对美国和英国公司国外分支机构的"真实公允价值"展开评估了。全球贸易的发展，引发了会计师所说的"准则互认"需求。作为 IASC［2001 年成为国际会计准则理事会（International Accounting Standards Board，简写为 IASB）］的主席，亨利·本森爵士（Sir Henry Benson，随后成为勋爵）还是英国的军需品专家和英国特许会计师协会（Institute of Chartered Accountants of England）的主席，他继续推广应用 GAAP，GAAP 逐渐成为国际会计机构普遍认可的标准。[10]

1946—1961 年这段时间被认为是会计师的黄金时代，社会对会计师普遍都很信任。在西方经济体和日本，清晰的审计准则和监管制度与经济扩张相生相伴。但是，19 世纪以来，会计核算的文化内涵已经发生了改变。政府管理机构、办公司局、法律法规以及税法不断增多，这不可避免地导致会计核算日益复杂。前面章节中列出的那些机构名称，验证了 20 世纪会计核算体系中个人因素日益消逝的特点。如今，会计核算仅掌握在那些具备专业知识、高深莫测甚至是受过最优质教育的人手中。如今的会计师行业不仅仅等同于专家型行业，还意味着大型计算机时代冷冰冰的大量数据核算处理工作。

正如战后的经济增长一样，会计核算的黄金年代也不会一直持续下去，而就会计师而言，他们作为企业和监管之间的中立仲裁员，以及占据主导地位甚至是具有绅士风度的社会形象，很快就发生变化了。从 20 世纪 50 年代中期开始，会计师事务所之间的竞争日趋激烈。毕马威在收入方面超过了普华永道，亚瑟·安达信（Arthur Andersen）是挪威移民的后代，并在普华永道得到了锻炼，他于 1913 年成立了安达信会计师事务所（Andersen & Co.），将一种全新而独特的美国文化引入到审计实践中。高压时期，芝加哥各类企业的经营混乱不堪，受此冲击，亚瑟·安达信试图重新推动这座腐败之城重回正轨。在这座城市占据主导地位的，原本是像杰克·“油腻的大拇指”·古兹克（Jake “Greasy Thumb” Guzik）这样的角色，他是艾尔·卡彭（Al Capone）手下臭名昭著的会计师，他的账簿记录所提供的逃税证明，最终导致卡彭的垮台。安达信十分重视职业道德，坚持认为审计师的服务对象中，居于首位的、最重要的就是投资人。安达信坚持认为："为了确保审计报告的诚信准确，会计师必须保证其在思考判断和决策行动方面的绝对独立。"他说，如果自己认为财务报告数字不准确或存在错误，那"芝加哥这座城市给多少钱也不能"让他在财务报告上签字确认，即使这将导致他失去一位重要的审计客户。[11]

安达信坚信，严格的审计纪律和较高的服务标准可以通过培训来实现。他试图根据"直线思考、坦率沟通"等原则，为社会提供自己理想的审计服务，据他所说，这一原则是其作为挪威人的母亲信奉的简单原则。安达信要求的品行端正、严格自律和积极参与竞争等理念，为全新审计业务模式的出现奠定了基础。安达信没有致力于把那些常春藤盟校（Ivy League）或其他顶级名校的毕业生招入麾下，而是致力于亲自把那些中西部有志青年培训成才。在位于芝加哥城外的圣查尔斯（St. Charles）原圣多米尼克学院（St. Dominic College）所在地，他自己设立了占地约 333 866 亩的会计学院。鼎盛的时候，学院有 500 名编内职工，1 800 名全天住校的学生，每年通过学院测试的半工半读生高达 68 000 名。在这片会计知识的乐土上，新学员在学院里生活、学习，与事务所合伙人打成一片，合伙人向他们灌输的是一种宗教狂热般的刻板和统一要求。学校对衬衫、领带和帽子等着装有统一的规定，需要把这些挂在特定的衣帽钩上，这让人感觉就像是从劳动节（Labor Day）一下子到了阵亡将士纪念日（Memorial Day），然后时间又继续向后推移。安达信的全体雇员有时候被人称为“机器人”，不管他们来自芝加哥、伦敦还是吉隆坡，经过培训之后，他们就好像从一个模子里出来的一样，遵循精确一致的标准，具有很强的业务竞争力，等级分明而又忠诚尽责。直到 20 世纪 70 年代以后，这种模式仍然没有什么变化。20 世纪 90 年代，有位刚被招录的新员工描述了安达信培训流程开始时的情景：“这是面对红色高棉（Khmer Rouge）的第一年。每个人都好像是刚出生一样。”[12]

从最开始的时候，安达信就有意与普华永道的英国模式保持距离。安达信坚信，只要严守诚信，面对“新企业投资或现有业务拓展的可行性”时，会计师同样能够提供咨询服务。可以利用成本会计模型对全部业务流程进行重新设计；而这也正是行业的发展方向。随着普华（Price Waterhouse）、德勤、毕马威、亚瑟·安达信、图什·罗斯（Touche Ross）、永道（Coopers & Lybrand）、恩斯特·惠尼以及亚瑟·扬（Arthur Young）这八大会计师事务所之间的竞争日趋激烈，所有事务所都开始将业务触角伸向咨询领域，职业独立的界限日益模糊，因为这些事务所所获得大量咨询业务的企业，正是它们为之提供独立审计业务的企业。[13]

当时这八大会计师事务所遇到这些麻烦只是一个时间先后的问题。20 世纪 70 年代，众多会计丑闻对审计行业造成了冲击，当时不合实际的记账方法，使得宾州中央铁路（Penn Central Railroad）等企业可以在破产前夜，公然宣布 400 万美元的利润数据。在越南战争（Vietnam War）爆发之后社会动荡的环境中，会计师和机器人正迎合了人们对“古板守旧”（square）的定义，自然很难成为受欢迎的社会角色。1971 年，在尼克松政府管理时期，通货膨胀率提高至 5%。1971—1976 年，物价大幅上涨了 38.2%。许多社会评论员为此责备会计师，因为他们没有在“通货膨胀会计核算方法”方面达成一致。不管是否公允，当企业因为高估利润、低估折旧费用，或者因为币值剧烈波动而错误估算货币价值，从而做假账的时候，会计师总是被指责的对象。在物价剧烈波动的混乱环境下，人们认为会计师不能，或者不愿意实施客观独立的审计工作。[14]

通货膨胀对价值评估这一概念造成了冲击，也因此影响了传统会计核算的确定性。当货币价值因通货膨胀而缩水的时候，由于折旧或者历史价值是以最初购买价为基础、随时间推移而逐步计算的，因此就不能准确反映资产的真实价值，或者从会计角度来说，重置成本和最初买价之间就会产生差异。如果对折旧和升值价值做出错误的评估，公司就可以借此隐藏收入并操纵资产价值。

为了应对企业会计造假的问题，会计师提出了“减值确认”（impairment recognition）这一概念，将财务报告不实的问题考虑进来，以便对企业资产的真实价值做出评估。他们利用逐日盯市

（market-to-market）方法来衡量企业资产的“公允价值”。这就意味着，在评估一家公司的价值时，要根据当前的市场价格，而并非以历史价值或者最初购买价为基础进行折旧计算。以“公允价值”为基础的会计核算方法，正是基于货币价值并非总能保持不变的观点。今天的货币价值，要根据物价总指数，以其当前的购买力来计算。这就意味着，过去的货币价值要根据其当前“实际”的购买力进行评估。但是，并非所有会计师都认为公允价值评估方式是最合适的，因为这种估值方式也有可能被操纵。如今人们认为资产价值有一定的不确定性，这就导致会计核算更加灵活，而对会计资料进行审计的难度也更高。

更具危害性的是，随着会计丑闻和晦涩难懂的经济辩论不断爆发，社会对会计审计和企业会计报表的信任不断降低，公众不仅被这些辩论弄得一头雾水，在辩论过程中，他们还被有意识地忽略了。当时普华永道的主管赫尔曼·贝维斯（Herman Bevis）抱怨道，公众希望会计师事务所所做的，与会计师事务所本身能够做的，这二者之间存在“期望差距”（expectation gap）。问题并不仅仅是社会信任不足。截至 1966 年，根据《联邦民事诉讼规则》（Federal Rules of Procedure）和 1931 年厄特马斯（Ultramares）案件中所确定的标准的实施，审计师需要对单一的股东承担责任，因此，如果会计师的审计客户出现财务作假，那会计师事务所也可能需要承担相应的责任。如果公司提交了虚假的账簿信息或做出不实陈述，而会计师事务所没有发现这一点或者没有将企业作假情况进行报告，那么，被审计企业和会计师事务所都将面临法律诉讼。[15]

1974 年，当时的八大会计师事务所总共遭遇了 200 多起诉讼。1976 年，国会介入设立了由蒙大拿州（Montana）民主党强势的资深参议员李·梅特卡夫（Lee Metcalf）领导下的委员会。关于梅特卡夫报告（Metcalf Report）的诅咒不绝于耳。报告称，面对其所审计的客户，会计师事务所拥有“超出委托权范围”的权力，这体现了“值得警惕的独立性的缺失”。梅特卡夫委员会（Metcalf Committee）也对SEC进行了谴责，因为SEC“在保护公众利益和完成公众所托方面存在重大缺陷”。梅特卡夫委员会坚持要求，SEC必须对会计师事务所在审计和咨询服务两方面同时加强监管，确保其符合独立性要求。会计师事务所再也不能自己制定相应审计规则了。糟糕的会计核算已经在全国范围内引发了关注，而200年来一直将会计核算准则制定权交由公司来行使的美国政府，如今终于正式进场，国会对会计核算行为和会计核算标准实施监管的时代由此开启。[16]

但诚信审计也是一把双刃剑。如果如今政府成为主要的审计师，那谁又会负责对政府进行审计呢？20世纪六七十年代，美国政府慢慢开始公开账簿信息，接受公众审查。国会就越南战争的军费预算问题与林登·约翰逊（Lyndon Johnson）总统进行过争辩，随着20世纪70年代通货膨胀引发经济动荡，社会逐渐形成共识，需要设立一个超越党派之争的政府审计机构，来协调政府财政方面的政治争论。1972年，当总统理查德·尼克松（Richard Nixon）要求国会将政府债务上限提高至2 500亿美元的时候，国会就财政支出优先顺序问题进行了抗议，并由此设立了预算控制联合研究委员会（Joint Study Committee on Budget Control），这赋予了国会在政府预算和债务决策方面更大的话语权，使其与总统管理与预算办公室（President’s Office of Management and Budget）分庭抗礼。尼克松总统签署了法令，批准成立超越党派利益的国会预算办公室（Congressional Budget Office，简写为CBO），负责向议会提供从政府税收到财政支出等在内的各类财务分析数据。反过来，穆迪、标准普尔（Standard and Poor's）和惠誉（Fitch）等老的信用评级机构，原本成立的目的是分析铁路公司的股票信息，如今 SEC 授权它们成为全国认可的统计评级机构（Nationally Recognized Statistical Ratings Organizations，简写为 NRSRO），负责对私人企业和政府发行的各类债券投资证券进行官方评级。[17]

20 世纪 80 年代后期，评级机构进一步拓展业务范围，对各国的信用水平展开了分析，以便评估该国币值水平和政府债券利率的高低（也就是一国政府成功偿还债务的能力），评级对象从 3 个国家扩展到 50 多个。1985 年之前，大多数国家都是 AAA 评级，但在 20 世纪 90 年代初期，随着政府债务水平和币值的高低情况日益复杂，评估难度不断加大，上述情形有所改变。评级机构及其批评者都认识到，通过评估主权债务（也就是一国政府发行并出售给外国投资者的政府债务）来确定一国的评级水平，是极度主观化的行为。无论如何，评级机构依然保持着超高的社会地位。[18]

但是，由于会计师事务所积极参与提供咨询服务，这种本可以预见到的利益冲突，进一步损害了会计师事务所的声誉。梅特卡夫报告对会计师事务所提供咨询服务提出了严厉批评，声称这些服务“与独立审计师承担的责任是完全不相容的，联邦行为准则应当坚决禁止这些行为”。但会计师事务所仍继续提供这些服务，它们坚持认为，即使咨询服务的对象就是它们的审计客户，这些服务与它们作为独立审计师的角色依然是兼容的，但它们真正追求的，只不过是成百上千万美元的服务费。1981 年，记者马克 · 斯蒂文斯（Mark Stevens）针对其所称的“金钱黑幕”撰写了一篇尖锐的评论文章，指责当时的八大会计师事务所在它们进行审计的大量审计工作底稿中“上了一把锁”，而尽管此前的梅特卡夫报告已经有过类似的批评，他还是重申了审计行业“玩忽职守”的问题。审计行业的名声遭到了重创，但拥有大规模审计经验的，仍然只有这几家大型会计师事务所。尽管公众对它们极度不信任，但公司对它们推崇备至，这八大会计师事务所依然在审计行业占据着统治地位。[19]

1989 年，恩斯特・惠尼会计师事务所与亚瑟・扬会计师事务所合并成立了安永会计师事务所，德勤会计师事务所与图什・罗斯会计师事务所合并成立了德勤・图什会计师事务所（Deloitte & Touche），英国的事务所合并有所不同。八大会计师事务所变成了六大会计师事务所。1991 年，斯蒂文斯又写了一篇攻击审计行业的文章，即“六大：美国顶尖会计师事务所是如何出卖自己的”（The Big Six: The Selling Out of America’s Top Accounting Firms）。他声称，在不受监管的情况下，这 6 家审计“巨兽”通过向其审计客户提供咨询服务，正在中饱私囊。好的审计也就意味着公司较高的估值，这反过来也就意味着，会计师事务所可以因提供咨询服务而得到更多的回报。在斯蒂文斯看来，审计师提供了具有误导性的审计服务，甚至可以说，通过这种方式，他们在从银行抢钱。他继续抨击道，华尔街抱有一种天真幼稚的信任，认为会计师事务所毫不利己，专门利人。[20]

也有一些不那么尖锐的评论，对大型会计师事务所的诚信提出了疑问。例如，理查德・梅尔彻（Richard Melcher）是《美国商业周刊》（*Business Week*）的财经分析师和总编辑，1998 年，他在杂志的一篇报道中问道：“会计师到底在哪里？”梅尔彻指责称，会计师不仅没有做好其作为不偏不倚的仲裁员的任务，反而为其审计客户从事大量虽然符合会计要求但风险度很高的业务活动预留了空间。[21]

梅尔彻批评道，如今会计师事务所的收入构成中，超过 50% 都来自咨询服务，这已经开始超过其审计业务收入。许多公司的高管都来自像安达信会计师事务所这样的机构，事务所与公司之间签署了同时涵盖审计和咨询服务的巨额服务合同，在这种情况下，“一夜之间，环境问题或其他法律责任的要求被降到了最低，存货折旧计价方法得到了普遍推广，也可以说季度末的销售收入迅速膨胀”。他希望，SEC对此能够加以重视。安达信会计师事务所的高级合伙人实际上还对梅尔彻的论文进行过会议讨论，甚至还对自身过于依赖咨询服务表示过担心。但是没有人采取任何措施来确保会计师事务所的独立性，更不用说对公司的诚信道德和承担的风险开展检查了。[22]

因为担心审计工作不到位可能引发法律诉讼问题，绝大多数审计师都能够坚持原则。但如今，公众已经不再信任他们了。原因不言自明。与咨询服务相比，公司对审计的兴趣已经大幅减弱，因为前者可以使它们的利润节节攀升。咨询服务行业一片繁荣。但最糟糕的情况终将降临。[23]

1999年，在几乎没有公众抗议和投资者不满的背景下，美国政府以推动经济自由化的名义，以《金融服务现代化法案》（Gramm-Leach-Bliley Act）取代了《格拉斯－斯蒂格尔法》，允许商业银行、投资银行、证券公司和保险公司进行合并。这使得银行可以吸收存款、发放贷款，同时也可以承保保险业务、出售债券产品（比如抵押贷款组合等）。1999年11月12日，在该法案上签字使其具有法律效力之后，克林顿总统意识到，这是“自1930年以来美国金融体制最重要的变革”。他声称，废除《格拉斯－斯蒂格尔法》，允许银行和证券公司“互设分支机构”，有利于促进市场竞争，“推动金融体系的稳定”，并帮助其“更好地参与全球金融市场的竞争”。克林顿坚持认为，新法案囊括了“推动金融安全稳健运行的重要举措”。但是，随着“非理性繁荣”（irrationally exuberant）思维的蔓延，人们认为当时的市场繁荣景象将一直持续下去，政府的监管力度不断削弱，金融产品日趋复杂，这些因素共同导致自大萧条以来，针对会计核算和公司诚信问题而制定的安全保护措施正在日渐消失。[24]

与此同时，到 20 世纪 90 年代，当时的六大会计师事务所在全球招录了成百上千的会计师。问题在于，审计业务市场已经饱和，增长的潜力很小，利润也开始下滑。如今公司开始怀念亚瑟·安达信最初提出的建议，即审计师应当利用其独特的定量分析视角，来拓展咨询服务。以安达信为例，公司解决问题的能力被广为传播，在安达信咨询的对比下，安达信审计业务很快就相形见绌，在此过程中，安达信咨询逐渐成了 20 世纪 90 年代极具破坏性的公司财务造假的主要推手。到芝加哥安达信总部参观的人都震惊了，他们发现，安达信审计公司的办公设施十分寒酸，而安达信咨询公司的办公地点则极尽奢华。尽管其他会计师事务所也因提供咨询服务收取了大笔费用，但安达信咨询才是利用咨询服务搅动市场行情的巨人。它们这样做完全是出于利润的考虑。1992—2001 年，公司利润增长超过 3 倍，其中 70% 都来自审计服务。安达信为那些“新经济”企业提供咨询服务，比如废物管理公司（Waste Management）、世界通信（WorldCom）公司，还有臭名昭著的得克萨斯州石油企业安然（Anron）公司，与此同时，它还为这些公司提供审计服务。所有这些公司都利用财务造假来推升其股票的市值。最终，所有企业都破产倒闭了，连一度令人尊敬的安达信会计师事务所也未能幸免。2002 年，因为安然公司制作虚假财务报告，安达信会计师事务所在得克萨斯州被起诉。SEC 还发现，安达信在为废物管理公司和世界通信公司等企业进行审计的过程中，存在大量舞弊行为。[25]

安然造假案的规模十分庞大，因造假而推升公司股价的做法也一目了然，当公司破产时，股东损失高达 110 亿美元，受这些因素的影响，安达信自然难逃破产的命运。安达信审计舞弊案是如此出名，以致 2002 年乔治·W. 布什（George W. Bush）总统在华盛顿的苜蓿草俱乐部（Alfalfa Club）晚宴上还拿安达信开起了玩笑。总统说，他从萨达姆·侯赛因（Saddam Hussein）那里收到了一条好消息，也收到一条坏消息。“好消息是，他愿意让我们检查其大规模杀伤性武器。坏消息是，他坚持要求，检查必须由亚瑟·安达信来实施。”[26]

在安然事件中，特定的安达信审计原则其实是发挥作用的，这个情况既让人感慨，又让人觉得讽刺。2001 年，针对安然公司的可疑交易和财务造假行为，受到良好培训的中级审计员起草了证据确凿的审计报告。但是，面对每年可能高达 1 亿美元的审计费损失，安达信的高管选择对事实视而不见。这个数目太大了，他们不想失去这项业务。有确凿证据显示，尽管知晓安然的不法行为，但安达信仍然选择了包庇。负责对安然账簿信息进行审计的合伙人大卫·邓肯（David Duncan）担心因违犯证券法而遭到起诉，于是要求其事务所的员工疯狂地将审计资料全部销毁。这当然是他的一厢情愿。这次舞弊案所涉金额庞大，安达信与安然的共谋行为性质十分严重，以至于安然倒闭之后，安达信也很快步了它的后尘。邓肯随后成为政府证人，针对其公司的舞弊行为出庭做证，而时至今日，在这场美国历史上性质最为恶劣、涉案金额最大的金融诈骗中，无论是邓肯本人还是安达信的员工，都没有因财务作假而坐过一天牢。如今，安达信雇用了 200 名基层员工来负责管理其后续的诉讼事宜，这与其曾经全球 85 000 人的员工规模相去甚远。[27]

为了应对安然事件和一系列其他公司会计作假和破产事件［其中包括泰科国际（Tyco International）、阿德菲亚（Adelphia）以及百瑞勤系统公司（Peregrine Systems）等］的冲击，乔治·W. 布什总统签署了 2002 年《萨班斯－奥克斯利法案》（Sarbanes-Oxley Act），并设立了上市公司会计监管委员会（Public Company Accounting Oversight Board，简写为 PCAOB），以确保审计师的独立，加强公司治理，并进一步明确企业审计和财务信息披露的各项要求。这完全属于要求公司诚信经营的法律规定。布什总统声称："低标准和假利润的时代已经结束，美国任何企业董事会都必须接受法律监管。"他的言外之意是，清算之日已经到来，至少对会计师来说是这样的："自由市场并非只有无耻之徒才能存活的原始丛林，自由市场也不是仅受利益驱使的金融自由散漫之所……出于维护我们这个自由经济环境的考虑，对于那些违犯法律的人，不管是违反公平自由原则的人，还是那些作假的人，也不管他们多么富有，多么成功，都必须付出相应的代价。"[28]

在民主党和共和党两党政治领袖的支持下，人们认为这项法律是如此的重要，其发挥的效果也将十分显著。随后，澳大利亚、法国、德国、意大利、以色列、印度、日本、南非和土耳其都通过了类似的法律规定。在美国纽约，人们希望，安然公司和世界通信公司倒闭之后，这项新的法律规定将重新树立起人们对美国股票市场的信心。但是，严格的会计核算监管导致的后果就是，较小的会计师事务所面对着越来越多像歌利亚（Goliath）这样的银行和大公司，而这类企业通过内部拿高薪的会计人员和说客，自己就能够做到领先审计师一个身位。

2008 年，当自身不完善而又估值过高的抵押债券组合［CDO（抵押债务证券）］引发世界性的金融危机时，这个问题就切实摆在了人们面前。纽约联邦储备银行、SEC 纽约委员会以及当时四大会计师事务所（普华永道、德勤、安永和毕马威 4 家机构总员工近 700 000 人），距离贝尔斯登公司（Bear Stearns）和雷曼兄弟仅仅一墙之隔，这两家公司的倒闭，使得政府不得不成立了挂着商业机构名称的问题资产救助计划（Troubled Asset Relief Program，简写为TARP），对还没有倒闭的投资银行实施联邦紧急救助。会计师事务所已经警告过各家银行和监管机构，称CDO属于三类资产（现金为一类资产），这类资产属于投机资产，风险很高。但是它们并没有相应的监管权力，抑或主动作为的意愿，来解决CDO引发金融危机这个难题。尽管监管机构、审计机构和银行家貌似走得很近，但几乎没有人意识到危机即将到来。

由于会计师事务所过于突出自己的弱势地位，就在危机爆发后不久，投资银行就开始指责当时的四大会计师事务所，认为它们对CDO产品所采取的新的风险规避型价值评估模式，影响了公众对这些资产的信心，加快了危机的蔓延。一方面是公众认为它们没有实施恰当的审计工作，另一方面是公司和金融家指责它们低估资产的价值，夹在二者之间的四大会计师事务所不得不百般小心，担心任何会计或法律行为的不当，都将招致安达信那样的诉讼，导致整个审计行业一败涂地。实际上，英国的监管者已经开始担心，四大会计师事务所的垄断本身就是一大风险因素。与投资银行十分类似的是，通过复杂的金融网络，所有公司的大额资金账户都是互相关联的。一旦四大会计师事务所之中的一家倒闭，也会将另外3家拉下水。如此看来，四大会计师事务所就成了大而不倒的机构，但同时也丧失了对其企业客户实施有效审计的能力。[29]

狄更斯已经预见到了这样的迷局。为了避免会计师事务所的舞弊行为，美国和英国政府都采取措施对审计业务加以限制，却发现，如果没有审计师的帮助，根本就无法对金融机构和企业实施有效监管，更不用说对政府进行监管了。尽管审计师成千上万，他们或者就职于会计师事务所，或者在SEC、美国律政司（更不用提欧洲的那些监管机构了）工作，但自从2008年金融危机爆发以来，没有一个人获罪入狱。确定哪些人实施金融诈骗，或者存在疏忽犯罪行为，并将他们缉拿入狱，这本来是审计师和政府监管者的分内之事，但 2008 年金融危机之后，美国和欧洲政府在这方面迟迟未采取措施，这实在令人迷惑不解，而如果采取这些积极有效的法律措施，本来可以推动监管改革，随后还可以使得金融行业更加完善。司法部部长埃里克·霍尔德（Eric Holder）公开阐述了自己的看法，他说，主要投资银行的规模和重要性，对于政府制裁那些金融不法行为起到了“抑制作用”。他还担心，除了罚款之外，针对金融机构所采取的持续的法律限制措施，将会危及整个金融体系的稳定。[30]

尽管法律要求更加严格，监管措施更加有力，金融媒体日益活跃，但财务的公开透明依然面临着很大的阻力。由于运作日益复杂，规模与日俱增，各大银行、公司和政府机构的审计难度越来越大。如果说真要对高盛集团（Goldman Sachs）进行审计，那到底需要多少审计师才能完成这项工作？10 000 人够吗？40 000 人够吗？这甚至根本是不可能的。现实情况是，就眼前来看，面对不断变异、像病毒传播似的发展的金融工具创新和银行创新演化，政府和会计师事务所根本跟不上它们的脚步。受到发展规划不合理和账簿记录糟糕等双重因素的影响，希腊等国家和底特律等大城市正走向破产，世界各地和各国政府糟糕的会计核算所带来的灾难性的影响，正威胁着世界金融体系的稳定。政府会计师经常认为，各国和各地区都具备支付养老金的能力。由于公众对长期政府债务的风险并不熟悉，因此，他们很少会对政府糟糕的账务管理提出异议。近期，司法部打击经济犯罪，并对大型银行开出了罚单，尽管面临这些威胁，但华尔街或政府本身并没有受到审判。而如果这场审判缺席的话，真正实施改革的动力就不会出现。[31]

结语

从文艺复兴到19世纪，伟大的艺术家和哲学家用笔描绘会计师，对这一群体复杂的社会形象展开了讨论。但如今，伟大的艺术家已经不再在会计师身上浪费笔墨了。这并不奇怪。随着安然公司的轰然倒塌，人们认为会计师不仅单调无聊，而且还唯利是图、极不专业。政治和金融评论员几乎不会提及会计师或者会计核算问题。由于会计师的形象阴沉冷漠，并且会计行业晦涩难懂，会计师已经与普通大众的日常生活脱节。如今的金融行业再也没有像查尔斯·狄更斯这样的艺术大师，可以通过优美的笔触，从道德和社会层面对复杂的财务核算进行全方位的分析，并将其栩栩如生地展现出来了。但在过去的一个世纪里，尽管会计师的文化意识和社会形象已经销声匿迹，但其队伍却日益庞大，其大规模的数据核算能力也不断增强，这在企业的财务运行过程中是必不可少的，对于社会诚信的构建更是不可或缺的。

我们可以看到，这其中的逻辑是：从文艺复兴时期的意大利和君主专制统治下的西班牙及法国，到商业社会繁荣发展的荷兰、英国和美国，会计核算以巨大的影响力逐渐登上了历史舞台，最终却以默默无闻逐渐谢幕。即使在财务文化最为普及的法国社会氛围中，也正如狄更斯的如椽之笔所描述的那样，会计核算是“辉煌的、影响深远的、力度空前的，同时也是难以持续的”。实际上，狄更斯觉得，会计核算是如此难以控制，以至于要想使他笔下的人物从数字和账簿文书的迷局中解脱出来，只有借助幸运之神的帮助。[1]

考虑到人类社会已经围绕财务诚信问题奋斗了好几个世纪，如今我们自己难以开展有效的审计，难以让公司和政府做到诚信负责，这些情况看起来让人觉得不可思议。但是，我们目前所处的窘迫状况，其实依然没有脱离历史的逻辑：会计核算改革的速度，远远赶不上人们从中找到漏洞的速度。确实，随着科学技术的发展，诚信负责成了一个愈发遥不可及的目标，因为监管者，甚至包括审计师在内，他们面临的情况是，市场有更加海量的数据，财务信息呈指数级增长，高频交易日益活跃，捆绑抵押贷款等金融产品也更加复杂。

对于当时四大会计师事务所的强势地位和脆弱特质，政府为这一两难情况感到纠结，与此同时，政府自身的会计账簿也变得日益混乱。高风险的抵押资产包依然难以估值，并威胁到银行业和股票市场的发展。美国有些地方已经破产，欧洲许多地方也游走在破产的边缘。国际会计准则理事会（International Accounting Standards Board，简写为 IASB）形容地方和政府的会计核算正处于“原始的无政府”状态。全球所有国家，无论贫富，都将其养老金和医疗费用的真实支出以及基础设施建设数据从其政府的资产负债表上抹去了。信用评级机构［穆迪（Moody’s）、惠誉（Fitch）以及标准普尔（Standard and Poor’s）］也下调了主要工业国家的评级，美国、法国，还有下调幅度更大的意大利、西班牙和希腊，也并非毫无过错。在一片由互不信任造成的恶性循环氛围中，许多评论员反过来又对评级机构以及当时四大会计师事务所的诚信和专业能力进行质疑。[2]

有人可能会问，为什么民主政府不站出来稳定金融市场，来为华尔街那些最复杂的杠杆产品以及已经廉价甩卖的抵押资产提供支持呢？原因之一在于，公众并不关心这些难以解决的问题，因为即使从最基本的会计核算原则和政治经济学理论来看，这些问题也是没法解释的。原因之二在于，面对不断变异、像病毒传播似的发展的金融工具创新和银行创新演化，政府和会计师事务所根本跟不上它们的脚步。

反过来说，当会计师事务所和公共组织无法获得准确数据，此时民众和投资者也不可能会继续保持其对大型商业机构甚至是政府的信心。为了推动严肃而具有建设性的政策辩论，国际货币基金组织（International Monetary Fund，简写为 IMF）的蒂莫西·欧文（Timothy Irwin）建议，政府发布包括净资产在内的资产负债表，披露其资产、负债情况，以及未来 50 年的预算数据。这看起来很简单，但是否可行呢？这些提议都没有解决会计核算公开透明这一历史难题。在实际上封闭的经济体环境下，该组织成员包括了世界工业生产和金融行业的绝大部分产出。除了经济周期因素之外，看起来世界金融体系的失败命运早已注定，其晦涩难懂并非出于偶然，而是体制设计重叠的结果。[3]

如果说有什么历史教训是值得我们学习的，那就是，能够成功驾驭会计核算工具并将其纳入文化传统的那些民族和社会，都无一例外地取得了成功。热那亚和佛罗伦萨等意大利民主城邦、黄金时代的荷兰、18 世纪和 19 世纪的英国及美国（只提及本书叙述过的地方），在这些国家和地区的教育体系、宗教和道德思想、艺术作品、哲学思考以及政治理论中，我们都能够看到会计核算的身影。

以荷兰为例，诚信可靠并非个人所学到的某个概念，也不是某一宗教或种族团体所遵循的职业道德。它已经渗透到社会文化的方方面面。个人在学校可以学到会计知识，并在企业经营、社会生活和家庭管理中加以运用，与此同时，个人还会读到论述会计诚信的宗教著作，看到许多艺术作品，将有关会计核算和财务自负的警示信息体现在作品背景中。政治家对会计核算和诚信的重要性展开讨论，政治宣传手册也借助宗教语言呼吁开展审计工作。受过教育的市民普遍认为，从城邦管理者到教育家，再到国王等手握大权的人物，都需要了解会计核算，并且必须知道财务诚信对其共和政体的重要意义。

如今，经济学越来越多地被压缩成对复杂经济数据的核算，以及有关人类行为模式或经济周期的理论描述。但是，经济学在诞生之初，并非仅仅是数学领域的研究，而更是对文化历史传统的追寻。法国经济学家让－巴普蒂斯特·萨伊（Jean-Baptiste Say）称，经济学“对日常生活中的财富进行阐述”，马克斯·韦伯（Max Weber）则坚持认为要对“经济学和社会学”同时进行研究。事实上，只有那些将金融置于相应文化背景下的社会形态，才最终成功避免遭受灾难性的财务清算。

也许，面对如今问题不断、高度金融化的社会形态，要实现最终的救赎，不仅需要参考约西亚·韦奇伍德（Josiah Wedgwood）以个人为中心、严格自律的核算行为，还要重温亚当·斯密（Adam Smith）等经济思想家的智慧，学习他们从历史和道德角度来分析解决问题的态度，此外也要借助现代的数据核算分析，更要从扬·普罗沃斯特（Jan Provost）的《死亡与守财奴》（*Death and the Miser*）等作品中汲取营养。这幅作品充分展示了会计核算和财富管理的重要性，将其体现在宗教、道德、公民政治和艺术等方面。由于将财务核算单独区分出来，如今我们的金融运作和政治治理水准已经有所降低。曾经，面对那些财务领域的思考者和践行者，我们要求他们，要将会计数据核算纳入社会运行和文化传播的整体架构，甚至要将平凡无奇的会计账簿数据提升到对伟大作品的描绘这一高度上来加以分析。要想在未来的整体清算中站稳脚跟，我们必须在思想文化领域重新树立起这样的壮志雄心。[4]

致谢

十分感谢大卫·A. 贝尔（David A. Bell），本书写作过程的每一步都有他的身影，如果没有他的帮助，我很难走到现在。

我在构思本书的时候，要感谢 Rob McQuilkin、Sophus Reinert、John Pollack、Ted Rabb、Peter Buker、Anthony Grafton、Will Deringer、Dan Edelstein、Keith Baker、Peter B. Miller、Jim Green、Matt Kadane、Sean Macaulay、Peter Stallybrass 以及 Alex Stirling。

我要特别感谢伊什特万·洪特（Istvan Hont），好久不见。

感谢 Alessandro Arienzo、Enzo Baldini、Alastair Bellany、Ann Blair、Robert Bloomfield、Gianfranco Borelli、John Brewer、Janet Browne、Joyce Chaplin、Paul Cheney、Bill Connell、Bill Deverell、Jan de Vries、Kate Epstein、Lynn Farrington、Moti Feingold、Steve Ferguson、Boris Fishman、Rob Fredona、Wantje Fritschy、Beth Garrett、Oscar Gelderblom、Peter Gordon、Orsola Gori、Amy Graves Monroe、Karen Halttunen、Colin Hamilton、Deb Harkness、Randolph Head、Carla Hesse、Steve Hindle、Blair Hoxby、Lynn Hunt、Matt Jones、Richard Kagan、Bruce Kahan、Béla Kapossy、Julius Kirshner、Christopher Krebs、Tom Lacqueur、Inger Leemans、Marie-Laure Legay、Alex Lippincott、James Livesey、Mark Lotto、Peter Mancall、Alex Marr、John McCormick、Siobhan McElduff、

Michael McKeon、Darrin McMahon、Ken Merchant、Wijnand Mijnhardt、Peter N. Miller、Ken Mills、Tony Molho、Craig Muldrew、John Najemy、Christopher Napier、Diego Navarro Bonilla、Vanessa Ogle、Derek Parsons、Renato Pasta、Nathan Perl-Rosenthal、Steve Pincus、John Pocock、Maarten Prak、Paolo Quattrone、Daniel Raff、Jack Rakove、Diogo Ramada-Curto、Orest Ranum、Neil Safier、Maurie Samuels、Margaret Schotte、Vanessa Schwartz、Catherine Secretan、Richard Serjeantson、Andy Shankman、Christina Shideler、Michael Sonenscher、Nomi Stolzenberg、Naomi Taback、Charles van den Heuvel、Ellen Wayland-Smith、Caroline Weber、Carl Wennerlind 以及 Isser Wolloch。我也也别感谢密歇根大学出版社。

要特别感谢明察秋毫的编辑拉腊·海默特（Lara Heimert），她对本书的信心从未动摇，还要感谢她在基础书籍出版社（Basic Books）带领的一流团队，成员包括凯蒂·奥唐奈（Katy O'Donnell）、米凯莱·雅各布（Michele Jacob）、卡西·内尔松（Cassie Nelson），特别是罗杰·拉布里（Roger Labrie），还要感谢文字编辑乔伊·马特沃斯基（Joy Matkowski）和制作编辑梅洛迪·内格龙（Melody Negron）。

对于不屈不挠的经纪人罗布·麦奎尔金（Rob McQuilkin）以及他的优秀文学社利平科特·马西·麦奎尔金（Lippincott Massie McQuilkin），我也怀有深深的感激之情。

感谢约翰·西蒙·古根海姆纪念基金会（John Simon Guggenheim Memorial Foundation）和约翰·D. 及凯瑟琳·P. 麦克阿瑟基金会（John D. and Katherine P. MacArthur Foundation）的资金支持，以及多恩西夫艺术和文学学院（Dornsife College of Arts and Letters）和南加州大学（University of Southern California）历史

系的资助和全力协助。

还要感谢费城白玻餐厅（Bibou Restaurant）、巴黎克伊－莱斯卡 (Choay-Lescar）一家和佛罗伦萨巴托里（Bartoli）一家给予的支持和款待。

如果没有各大图书馆和图书管理员的帮助，这个项目是很难完成的。我要感谢宾夕法尼亚大学珍本收藏馆、罗格斯大学图书馆、费城图书馆公司、法国国家图书馆、普林斯顿大学火石图书馆珍本收藏馆、佛罗伦萨邦档案馆、亨廷顿图书馆以及南加州大学图书馆。

本书的观点在一系列的会议探讨中得到了充实和完善，具体包括哥伦比亚大学 18 世纪研讨会（Columbia University Eighteenth Century Seminar）、布法罗大学的早期现代研讨会（University of Buffalo Early Modern Seminar）、耶鲁大学法国研讨会（Yale University French Studies Seminar）、TEDx 新华尔街（TEDx New Wall Street）、哥伦比亚大学法国之家（Maison Française de Columbia University）、哈佛商学院政治经济学新视角研讨会（Harvard Business School Seminar on New Perspectives on Political Economy）、沃顿商学院经济历史研讨会（Wharton School Economic History Seminar）、斯坦福大学人文研究中心（Stanford Humanities Center）、美国南加州大学－剑桥大学针对物质文化的 CRASSH 专题研究（USC-Cambridge University CRASSH Seminar on Material Culture）、剑桥大学经济历史研讨会（Cambridge University Economic History Seminar）、博查德基金会（Borchard Foundation）、海牙惠更斯研究所（Huygens Institute）、乌得勒支笛卡儿中心（Descartes Centre）、阿姆斯特丹菲力克斯莫里斯基金会（Felix Meritis Foundation）、奥斯陆其他佳能基金会（Other Canon Foundation）、加利福尼亚大学文艺复兴 2.0 伯克利研

究会（University of California Berkeley Seminar on the Enlightenment 2.0）、罗格斯大学近现代英国和欧洲政治辩论研讨会（Rutgers University Seminar on Political Polemics in Early Modern Britain and Europe）、《跨学科史学期刊》（*Journal of Interdisciplinary History*）、陆吉费坡基金会（Fondazione Luigi Firpo）、纳波利费德里克二世大学（University Federico II di Napoli）、近现代研究所和法律中心（Early Modern Studies Institute and the Center for Law）、南加利福尼亚大学历史和文化研究中心、加州理工学院 / 亨廷顿大学近现代税收经济学图书研讨会（Caltech/Huntington Library Conference on Debates over Early Modern Taxonomies）。还要感谢南加利福尼亚大学会计学、政治学和伦理学的大学研讨会的同学，他们帮我加深了对本书的思考。

注释

引言

1. Louise Story and Eric Dash, "Lehman Channeled Risks Through 'Alter Ego' Firm," *New York Times*, April 12, 2010.

2. Alain Desrosières, *The Politics of Large Numbers: A History of Statistical Reasoning*, trans. Camille Nash (Cambridge, MA: Harvard University Press, 1998), 177; Keith Thomas, "Numeracy in Early Modern England," *Transactions of the Royal Historical Society* 37 (1987): 103–132. On eighteenth-century North America, see Patricia Cline Cohen, *A Calculating People: The Spread of Numeracy in Early America* (Chicago: University of Chicago Press, 1982); Daniel Defoe, chapter 20 in *The Complete English Tradesman* (Edinburgh, 1839); Ceri Sullivan, *The Rhetoric of Credit: Merchants in Early Modern Writing* (Madison, NJ: Associated University Presses, 2002), 12–17.

3. Domenico Manzoni, *Quaderno doppio col suo giornale* (Venice: 1540), sig. ii verso. Paul F. Grendler, *Schooling in Renaissance Italy: Literacy and Learning 1300–1600* (Baltimore: Johns Hopkins University Press, 1989), 322.

4. A. C. Littleton, *Accounting Evolution to 1900* (New York: American Institute Publishing, 1933), 25.

5. Max Weber, *General Economic History*, trans. Frank Hyneman Knight (New York: Free Press, 1950), 275.

6. Werner Sombart, *Der Moderne Kapitalismus*, 6th ed. (Leipzig, 1924), 118. The translation is from J. A. Aho, *Confession and Bookkeeping: The Religious, Moral, and Rhetorical Roots of Modern Accounting* (Albany: State University of New York Press, 2005), 8. Also see Joseph A. Schumpeter, *History of Economic Analysis*, ed. Elizabeth Boody Schumpeter (New York: Oxford University Press, 1954), 156. Schumpeter cited in Yuri Bondi, "Schumpeter's Economic Theory and the Dynamic Accounting View of the Firm: Neglected Pages from the *Theory of Economic Development*," *Economy and Society* 37, no. 4 (2008): 528.

第一章

1. Suetonius, *The Twelve Caesars*, trans. Robert Graves (Harmondsworth, UK: Penguin Books, 1982), 69; *Res gestae divi Augusti*, trans. P. A. Brunt and J. M. Moore (Oxford: Oxford University Press, 1973), stanza 17.

2. Salvador Carmona and Mahmous Ezzamel, "Ancient Accounting," in *The Routledge Companion to Accounting History*, ed. John Richard Edwards and Stephen P. Walker (Oxford: Routledge, 2009), 79.

3. Ibid., 14; Max Weber, *The Theory of Social and Economic Organizations*, trans. and ed. A. M. Henderson and Talcott Parsons (New York: Free Press, 1947), 191–192; also see Aho, *Confession and Bookkeeping*, 8.

4. Littleton, *Accounting Evolution*, 83; Richard Brown, *A History of Accounting and Accountants* (Edinburgh: T. C. & E. C. Jack, 1905), 17.

5. Augustus Boeckh, *The Public Economy of Athens* (London: John W. Parker, 1842), 185–189, 194; Aristotle, *The Athenian Constitution*, trans. P. J. Rhodes (London: Penguin Books, 1984), 93–94.

6. Boecke, *The Public Economy of Athens*, 194.

7. Brown, *A History of Accounting and Accountants*, 30.

8. David Oldroyd, "The Role of Accounting in Public Expenditure and Monetary Policy in the First Century AD Roman Empire," *Accounting Historians Journal* 22, no. 2 (1995): 121–122.

9. Ibid., 31.

10. Cicero, *The Orations of Marcus Tullius Cicero (Philippics)*, trans. C. D. Yonge (London: Henry J. Bohn, 1852), 2:34.

11. Oldroyd, "The Role of Accounting," 123.

12. *Res gestae divi Augusti*, stanzas 15–16; Oldroyd, "The Role of Accounting," 125.

13. Oldroyd, "The Role of Accounting," 124.

14. Moses I. Finley, *The Ancient Economy* (Berkeley: University of California Press, 1973), 19.

15. Edward Gibbon, *History of the Decline and Fall of the Roman Empire*, 4th ed. (London: W. and T. Cadell, 1781), 1: chap. XVII, 55.

16. M. T. Clanchy, *From Memory to Written Record: England 1066–1307* (London: Blackwell, 1979); F. E. L. Carter and D. E. Greenway, *Dialogus de Scaccario (The Course of the Exchequer), and Constitutio Domus Regis (The Establishment of the Royal Household)* (London: Charles Johnson, 1950), 64.

17. Clanchy, *From Memory to Written Record*, 2–92.

18. Robert-Henri Bautier, "Chancellerie et culture au moyen age," in *Chartes, sceaux et chancelleries: Études de diplomatique et de sigillographie médiévales*, ed. Robert-Henri Bautier (Paris: École des Chartes, 1990), 1:47–75; Brown, *A History of Accounting and Accountants*, 53–121.

19. Brown, *A History of Accounting and Accountants*, 54.

20. Thomas Madox, *The Anqituities and the History of the Exchequer of the Kings of England* (London: Matthews and Knaplock, 1711); Clanchy, *From Memory to Written Record*, 78.

21. John W. Durham, "The Introduction of 'Arabic' Numerals in European Accounting," *Accounting Historians Journal* 19, no. 2 (1992): 26.

22. Quentin Skinner, *The Foundations of Modern Political Thought* (Cambridge: Cambridge University Press, 1978), 1:3.

23. Quotations from Grendler, *Schooling in Renaissance Italy*, 307; Ingrid D. Rowland, *The Culture of the High Renaissance: Ancients and Moderns in Sixteenth-Century Rome* (Cambridge: Cambridge University Press, 1998), 110–113.

24. Grendler, *Schooling in Renaissance Italy*, 307.

25. Ibid., 308.

26. Carte Strozziane, 2a serie, n. 84 bis, Archivio di Stato, Florence. Also see Geoffrey A. Lee, "The Coming of Age of Double Entry: The Giovanni Farolfi Ledger of 1299–1300," *Accounting Historians Journal* 4, no. 2 (1977): 80. On Italian origins of double-entry bookkeeping, see Federigo Melis, *Storia della ragioneria* (Bologna: Cesare Zuffi, 1950); Federigo Melis, *Documenti per la storia economica dei secoli XIII–XVI* (Firenze: Olschki, 1972); Raymond de Roover, "The Development of Accounting Prior to Luca Pacioli According to the Account-Books of Medieval Merchants," in *Studies in the History of Accounting*, ed. A. C. Littleton and B. S. Yamey (London: Sweet & Maxwell, 1956), 114–174; Raymond de Roover, "The Development of Accounting Prior to Luca Pacioli," in *Business, Banking and Economic Thought in Late Medieval and Early Modern Europe: Selected Studies of Raymond de Roover*, ed. Julius Kirschner (Chicago: University of Chicago Press, 1974), 119–180; Pietro Santini, "Frammenti di un libro di banchieri fiorentini scritto in volgare nel 1211," *Giornale storico della litteratura italiana* 10 (1887): 161–177; Geoffrey Alan Lee, "The Oldest European Account Book: A Florentine Bank Ledger of 1211," *Nottingham Medieval Studies* 16, no. 1 (1972): 28–60; Geoffrey Alan Lee, "The Development of Italian Bookkeeping 1211–1300," *Abacus* 9, no. 2 (1973): 137–155.

27. De Roover, "The Development of Accounting Prior to Luca Pacioli," 124, 122.

28. Edward Peragallo, *Origin and Evolution of Double Entry Bookkeeping: A Study of Italian Practice from the Fourteenth Century* (New York: American Institute Publishing Company, 1938), 4–5; Brown, *Accounting and Accountants*, 99; Alvaro Martinelli, "The Ledger of Cristianus Lomellinus and Dominicus De Garibaldo, Stewards of the City of Genoa (1340–41)," *Abacus* 19, no. 2 (1983): 90–91.

29. For an analysis and reproduction of the Genoese pepper account see Alvaro Martinelli, "The Ledger of Cristianus Lomellinus and Dominicus De Garibaldo, Stewards of the City of Genoa (1340–41)," *Abacus* 19, no. 2 (1983): 90–91.

30. Ibid., 85.

31. Ibid., 86.

第二章

1. Quotation from Iris Origo, *The Merchant of Prato: Daily Life in a Medieval Italian City* (London: Penguin Books, 1992), 66.

2. Ibid., 66, 259, 194.

3. Raymond de Roover, *The Rise and Decline of the Medici Bank 1397–1494* (Cambridge, MA: Harvard University Press, 1963), 2–3; Ludovica Sebregondi and Tim Parks, eds., *Money and Beauty: Bankers, Botticelli and the Bonfire of the Vanities* (Florence: Giunti Editore, 2011), 121.

4. Origo, *The Merchant of Prato*, 194; De Roover, *The Rise and Decline of the Medici Bank 1397–1494*, 38, 194.

5. Origo, *The Merchant of Prato*, 259, 276; Tim Parks, *Medici Money: Banking, Metaphysics and Art in Fifteenth-Century Florence* (New York: W. W. Norton, 2006), 32–33.

6. Pierre Jouanique, "Three Medieval Merchants: Francesco di Marco Datini, Jacques Coeur, and Benedetto Cotrugli," *Accounting, Business and Financial History* 6, no. 3 (1996): 263–264.

7. Origo, *The Merchant of Prato*, 149.

8. Ibid., 115–116, 258.

9. Ibid., 257, 280.

10. Ibid., 119.

11. Ibid., 103, 117, 137.

12. Ibid., 115, 137, 122.

13. Basil S. Yamey, *Art and Accounting* (New Haven, CT: Yale University Press, 1989), 16.

14. Richard K. Marshall, *The Local Merchants of Prato: Small Entrepreneurs in the Late Medieval Economy* (Baltimore: Johns Hopkins University Press, 1999), 66–69.

15. Sebregondi and Parks, eds., *Money and Beauty*, 147; Dante, *The Inferno*, trans. Robert Pinsky (New York: Farrar, Straus and Giroux, 1995), Canto XVII, vv. 55–57.

16. Origo, *The Merchant of Prato*, 151.

17. Yamey, *Art and Accounting*, 68.

18. Matthew 25:14–30 (Revised Standard Version).

19. Augustine, *Sermon 30 on the New Testament*, New Advent Catholic Encyclopedia, www.newadvent.org/fathers/160330.htm, stanza 2.

20. Giovanni Boccaccio, "First Day," in *The Decameron*, trans. J. M. Rigg (London: A. H. Bullen, 1903), 12.

21. Dante, "Purgatory," in *The Divine Comedy*, trans. Allen Mandelbaum (Berkeley: University of California Press, 1981), 2:10.105–111.

22. Jean Delumeau, *Sin and Fear: The Emergence of a Western Guilt Culture 13th–18th Centuries*, trans. Eric Nicholson (New York: St. Martin's Press, 1990), 189–197.

23. Robert W. Schaffern, *The Penitent's Treasury: Indulgences in Latin Christendom, 1175–1375* (Scranton, PA: University of Scranton Press, 2007), 45.

24. Ibid., 80–81.

25. Anthony Molho, "Cosimo de' Medici: *Pater Patriae* or *Padrino*?" in *The Italian Renaissance: The Essential Readings*, ed. Paula Findlen (Malden, MA: Wiley-Blackwell, 2002), 69–86.

26. Origo, *The Merchant of Prato*, 154.

27. Ibid., 315, 323.

28. Ibid., 342–346.

第三章

1. Roover, *The Rise and Decline of the Medici Bank 1397–1494*, 47.

2. Quotation from Coluccio Salutati, *Invectiva contra Atonium Luscum*, quoted in Curt S. Gutkind, *Cosimo de' Medici: Pater Patriae, 1389–1464* (Oxford: Clarendon Press, 1938), 1.

3. Ronald Witt, "What Did Giovanni Read and Write? Literacy in Early Renaissance Florence," *I Tatti Studies* 6 (1995): 87–88; Richard Goldthwaite, *The Economy of Renaissance Florence* (Baltimore: Johns Hopkins University Press, 2009), 354.

4. Lauro Martines, *The Social World of the Florentine Humanists 1390–1460* (Princeton, NJ: Princeton University Press, 1963), 320–336.

5. Machiavelli, *The Discourses*, trans. Leslie J. Walker (London: Penguin Books, 1983), 1:192.

6. Anthony Molho, *Firenze nel quattrocento* (Rome: Edizioni di Storia e Letteratura, 2006), 58.

7. De Roover, *The Rise and Decline of the Medici Bank 1397–1494*, 53–76.

8. Ibid., 120.

9. Ibid., 69–70, 227, 265.

10. Nicolai Rubenstein, *The Government of Florence under the Medici 1434–1494* (Oxford: Oxford University Press, 1998); Parks, *Medici Money*, 98.

11. Goldthwaite, *The Economy of Renaissance Florence*, 355; Gutkind, *Cosimo de' Medici*, 196–199; Parks, *Medici Money*, 39.

12. Goldthwaite, *The Economy of Renaissance Florence*, 355.

13. For Cosimo's personal account book, see Cosimo de' Medici, "Calcolo della Fattoria del Mugello," 1448, filza 104, page 6 recto, Mediceo Avanti il Principato, Archivio di Stato di Firenze.

14. Goldthwaite, *The Economy of Renaissance Florence*, 355, 460–461.

15. Raymond de Roover, *Money, Banking and Credit in Medieval Bruges* (Cambridge, MA: Medieval Academy of America, 1948), 35.

16. Ibid., 34, 37.

17. Ibid., 57–58; Federico Arcelli, *Il banchiere del Papa: Antonio della Casa, mercante e banchiere a Roma, 1438–1440* (Soveria Manelli, Italy: Rubbettino Editore, 2001), 79.

18. Plato, *The Republic*, trans. Benjamin Jowett (Oxford: Oxford University Press, 1892), book VII.

19. De Roover, *The Rise and Decline of the Medici Bank 1397–1494*, 75.

20. Francesco Sassetti, "Memorandum of My Last Wishes, 1488," reproduced in Aby Warburg, "Francesco Sassetti's Last Injunctions to His Sons," in *The Renewal of Pagan Antiquity: Contributions to the Cultural History of the European Renaissance*, ed. Gertrude Bing (Los Angeles: Getty Research Institute, 1999), 451–465. Warburg reproduces and translated Marsilio Ficino's *Epistle to Giovanni Rucellai*, 255–258.

21. Giovanni Pico della Mirandola, *On the Dignity of Man*, trans. Charles Glenn Wallis, Paul J. W. Miller, and Douglas Carmichael (Indianapolis, IN: Hackett, 1998), stanza 212.

22. De Roover, *The Rise and Decline of the Medici Bank*, 71; de Roover, *Money, Banking and Credit in Medieval Bruges*, 86; Florence Edler de Roover, "Francesco Sassetti and the Downfall of the Medici Banking House," *Bulletin of the Business Historical Society* 17, no. 4 (1943): 66.

23. De Roover, *The Rise and Decline of the Medici Bank*, 97.

24. Cited in Miles Ungar, *Magnifico: The Brilliant Life and Violent Times of Lorenzo de' Medici* (New York: Simon and Shuster, 2008), 58.

25. Quotation is from Ungar, *Magnifico*, 58; Machiavelli citation is from de Roover, *The Rise and Decline of the Medici Bank*, 364.

26. Giorgio Vasari, *The Lives of the Artists*, trans. Julia Conaway Bonadella and Peter Bonadella (Oxford: Oxford University Press, 1991), 212; Ficino cited by Warburg, "Francesco Sassetti's Last Injunctions to His Sons," 233.

27. Quotation from Warburg, "Francesco Sassetti's Last Injunctions to His Sons," 237–238.

28. Ibid.; de Roover, *Money, Banking and Credit in Medieval Bruges*, 88; de Roover, *The Rise and Decline of the Medici Bank*, 363; Edler de Roover, "Francesco Sassetti and the Downfall of the Medici Banking House," 76.

29. De Roover, *Money, Banking and Credit in Medieval Bruges*, 87; de Roover, *The Rise and Decline of the Medici Bank*, 87, 93.

30. The balance sheet is reproduced and discussed in de Roover, "Francesco Sassetti and the Downfall of the Medici Banking House," 72–74; Warburg, "Francesco Sassetti's Last Injunctions to His Sons," 237.

第四章

1. Grendler, *Schooling in Renaissance Italy*, 321–323.

2. Anthony Grafton, *Leon Battista Alberti: Master Builder of the Renaissance* (London: Allen Lane/Penguin Press, 2000), 154; Yamey, *Art and Accounting*, 130.

3. Yamey, *Art and Accounting*, 130.

4. Quotation from Louis Goldberg in *Journey into Accounting Thought*, ed. Stewart A. Leech (London: Routledge, 2001), 217.

5. Pacioli's text is reproduced in John B. Geijsbeek, *Ancient Double-Entry Bookkeeping: Luca Pacioli's Treatise 1494* (Denver, 1914), 33.

6. Ibid., 39.

7. Ibid.; Brown, *A History of Accounting and Accountants*, 40, 111.

8. Grendler, *Schooling in Renaissance Italy*, 321.

9. Pacioli citations from Geijsbeek, *Ancient Double-Entry Bookkeeping*, 27, 37.

10. Ibid., 41, 51–53.

11. Ibid., 41, 75.

12. Bruce G. Carruthers and Wendy Nelson Espeland, "Accounting for Rationality: Double-Entry Bookkeeping and the Rhetoric of Economic Rationality," *American Journal of Sociology* 97, no. 1 (1991): 30–67; Mary Poovey, *A History of the Modern Fact: Problems of Knowledge in the Sciences of Wealth and Society* (Chicago: University of Chicago Press, 1998), 31.

13. Ingrid D. Rowland, *The Culture of the High Renaissance: Ancients and Moderns in Sixteenth-Century Rome* (Cambridge: Cambridge University Press, 1998), 73–80.

14. Domenico Manzoni, *Quaderno doppio col suo giornale* [Double entry books and their journal] (Venice: Comin de Tridino, 1540); Raymond de Roover, "Aux origines d'une technique intellectuelle: La formation et l'expansion de la comptabilité à partie double," *Annales d'histoire économique et sociale* 9, no. 44 (1937): 279–280; M. F. Bywater and B. S. Yamey, *Historic Accounting Literature: A Companion Guide* (London: Scolar Press, 1982), 41; Basil S. Yamey, "Fifteenth and Sixteenth Century Manuscripts on the Art of Bookkeeping," *Journal of Accounting Research* 5, no. 1 (1967): 53; Bywater and Yamey, *Historic Accounting Literature*, 42.

15. Brown, *A History of Accounting and Accountants*, 120.

16. Baldesar Castiglione, *The Book of the Courtier*, trans. and ed. George Bull (London: Penguin Books, 1976), 10.

17. Ibid., 39.

18. Peter Burke, *The Fortunes of the Courtier: The European Reception of Castiglione's Cortegiano* (Cambridge: Polity Press, 1995), 39.

19. Paolo Quattrone, "Accounting for God: Accounting and Accountability Practices in the Society of Jesus (Italy, XVI–XVII Centuries)," *Accounting Organizations and Society* 29, no. 7 (2004): 664.

20. Philippe Desan, *L'imaginaire économiqe de la Renaissance* (Paris: Presses Université de Paris-Sorbonne, 2002), 85.

21. Yamey, *Art and Accounting*, 45.

22. Ibid., 47.

23. Ibid., 53.

24. A. W. Lovett, "Juan de Ovando and the Council of Finance (1573–1575)," *Historical Journal* 15, no. 1 (1972): 1–2.

25. Rafael Donoso-Anes, *Una Contribución a la Historia de la Contabilidad. Análisis de las Práticas Contables Desarrolladas por la Tesorería de la Casa de la Contratación de la Indias en Sevilla, 1503–1717* (Seville: Universidad de Sevilla, 1996), 122.

26. Rafael Donoso Anes, "The Casa de la Contratación de Indias and the Application of the Double Entry Bookkeeping to the Sale of Precious Metals in

Spain 1557–83," *Accounting, Business and Financial History* 4, no. 1 (1994): 84; Rafael Donoso Anes, "Accounting for the Estates of Deceased Travellers: An Example of Early Spanish Double-Entry Bookkeeping," *Accounting History* 7, no. 1 (2002): 80–81.

27. Donoso Anes, "Accounting for the Estates of Deceased Travellers," 84.

28. Donoso Anes, *Una Contribución a la Historia de la Contabilidad*, 122. See the reproduction of the *Reales Ordenancas y Pragmáticas 1527–1567* (Vallaolid: Editorial Lex Nova, 1987), 176–177.

29. Ramon Carande, *Carlos V y sus banqueros. Los caminos del oro y de la plata (Deuda exterior y tesoros ultramarinos)* (Madrid: Sociedad de Estudios y Publicaciones, 1967), 15f.

30. Geoffrey Parker, *The Grand Strategy of Philip II* (New Haven, CT: Yale University Press, 1998), 21, 50; José Luis Rodríguez de Diego and Francisco Javier Alvarez Pinedo, *Los Archivos de Simancas* (Madrid: Lunwerg Editores, 1993); José Luis Rodríguez de Diego, ed., *Instrucción para el gobierno del archivo de Simancas (año 1588)* (Madrid: Dirección General de Bellas Artes y Archivos, 1989); José Luis Rodríguez de Diego, "La formación del Archivo de Simancas en el siglo xvi. Función y orden interno," in *El libro antiguo español IV*, ed. López Vidriero and Cátedra (Salamanca: Ediciones Universidad de Salamanca, 1998), 519–557; David C. Goodman, *Power and Penury: Government, Technology and Science in Philip II's Spain* (Cambridge: Cambridge University Press, 1988), chap. 4.

31. Quotation from Stafford Poole, *Juan de Ovando: Governing the Spanish Empire in the Reign of Philip II* (Norman: University of Oklahoma Press, 2004), 162.

32. A. W. Lovett, "The Castillian Bankruptcy of 1575," *Historical Journal* 23, no. 4 (1980): 900.

33. Lovett, "Juan de Ovando and the Council of Finance (1573–1575)," 4, 7.

34. Ibid., 9–11.

35. Ibid., 12; Antonio Calabria, *The Cost of Empire: The Finances of the Kingdom of Naples in the Time of the Spanish Rule* (Cambridge: Cambridge University Press, 1991), 44–45.

36. Lovett, "Juan de Ovando and the Council of Finance (1573–1575)," 12, 19.

37. Ibid., 15.

38. Ibid., 17.

39. Ibid., 19.

40. Ibid.

41. Marie-Laure Legay, ed., *Dictionnaire historique de la comptabilité publique 1500–1850* (Rennes: Presses Universitaires de Rennes, 2010), 394–396.

42. Esteban Hernández-Esteve, "The Life of Bartolomé Salvador de Solórzano: Some Further Evidence," *Accounting Historians Journal* 1 (1989): 92.

43. Ibid.; Legay, *Dictionnaire historique de la comptabilité publique 1500–1850*, 395.

44. Esteban Hernández-Esteve, "Pedro Luis de Torregrosa, primer contador del libro de Caxa de Felipe II: Introducción de la contabilidad por partida doble en la Real Hacienda de Castilla (1592)," *Revista de Historia Económica* 3, no. 2 (1985): 237.

45. Quotation from Jack Lynch, *The Hispanic World in Crisis and Change, 1598–1700* (Oxford: Oxford University Press, 1992), 18; Miguel de Cervantes Saavedra, *The History of don Quixote de la Mancha*, trans. anon. (London: James Burns, 1847), 137.

第五章

1. Fernand Braudel, *Civilisation materielle, économie et capitalisme XVe–XVIIIe siècle* (Paris: Armand Colin, 1979), 2:41; Jacob Soll, "Accounting for Government: Holland and the Rise of Political Economy in Seventeenth Century Europe," *Journal of Interdisciplinary History* 40, no. 2 (2009): 215–238.

2. Wantje Fritschy, "Three Centuries of Urban and Provincial Public Debt: Amsterdam and Holland," in *Urban Public Debts: Urban Government and the Market for Annuities in Western Europe (14th–18th Centuries)*, ed. M. Boone, K. Davids and P. Janssens (Turnhout, Belgium: Brepols, 2003), 75; James D. Tracy, *A Financial Revolution in the Habsburg Netherlands: Renten and Renteniers in the County of Holland, 1515–1565* (Berkeley: University of California Press, 1985), 221.

3. Provincial tax collectors paid bond interest (4 percent) at the moment taxes were collected, and the central state never taxed these returns above 1 percent. Wantje Fritschy, "The Efficiency of Taxation in Holland," in *The Political Economy of the Dutch Republic*, ed. Oscar Gelderblom (London: Ashgate, 2009), 56, 88; Wantje Fritschy, "'A Financial Revolution' Reconsidered: Public Finance in Holland During the Dutch Revolt 1568–1648," *Economic History Review* 56, no. 1 (2003): 78.

4. Quotation from Henry Kamen, *Philip of Spain* (New Haven, CT: Yale University Press, 1997), 267.

5. Woodruff D. Smith, "The Function of Commercial Centers in the Modernization of European Capitalism: Amsterdam as an Information Exchange in the Seventeenth Century," *Journal of Economic History* 44, no. 4 (1984): 986.

6. Poem quotation from Robert Colinson, *Idea rationaria, or the Perfect Accomptant* (Edinburgh: David Lindsay, 1683), in B. S. Yamey, "Scientific Bookkeeping and the Rise of Capitalism," *Economic History Review* 1, no. 2–3 (1949): 102; Lodewijk J. Wagenaar, "Les mécanismes de la prospérité," in *Amsterdam XVIIe siècle. Marchands et philosophes: les bénéfices de la tolerance*, ed. Henri Méchoulan (Paris: Editions Autrement, 1993), 59–81; Adam Smith, *An Inquiry into the Nature and Causes of the Wealth of Nations* (Amherst, NY: Prometheus Books, 1991), 4: chap. 3, part 1; Jan de Vries and Ad van der Woude, *The First Modern Economy: Success, Failure, and Perseverance of the Dutch Economy, 1500–1815* (Cambridge: Cambridge University Press, 1997), 129–131.

7. Caspar Barlaeus, *Marie de Medicis entrant dans l'Amsterdam; ou Histoire de la reception faicte à la Reyne Mère du Roy très-Chrestien, par les Bourgmaistres et Bourgeoisie de la Ville d'Amsterdam* (Amsterdam: Jean & Corneille Blaeu, 1638), 57; Simon Schama, *The Embarrassment of Riches: An Interpretation of Dutch Culture in the Golden Age*, 2nd ed. (New York: Vintage, 1997), 301; Clé Lesger, *The Rise of the Amsterdam Market and Information Exchange: Merchants, Commercial Expansion and Change in the Spatial Economy of the Low Countries c. 1550–1630*, trans. J. C. Grayson (London: Ashgate, 2006), 183–214.

8. Michel Morineau, "Or brésilien et gazettes hollandaises," *Revue d'Histoire Moderne et Contemporaine* 25, no. 1 (1978): 3–30; Jan de Vries, "The Economic Crisis of the Seventeenth Century After Fifty Years," *Journal of Interdisciplinary History* 40, no. 2 (2009): 151–194.

9. Oscar Gelderblom, "The Governance of Early Modern Trade: The Case of Hans Thijs, 1556–1611," *Enterprise and Society* 4, no. 4 (2003): 606–639; Harold John Cook, *Matters of Exchange: Commerce, Medicine, and Science in the Dutch Golden Age* (New Haven, CT: Yale University Press, 2007), 20–21; Peter Burke, *A Social History of Knowledge from Gutenberg to Diderot* (Cambridge: Polity Press, 2000), 164.

10. Karel Davids, "The Bookkeepers Tale: Learning Merchant Skills in the Northern Netherlands in the Sixteenth Century," in *Education and Learning in the Netherlands 1400–1600. Essays in Honour of Hilde de Ridder-Symeons*, ed. Koen Goodriaan, Jaap van Moolenbroek, and Ad Tervoort (Leiden: Brill, 2004), 235–241.

11. Raymond de Roover, "Aux origins d'une technique intellectuelle. La formation et l'expansion de la comptabilité à partie double," *Annales d'histoire économique et sociale* 9, no. 45 (1937): 285; M. F. Bywater and B. S. Yamey, *Historic Accounting Literature: A Companion Guide* (London: Scolar Press, 1982), 46; Yamey, "Bookkeeping and the Rise of Capitalism," 106.

12. Yamey, "Bookkeeping and the Rise of Capitalism," 237; Bywater and Yamey, *Historic Accounting Literature*, 54–55, 80.

13. Quotation from Yamey, *Art and Accounting*, 115. It appears that this image derives from a corresponding hieroglyphic in Francesco Colonna's *Hypnerotomachia Poliphili* (Venice: Aldus Manutius, 1499).

14. O. ten Have, "Simon Stevin of Bruges," in *Studies in the History of Accounting*, ed. A. C. Littleton and B. S. Yamey (New York: Arno Press, 1978), 236; J. T. Devreese and G. Vanden Berghe, *"Magic Is No Magic," the Wonderful World of Simon Stevin* (Boston: Southampton, 2008), 201–212.

15. Bywater and Yamey, *Historic Accounting Literature*, 87.

16. Ibid., 16, 120; Ten Have, "Simon Stevin of Bruges," 242, 244; Geijsbeek, *Ancient Double-Entry Bookkeeping*, 114; Kees Zandvliet, *Maurits Prins van Oranje [Exhibition catalogue Rijksmuseum]* (Amsterdam: Rijksmuseum Amsterdam/ Waanders Uitgevers Zwolle, 2000), 276–277.

17. Quotations from Barlaeus, *Marie de Medicis entrant dans l'Amsterdam*, 16, 59–63.

18. J. Matthijs de Jongh, "Shareholder Activism at the Dutch East India Company in 1622: *Redde Rationem Villicationis Tuae! Give an Account of Your Stewardship!*" (paper presented at the Conference on the Origins and History of Shareholder Advocacy, Yale School of Management, Millstein Center for Corporate Governance and Performance, November 6–7, 2009), 1–56; *A Translation of the Charter of the Dutch East India Company (Verenigde Oostindische Compagnie, or VOC)*, trans. Peter Reynders (Canberra: Map Division of the Australasian Hydrographic Society, 2009).

19. *A Translation of the Charter of the Dutch East India Company*, 3.

20. Jeffrey Robertson and Warwick Funnell, "The Dutch East India Company and Accounting for Social Capital at the Dawn of Modern Capitalism 1602–1623," *Accounting Organizations and Society* 37, no. 5 (2012): 342–360.

21. Schama, *The Embarrassment of Riches*, 338–339; De Jongh, "Shareholder Activism at the Dutch East India Company in 1622," 16.

22. Kristof Glamann, *Dutch Asiatic Trade 1620–1740* (The Hague: Martinus Nijhof, 1981), 245.

23. De Jongh, "Shareholder Activism at the Dutch East India Company in 1622," 22.

24. Ibid., 22–23, 31.

25. Glamann, *Dutch Asiatic Trade 1620–1740*, 252.

26. Ibid., 253–254.

27. Quotations from ibid., 253–256.

28. Ibid., 257–261.

29. Pieter de la Court and Jan de Witt, *The True Interest and Political Maxims of the Republic of Holland* (London: John Campbell, 1746), 4–6, 49–50. On new attitudes of merchant virtue, see J. G. A. Pocock, *The Machiavellian Moment: Florentine Political Thought and the Atlantic Republican Tradition* (Princeton, NJ: Princeton University Press, 1975), 478.

30. Antonin Lefèvre Pontalis, *Vingt années de république parlementaire au dix-septième siècle. Jan de Witt, Grand Pensionnaire de Hollande* (Paris: E. Plon, Nourrit & Cie, 1884), 1:313–318; Herbert H. Rowen, *John de Witt, Grand Pensionary of Holland 1625–1672* (Princeton, NJ: Princeton University Press, 1978), 391–398, esp. 393.

31. Pontalis, *Jan de Witt*, 1:88–89; Jan de Witt, *Elementa curvarum linearum liber primus*, trans. and ed. Albert W. Grootendorst and Miente Bakker (New York: Springer Verlag, 2000), 1.

第六章

1. Louis XIV, *Mémoires for the Instruction of the Dauphin*, trans. and ed. Paul Sonnino (New York: Free Press, 1970), 64.

2. Jacob Soll, *The Information Master: Jean-Baptiste Colbert's Secret State Information System* (Ann Arbor: University of Michigan Press, 2009), 3–15; Daniel Dessert, *Colbert ou le serpent venimeux* (Paris: Éditions Complexe, 2000), 44. For biographies of Colbert, see Inès Murat, *Colbert*, trans. Robert Francis Cook and Jeannie Van Asselt (Charlottesville: University Press of Virginia, 1984); and Jean Meyer, *Colbert* (Paris: Hachette, 1981). For the finest work on Colbert's government, see Daniel Dessert and Jean-Louis Journet, "Le lobby Colbert: un Royaume, ou une affaire de famille?" *Annales. Histoire, Sciences sociales* 30, no. 6 (1975): 1303–1336; *Colbert 1619–1683* (Paris: Ministère de la Culture, 1983); Douglas Clark Baxter, *Servants of the Sword: French Intendants of the Army 1630–1670* (Urbana: University of Illinois Press, 1976).

3. Dessert, *Colbert ou le serpent venimeux*, 43.

4. François de Dainville, *L'éducation des jésuites XVI–XVIII siècles,* ed. Marie-Madeleine Compère (Paris: Éditions de Minuit, 1978), 315–322.

5. Dessert, *Colbert ou le serpent venimeux*, 44–45.

6. Pierre Jeannin, *Merchants of the Sixteenth Century*, trans. Paul Fittingoff (New York: Harper and Row, 1972), 91–103.

7. Colbert to Le Tellier, June 23, 1650, in Jean-Baptiste Colbert, *Lettres, instructions et mémoires*, ed. Pierre Clement (Paris: Imprimerie Impériale, 1865), 1:14; David Parrott, *Richelieu's Army: War, Government and Society in France 1624–1642* (Cambridge: Cambridge University Press, 2001), 370–375; Murat, *Colbert*, 8.

8. Jean Villain, *Mazarin, homme d'argent* (Paris: Club du Livre d'Histoire, 1956); Gabriel-Jules, comte de Cosnac, *Mazarin et Colbert* (Paris: Plon, 1892), vol. 1; Murat, *Colbert*, 22–25.

9. Quotations are from Colbert to Mazarin, September 31, 1651, in Colbert, *Lettres,* 1:132–141 at 132; and Colbert to Mazarin, September 14, 1652, in Cosnac, *Mazarin et Colbert*, 1:324. On Mazarin's finances, see Dessert, *Colbert ou le serpent venimeux*, 52; J. A Bergin, "Cardinal Mazarin and His Benefices," *French History* 1, no. 1 (1987): 3–26.

10. Colbert to Mazarin, September 14, 1652, in Cosnac, *Mazarin et Colbert*, 1:324; Daniel Dessert, *Argent, pouvoir, et société au Grand Siècle* (Paris: Fayard, 1984), 294.

11. Mazarin to Colbert, July 27, 1654, in Cosnac, *Mazarin et Colbert*, 1:324.

12. Smith, *Wealth of Nations*, 446.

13. Marie de Rabutin-Chantal de Sévigné, *Lettres*, ed. M. Suard (Paris: Firmin Didot, 1846), 59.

14. Ibid., 63.

15. Dessert, *Argent, pouvoir et société au grand Siècle*, 210–237, 300; Murat, *Colbert*, 61–63; Jean-Baptiste Colbert, "Arrestation de Fouquet; Mésures préparatoires," 1661, in Colbert, *Lettres*, 2:cxcvi.

16. Pierre-Adolphe Chéruel, ed., *Mémoires sur la vie publique et privée de Fouquet, Surintendant des finances. D'après ses lettres et des pièces inédites conservées à la Bibliothèque Impériale* (Paris: Charpentier Éditeur, 1862), 1:489.

17. Dessert, *Colbert ou le serpent venimeux*, 34; Colbert, *Lettres*, 7:cxcvi.

18. Colbert, "Mémoires sur les affaires de finances de France pour servir à l'histoire," 1663, in Colbert, *Lettres*, 2:1, section 2, 17–68. See Dessert's analysis of this text in his *Colbert ou le serpent venimeux*, 17–37.

19. Colbert, "Mémoires sur les affaires de finances de France pour servir à l'histoire," 19–20, 30–32, 50–51.

20. Ibid., 40–45.

21. Ibid., 44–45.

22. Quotations from Louis XIV, *Instructions of the Dauphin*, 29; Louis to Ann of Austria, 1661, cited by Murat, *Colbert*, 69; Colbert, *Lettres*, 2:1, ccxxvi–cclvii; Louis XIV, marginal notes on letter, May 24, 1670, Colbert to Louis XIV, May 22, 1670, ccxxviii; Colbert to Louis XIV, May 24, 1673, with Louis's undated marginal responses in parentheses, ccxxxii. Also see Richard Bonney, "Vindication of the Fronde? The Cost of Louis XIV's Versailles Building Programme," *French History* 21, no. 2 (2006): 212.

23. For Colbert's administrative folios, see Charles de La Roncière and Paul M. Bondois, *Catalogue des Manuscrits de la Collection des Mélanges Colbert* (Paris: Éditions Ernest Leroux, 1920), 1–100.

24. Colbert, "Mémoire pour l'instruction du Dauphin," manuscript in Colbert's hand, 1665, in Colbert, *Lettres*, 2:1, ccvx and ccxvii.

25. Colbert, *Lettres*, Colbert to Louis XIV, "Au Roi. Pour le Conseil Royal," 2:1, cci.

26. Bnf Ms. Fr. 6769-91. The figures from the notebook for the year 1680 are reproduced in the *Lettres*, 2:2, 771–782; "Receuil de Finances de Colbert," Bnf. Ms. Fr. 7753. On the history of the personal agenda and notebook, see Peter Stallybrass, Roger Chartier, J. Franklin Mowrey, and Heather Wolfe, "Hamlet's Tables and the Technologies of Writing in Renaissance England," *Shakespeare Quarterly* 55, no. 4 (2004): 379–419.

27. Jean-Baptiste Colbert, "Abrégé des finances 1665," Bnf. Ms. Fr. 6771, fols. 4-verso–7-recto; "Abrégé des finances 1671," Bnf. Ms. Fr. 6777, final "table." Colbert, *Lettres*, 2:2, 771–783 contains all the figures from the agenda of 1680, yet with no mention of their remarkable decoration.

28. Clément, in Colbert, *Lettres*, 7:xxxviii.

29. Claude Le Pelletier, "Mémoire présenté au Roi par M. Le Pelletier, après avoir quitté les finances, par lequel il rend compte de son administration," June 1691, in Arthur André Gabriel Michel de Boislisle and Pierre de Brotonne, eds., *Correspondance des Contrôleurs Généraux des Finances* (Paris: Imprimérie Nationale, 1874), 1:544; Lionel Rothkrug, *Opposition to Louis XIV: The Political and Social Origins of the French Enlightenment* (Princeton, NJ: Princeton University Press, 1965), 212–213.

第七章

1. J. E. D. Binney, *British Public Finance and Administration 1774–92* (Oxford: Oxford University Press, 1958), 5.

2. Quotations from Paul Seaward, "Parliament and the Idea of Political Accountability in Early Modern Britain," in *Realities of Representation: State Building in Early Modern Europe and European America*, ed. Maija Jansson (New York: Palgrave Macmillan, 2007), 55–56.

3. Samuel Pepys, *Diary*, Thurs 21 December 1665; Sunday 4 March 1665/6; and Friday 2 March 1665/6. The Diary of Samuel Pepys Online: www.pepysdiary.com.

4. Henry Roseveare, *The Treasury, 1660–1870: The Foundations of Control* (London: Allen and Unwin, 1973), 1, 21–28.

5. William Peter Deringer, "Calculated Values: The Politics and Epistemology of Economic Numbers in Britain, 1688–1738" (PhD diss., Princeton University, 2012), 79; Raymond Astbury, "The Renewal of the Licensing Act in 1693 and Its Lapse in 1695," *The Library* 5, no. 4 (1978): 311; Charles Davenant, *Discourses on the Publick Revenues* (London: James Knapton, 1698), 1:266, 14–15.

6. *The Mercator* 36, August 13–15, 1713, quoted in Deringer, "Calculated Values," 222.

7. Angus Vine, "Francis Bacon's Composition Books," *Transactions of the Cambridge Bibliographical Society* 14, no. 1 (2008): 1–31; Margaret C. Jacob, *Scientific Culture and the Making of the Industrial West* (Oxford: Oxford University Press, 1997), 29–33; Thomas Hobbes, *Leviathan*, ed. Richard Tuck (Cambridge: Cambridge University Press, 1996), chap. 4, p. 29; chap 5., p. 31.

8. William Coxe, *Memoirs of the Life and Administration of Sir Robert Walpole* (London: Longman, Hurst, Reese, Orme and Brown, 1816), 1:2.

9. Robert Walpole, *A State of the Five and Thirty Millions Mention'd in the Report of a Committee of the House of Commons* (London: E. Baldwin, 1712), 2.

10. Ibid., 4–5; Hubert Hall, "The Sources for the History of Sir Robert Walpole's Financial Administration," *Transactions of the Royal Historical Society* 4, no. 1 (1910): 34.

11. John Brewer, *The Sinews of Power: War, Money and the English State 1688–1783* (New York: Alfred A. Knopf, 1989), 116–117.

12. Jeremy Black, *Robert Walpole and the Nature of Politics in Early Eighteenth Century England* (New York: St. Martin's Press, 1990), 27.

13. Norris Arthur Brisco, *The Economic Policy of Robert Walpole* (New York: Columbia University Press, 1907), 43–45; Richard Dale, *The First Crash: Lessons from the South Sea Bubble* (Princeton, NJ: Princeton University Press, 2004), 74.

14. Dale, *The First Crash*, 130. For an alternative view on French industrial growth in the eighteenth century, see Jeff Horn, *The Path Not Taken: French Industrialization in the Age of Revolution* (Cambridge, MA: MIT Press, 2008).

15. Dale, *The First Crash*, 82. Deringer, "Calculated Values," 39–47.

16. Quotations from Deringer, "Calculated Values," 85–88; Archibald Hutcheson, *A Collection of Calculations and Remarks Relating to the South Sea Scheme & Stock, Which have been already Published with an Addition of Some Others, which have not been made Publick 'till Now* (London, 1720).

17. Deringer, "Calculated Values," 84.

18. J. H. Plumb, *Sir Robert Walpole: The Making of a Statesman* (Boston: Houghton Mifflin, 1956), 1:306–319.

19. Ibid., 1:302.

20. Deringer, "Calculated Values," 145; Quotations from John Trenchard, *An Examination and Explanation of the South Sea Company's Scheme for Taking in the Publick Debts. Shewing, That it is Not Encouraging to Those Who Shall Become Proprietors of the Company, at Any Advanced Price. And That it is Against the Interest of Those Proprietors Who Shall Remain with Their Stock Till They are Paid Off by the Government, That the Company Should Make Annually Great Dividend Than Their Profits Will Warrant. With Some National Considerations and Useful Observations* (London, 1720), 8, 16–17, 25–26.

21. Edward Pearce, *The Great Man: Sir Robert Walpole: Scoundrel, Genius and Britain's First Prime Minister* (London: Jonathan Cape, 2007), 427.

22. Quotations from Helen Paul, "Limiting the Witch-Hunt: Recovering from the South Sea Bubble," *Past, Present and Policy Conference* 3–4 (2011): 2 and John Richard Edwards, "Teaching 'merchants accompts' in Britain During the Early Modern Period," *Cardiff Business School Working Paper Series in Accounting and Finance* A2009/2 (2009), 20; Deringer, "Calculated Values," 146.

23. Paul, "Limiting the Witch-Hunt," 7; Pearce, *The Great Man*, 95; John Carswell, *The South Sea Bubble* (Stanford, CA: Stanford University Press, 1960), 260–261.

24. Plumb, *Sir Robert Walpole*, 1:332.

25. Deringer, "Calculated Values," 149; Carswell, *The South Sea Bubble*, 237; Paul, "Limiting the Witch-Hunt," 3.

26. Thomas Gordon, *Cato's Letters* (Saturday, January 19, 1723), Liberty Fund, http://oll.libertyfund.org/index, IV: no. 112.

27. Brisco, *The Economic Policy of Robert Walpole*, 61; Black, *Robert Walpole*, 27.

28. Brisco, *The Economic Policy of Robert Walpole*, 62–65; Black, *Robert Walpole*, 29.

29. Samuel Johnson, *London* (1738), ed. Jack Lynch, http://andromeda.rutgers.edu/~jlynch/Texts/london.html; Henry Fielding, *Shamela*, ed. Jack Lynch, http://andromeda.rutgers.edu/~jlynch/Texts/shamela.html.

第八章

1. Eric Hobsbawm, *Industry and Empire: The Birth of the Industrial Revolution* (New York: Free Press, 1998), xi.

2. Roger North, *The Gentleman Accomptant* (London, 1714), i recto–v recto, 1–2; Binney, *British Public Finance and Administration*, 256.

3. Edwards, "Teaching 'merchants accompts' in Britain During the Early Modern Period," 1, 13–17; N. A. Hans, *New Trends in Education in the Eighteenth Century* (London: Routledge & Keegan Paul, 1951), 66–69, 92–93.

4. Edwards, "Teaching 'merchants accompts' in Britain During the Early Modern Period," 25–27.

5. Margaret C. Jacob, "Commerce, Industry and the Laws of Newtonian Science: Weber Revisited and Revised," *Canadian Journal of History* 35, no. 2 (2000): 272–292; Jan de Vries, "The Industrial Revolution and the Industrious Revolution," *Journal of Economic History* 54, no. 2 (1994): 249–270.

6. Edwards, "Teaching 'merchants accompts' in Britain During the Early Modern Period," 19.

7. Quotations from Richard Bentley, *Sermons Preached at Boyle's Lecture*, ed. Alexander Dyce (London: Francis Macpherson, 1838), 227–228; Margaret Jacob, *The Newtonians and the English Revolution 1689–1720* (Ithaca, NY: Cornell University Press, 1976), 160; Deborah Harkness, "Accounting for Science: How a Merchant Kept His Books in Elizabethan London," in *Self-Perception and Early Modern Capitalists*, ed. Margaret Jacob and Catherine Secretan (London: Palgrave Macmillan, 2008), 214–215.

8. Matthew Kadane, *The Watchful Clothier: The Life of an Eighteenth-Century Protestant Capitalist* (New Haven, CT: Yale University Press, 2013), 45; Adam Smyth, *Autobiography in Early Modern Britain* (Cambridge: Cambridge University Press, 2010), chap. 2.

9. Kadane, *The Watchful Clothier*, 162, 169..

10. Wedgwood to Bentley, October 26, 1762, in Josiah Wedgwood, *Correspondence of Josiah Wedgwood*, ed. Katherine Eufemia Farrer (Cambridge: Cambridge University Press, 2010), 1:6.

11. Ibid. Quotations are in the same volume, from Wedgwood to Bentley, October 1, 1769, 1:297; Wedgwood to Bentley, September 3, 1770, 1:375; Wedgwood to John Wedgwood, June 4, 1766, 1:87; Wedgwood to his brother, John Wedgwood, March 1765, 1:39. Also see Sidney Pollard, *The Genesis of Modern Management: A Study of the Industrial Revolution in Great Britain* (London: Edward Arnold, 1965), 211.

12. Yamey, *Art and Accounting*, 36.

13. Pollard, *The Genesis of Modern Management*, 210.

14. Ibid., 222–223.

15. James Watt Papers, James Watt to his father, July 21, 1755, MS 4/11 letters to father, 1754–1774, Birmingham City Library.

16. A. E. Musson and Eric Robinson, *Science and Technology in the Industrial Revolution* (Manchester, UK: Manchester University Press, 1969), 210–211; Pollard, *The Genesis of Modern Management*, 214, 229, 231.

17. Quotation from Josiah Wedgwood to Thomas Bentley, August 2, 1770, in Wedgwood, *Correspondence*, 1:357. Also see Brian Dolan, *Josiah Wedgwood: Entrepreneur to the Enlightenment* (London: Harper Perennial, 2005), 288; Nancy F. Koehn, "Josiah Wedgwood and the First Industrial Revolution," in *Creating Modern Capitalism: How Entrepreneurs, Companies, and Countries Triumphed in Three Industrial Revolutions*, ed. Thomas K. McCraw (Cambridge, MA: Harvard University Press, 1997), 40.

18. Wedgwood to Bentley, September 27, 1769, in Wedgwood, *Correspondence*, 1:291; Koehn, "Josiah Wedgwood and the First Industrial Revolution," 45.

19. Quoted in Neil McKendrick, "Josiah Wedgwood and Cost Accounting in the Industrial Revolution," *Economic History Review* 23, no. 1 (1970): 49. Also see Wedgwood to Bentley, August 23, 1772, in Wedgwood, *Correspondence*, 1:477.

20. McKendrick, "Josiah Wedgwood and Cost Accounting in the Industrial Revolution," 50–54.

21. Ibid., 54–55.

22. Dolan, *Josiah Wedgwood*, 40; McKendrick, "Josiah Wedgwood and Cost Accounting in the Industrial Revolution," 58–59.

23. McKendrick, "Josiah Wedgwood and Cost Accounting in the Industrial Revolution," 60–62.

24. T. S. Ashton, *Economic Fluctuations in England, 1700–1800* (Oxford: Oxford University Press, 1959), 128; McKendrick, "Josiah Wedgwood and Cost Accounting in the Industrial Revolution," 64.

25. Dolan, *Josiah Wedgwood*, 52.

26. Carl B. Cone, "Richard Price and Pitt's Sinking Fund of 1786," *Economic History Review* 4, no. 2 (1951): 243; Peter Dickson, *The Financial Revolution in England: A Study in the Development of Public Credit 1688–1756* (New York: St. Martin's Press, 1967).

27. Binney, *British Public Finance and Administration*, 254, 207–208, 254.

28. Ibid., 254.

29. Ibid.

30. In Wedgwood, *Correspondence*, Wedgwood to Bentley, June 1, 1780, 2:466; Wedgwood to Bentley, June 10, 1780, 2:469; Wedgwood to Bentley, June 5, 1780, 2:468; Josiah Wedgwood Jr. to Wedgwood, July 5, 1790, 3:149; Josiah Wedgwood Jr. to Wedgwood, July 28, 1789, 3:95.

31. Wedgwood to Priestley, November 30, 1791, in Wedgwood, *Correspondence*, 3:178.

32. Dolan, *Josiah Wedgwood*, 368.

33. Ibid., 380.

34. Adam Smith, *Wealth of Nations*, 3:3, 2; 4:5, 34.

35. Jeremy Bentham, *An Introduction to the Principles of Morals and Legislation* (1789), 1–13.

第九章

1. On France's role as the center of Enlightenment and financial debate, see Robert Darnton, "Trends in Radical Propaganda on the Eve of the French Revolution (1782–1788)" (DPhil diss., Oxford University, 1964), 196–232; John Shovlin, *The Political Economy of Virtue: Luxury, Patriotism, and the Origins of the French Revolution* (Ithaca, NY: Cornell University Press, 2006), 148.

2. Marc Nikitin, "The Birth of a Modern Public Sector Accounting System in France and Britain and the Influence of Count Mollien," *Accounting History* 6, no. 1 (2001): 75–101; Yannick Lemarchand, "Accounting, the State and Democracy: A Long-Term Perspective on the French Experiment, 1716–1967," *LEMNA* WP 2010 43 (2010): 1–26; Seaward, "Parliament and the Idea of Political Accountability in Early Modern Britain," 59. In English, this clearly meant both financial and political accountability. In Romance languages, *accountability* is still translated as "responsibility." Also see "Accountability" in the OED. On English public accounting, see William F. Willoughby, Westel W. Willoughby, and Samuel McCune Lindsay, *The System of Financial Administration of Great Britain: A Report* (New York: D. Appleton, 1917); P. G. M. Dickson, *The Financial Revolution in England*, 81; John Torrance, "Social Class and Bureaucratic Innovation: The Commissioners for Examining the Public Accounts 1780–1787," *Past and Present* 78 (1978): 65; Henry Roseveare, *The Treasury, 1660–1870*, 1.

3. Yannick Lemarchand, "Introducing Double-Entry Bookkeeping in Public Finance," *Accounting, Business, and Financial History* 9 (1999): 228–229. For the posters, see "Modelles des Registres Journaux que le Roy, en son Conseil, Veut et ordonne estre tenus par les Receveurs Généraux des Finances, Caissier de leur Caisse commune, Commis aux Recettes générales, Receveurs des Tailles, Et autres Receveurs des Impositions (. . .). Execution de l'Edit du mois du juin 1716. des Déclarations des 10 Juin 1716. 4 Octobre & 7 Décembre 1723. Et de l'Arrest du Conseil du 15 Mars 1724 portant Réglement pour la tenuë desdits Registres-Journaux (1724)."

4. Yannick Lemarchand, "Comptabilité, discipline, et finances publiques: Un expérience d'introduction de la partie double sous la Régence," *Politiques et Management Public* 18, no. 2 (2000): 93–118.

5. Claude Pâris La Montagne, "Traitté des Administrations des Recettes et des Dépenses du Royaume," (1733) AN 1005, II: 3–8, 48–49, 55, 66, 336. It is not clear if this treatise was earlier than the 1733 date on the manuscript. On the Pâris brothers' accounting reforms of the 1720s, see *Declaration du Roy concernant la tenue des Registres Journaux* (Versailles: October 4, 1723), 1, which codified in law the practice that all "Accountants, Treasurers, Receivers, Cashiers, Accountant's Apprentices in our Finances, Tax Farms and depositories of public funds" would have to follow a strict law of daily double-entry accounting by keeping a "Daily Register."

6. Pâris La Montagne, "Traitté des Administrations des Recettes et des Dépenses du Royaume," 128.

7. Jean-Claude Perrot, *Une histoire intellectuelle de l'économie politique XVIIe–XVIIIe siècle* (Paris: Éditions de l'EHESS, 1992), 162; Sophus Reinert, *Translating Empire: Emulation and the Origins of Political Economy* (Cambridge, MA: Harvard University Press, 2011), 177; Steven L. Kaplan, *Bread, Politics, and Political Economy in the Reign of Louis XIV* (The Hague: Martinus Nijhof, 1976), 2:660–675.

8. David Hume, "Of Public Credit," in *Essays, Moral, Political and Literary*, 2:ix, 2, and 2:x, 28; J. G. A. Pocock, *The Machiavellian Moment*, 496–497; Istvan Hont, "The Rhapsody of Public Debt: David Hume and Voluntary State Bankruptcy," in *Jealousy of Trade: International Competition and the Nation-State in Historical Perspective*, ed. Istvan Hont (Cambridge, MA: Belknap Press of Harvard Press, 2005), 326; Eugene Nelson White, "The French Revolution and the Politics of Government Finance, 1770–1815," *Journal of Economic History* 55, no. 2 (1995): 229; Michael Sonenscher, *Before the Deluge: Public Debt, Inequality, and the Intellectual Origins of the French Revolution* (Princeton, NJ: Princeton University Press, 2007), 1–3; Dan Edelstein, *The Terror of Natural Right: Republicanism, the State of Nature and the French Revolution* (Chicago: University of Chicago Press, 2009), 102; Edmund Burke, *Reflections on the French Revolution*, in *Readings in Western Civilization: The Old Regime and the French Revolution*, ed. Keith Michael Baker (Chicago: University of Chicago Press, 1987), 432.

9. White, "The French Revolution and the Politics of Government Finance," 230–231; Léonard Burnand, *Les Pamphlets contre Necker. Médias et imginaire politique au XVIIIe siècle* (Paris: Éditions Classiques Garnier, 2009), 81; René Stourm, *Les finances de l'Ancien Régime et de la Révolution. Origins du système actuel* (first printing 1885; New York: Burt Franklin, 1968), 2:188.

10. J. F. Bosher, *French Finances 1770–1795: From Business to Bureaucracy* (Cambridge: Cambridge University Press, 1970), 23–25; Joël Félix, *Finances et politiques au siècle des Lumières. Le ministère L'Averdy, 1763–1768* (Paris: Comité pour l'Histoire Économique et Financière de la France, 1999), 144–145.

11. Jean Egret, *Necker, ministre de Louis XVI 1776–1790* (Paris: Honoré Champion, 1975), 123, 170; Michel Antoine, *Le coeur de l'État* (Paris: Fayard, 2003), 506–519; Burnand, *Les pamphlets*, 80–81; Jean Egret, *Parlement de Dauphiné et les affaires publiques dans la deuxième moitié du XVIIIe siècle* (Paris: B. Arthuad, 1942), 2:133–140; Marie-Laure Legay, "The Beginnings of Public Management: Administrative Science and Political Choices in the Eighteenth Century in France, Austria, and the Austrian Netherlands," *Journal of Modern History* 81, no. 2 (2009): 280; Shovlin, *The Political Economy of Virtue*, 148.

12. Charles Alexandre, vicomte de Vergennes, "Lettre de M. le marquis de Caraccioli à M. d'Alembert," in *Collection complette de tous les ouvrages pour et contre M. Necker, avec des notes critiques, politiques et secretes* (Utrecht, 1782), 3:63; Louis-Petit de Bachaumont et al., *Mémoires secrets pour servir à l'histoire de la République des lettres en France* (London: John Adamson, 1784), 15:56.

13. Egret, *Necker*, 61. Burnand, *Les Pamphlets contre Necker*, 95; Augéard was the author of a number of seditious pamphlets. Bachaumont, *Mémoires secrets pour servir à l'histoire de la République des lettres en France*, 15:152. Quotations from "Lettre de M. Turgot à M. Necker," in *Collection Complette*, 1:8.

14. "Lettre de M. Turgot à M. Necker," in *Collection Complette*, 1:8; Jacques-Mathieu Augéard, *Mémoires Sécrets* (Paris: Plon, 1866), 136. Also see Burnand, *Les Pamphlets contre Necker*, 96, 108–110.

15. Michel Antoine, *Le coeur de l'État*, 506–519; Burnand, *Les Pamphlets contre Necker*, 80–81; Jacques Necker, *Sur le Compte Rendu au Roi en 1781. Nouveaux éclaircissemens par M. Necker* (Paris: Hôtel de Thou, 1788), 7–8; Stourm, *Les finances de l'Ancien Régime et de la Révolution*, 2:194–197; Robert D. Harris, "Necker's Compte Rendu of 1781: A Reconsideration," *Journal of Modern History* 42, no. 2 (1970): 161–183; Robert Darnton, "The Memoirs of Lenoir, Lieutenant of Police of Paris, 1774–1785," *English Historical Review* 85, no. 336 (1970): 536; Egret, *Necker*, 170; Jeremy Popkin, "Pamphlet Journalism at the End of the Old Regime," *Eighteenth-Century Studies* 22, no. 3 (1989): 359. For Necker's surplus number see Jacques Necker, *Compte rendu au roi* (Paris: Imprimerie du Cabinet du Roi, 1781), 3. 1 livre =0.29 grams of pure gold; 1 livre =20 sols, or sous; 1 sou =12 deniers.

16. On the rise of mathematics and the social sciences in political culture, see Keith Michael Baker, "Politics and Social Science in Eighteenth-Century France: The 'Société de 1789,'" in *French Government and Society 1500–1850: Essays in Memory of Alfred Cobban*, ed. J. F. Bosher (London: Athlone Press, 1973), 225.

17. Necker, *Compte rendu au roi*, 2–4; Munro Price, *Preserving the Monarchy: The Comte de Vergennes 1784–1787* (Cambridge: Cambridge University Press, 1995), 55–56.

18. Necker, *Compte rendu au roi*, 3–5, 104.

19. Ibid., 45.

20. Ibid., 10, 116; Egret, *Necker*, 200.

21. Burnand, *Les Pamphlets contre Necker*, 96; Jean-Claude Perrot, "Nouveautés: L'économie politique et ses livres," in *L'Histoire de l'édition française*, ed. Roger Chartier et Henri-Jean Martin (Paris: Fayard/Promodis, 1984), 2:322; Stourm, *Les finances de l'Ancien Régime et de la Révolution*, 191; Charles-Joseph Mathon de la Cour, *Collection de Compte-Rendu, pièces authentiques, états et tableaux, concernant les finances de France depuis 1758 jusqu'en 1787* (Paris: Chez Cuchet, Chez Gatteu, 1788), iii–iv.

22. Bosher, *French Finances*, 126; Legay, "Beginnings of Public Management," 285. "In the introduction to the Declaration on Accounting of October 17, 1779, Necker had pointed out how the flaws in the Royal Treasury's system of accounting made it impossible to manage government accounts. Necker noted that the Treasury had 'incomplete information' and that many expenditures left

'no traces.' In order to obtain accurate results, Necker warned, it would take 'an immense amount of work.'" Text cited in Stourm, *Les finances de l'Ancien Régime et de la Révolution*, 2:189; M. A. Bailly, *Histoire financière de la France depuis l'origine de la Monarchie jusqu'à la fin de 1786. Un tableau général des anciennes impositions et un état des recettes et des dépenses du trésor royal à la même époque* (Paris: Moutardier, 1830), 1:238; Egret, *Necker*, 177. Quotation from Vergennes to Louis XVI, May 3, 1781, in Jean-Louis Soulavie, *Mémoires historiques et politiques du règne de Louis XIV* (Paris: Treuttel et Würtz, 1801), 4:149–159.

23. Renée-Caroline, marquise de Créquy, *Souvenirs de 1710 à 1803* (Paris: Garnier Frères, 1873), 7:33–36.

24. "Les pourquoi, ou la réponse verte," in *Collection complette*, 3:141.

25. Charles Alexandre, vicomte de Calonne, *Réponse de M. de Calonne à l'Écrit de M. Necker; contenant l'Examen des comptes de la situation des Finances Rendus en 1774, 1776, 1781, 1783 & 1787 avec des Observations sur les Résultats de l'Assemblée des Notables* (London: T. Spilsbury, 1788), 6, 51. A copy in the Rare Books Collection at Princeton University is bound with the separate "Pièces justificative ou accessoires," which contains numerous tables prepared by Calonne.

26. Desrosières, *The Politics of Large Numbers*, 31.

27. *Courrier d'Avignon*, April 22, 1788, 134–135.

28. François-Auguste-Marie-Alexis Mignet, *History of the French Revolution, from 1789–1814* (London: George Bell and Sons, 1891), 36.

29. Seaward, "Parliament and the Idea of Political Accountability in Early Modern Britain," 59; "Of Accountability," *Authentic Copy of the New Constitution of France, Adopted by the National Convention, June 23, 1793* (London: J. Debrett, 1793), 15, clauses 105–106. The OED traces the first English appearance of the word to 1794; *Constitution of 1791*: "Detailed accounts of the expenditure of ministerial departments, signed and certified by the ministers or general managers, shall be rendered public by being printed at the beginning of the sessions of every legislature. {260}

The same shall apply to statements of receipts from divers taxes; and from all public revenues.

The statements of such expenditures and receipts shall be differentiated according to their nature, and shall indicate the sums received and expended from year to year in each and every district.

The special expenditures of each and every department relative to courts, administrative bodies, and other establishments likewise shall be rendered public (5, 3)."

30. *Convention Nationale: Projet d'organisation du Bureau de Comptabilité* (Paris: Par Ordre de la Convention Nationale, 1792), 25, 28, Maclure Collection, 1156:1, University of Pennsylvania, Special Collections Library; Antoine Burté, "Pour L'Assemblée Nationale. Observations rapides sur les conditions d'eligibilité des Commissaires de la Comptabilité" (Paris: Imprimérie Nationale,

1792), 5–13, Maclure Collection, 735:5, University of Pennsylvania, Special Collections Library.

31. Isser Woloch, *The New Régime: Transformations of the French Civic Order, 1789–1820s* (New York: W. W. Norton, 1994), 40; "Compte rendu par le Ministre de la Marine à l'Assemblée Nationale 31 Oct. 1791" (Paris: Imprimérie Nationale, 1791), Maclure 974:19, University of Pennsylvania, Special Collections Library.

第十章

1. Quotations from Previts and Merino, *A History of Accountancy in the United States*, 15–17; Bernard Bailyn, *The New England Merchants in the Seventeenth Century* (New York: Harper Torchbook, 1964), 170.

2. W. T. Baxter, "Accounting in Colonial America," in *Studies in the History of Accounting*, ed. Littleton and Yamey, 278.

3. Quotations from Previts and Merino, *A History of Accountancy in the United States*, 17, 21.

4. John Mair, frontispiece and page 4 of preface to *Book-Keeping Methodiz'd; or A methodical treatise of MERCHANT-ACCOMPTS, according to the Italian Form* (Edinburgh: W. Sands, A. Murray, and J. Cochran, 1765). Library Company of Philadelphia: Am 1765 Mai Dj.8705.M228 1765.

5. Baxter, "Accounting in Colonial America," 279.

6. Ibid.

7. Max Weber, *The Protestant Ethic and the Spirit of Capitalism*, 50–67.

8. Benjamin Franklin, *The Autobiography and Other Writings on Politics, Economics and Virtue*, ed. Alan Houston (Cambridge: Cambridge University Press, 2004), 34–35.

9. Benjamin Franklin, *Papers of Franklin*, ed. by Leonard W. Lebaree and Whitfield Bell Jr. (New Haven, CT: Yale University Press, 1960), 1:128; Franklin, *Autobiography*, 81.

10. Franklin, *Papers of Benjamin Franklin*, 5:165–167.

11. Ibid., 5:174–175.

12. Benjamin Franklin, *DIRECTIONS to the DEPUTY POST-MASTERS, for keeping their ACCOUNTS* (Broadside, Philadelphia, 1753), Pennsylvania Historical Society, Ab [1775]-35, 61 ×48 cm; *The Ledger of Doctor Benjamin Franklin, Postmaster General, 1776. A Facsimile of the Original Manuscript Now on File on the Records of the Post Office Department of the United States* (Washington, DC, 1865).

13. *The Ledger of Doctor Benjamin Franklin*, 127, 172–173.

14. Benjamin Franklin and George Simpson Eddy, "Account Book of Benjamin Franklin Kept by Him During His First Mission to England as Provincial Agent 1757–1762," *Pennsylvania Magazine of History and Biography* 55, no. 2 (1931): 97–133; Ellen R. Cohn, "The Printer at Passy," in *Benjamin Franklin in*

Search of a Better World, ed. Page Talbott (New Haven, CT: Yale University Press, 2005), 246–250.

15. Stacy Schiff, *A Great Improvisation: Franklin, France, and the Birth of America* (New York: Henry Holt, 2005), 87, 268; Franklin and Necker corresponded February 21, 1780, and April 10, 1781. Quotations from Benjamin Franklin, *The Writings of Benjamin Franklin*, ed. Albert Henry Smyth (New York: Macmillan, 1907), 8:581–583.

16. Stephanie E. Smallwood, *Saltwater Slavery: A Middle Passage from Africa to American Diaspora* (Cambridge, MA: Harvard University Press, 2008), 98.

17. William Peden, "Thomas Jefferson: The Man as Reflected in His Account Books" *Virginia Quarterly Review* 64, no. 4 (1988): 686–694; Thomas Jefferson, *The Works of Thomas Jefferson*, Federal Edition (New York: G. P. Putnam's Sons, 1904–1905). II "inscription for an african slave": 1.

18. All of Washington's accounts are online: http://memory.loc.gov/ammem/gwhtml/gwseries5.html.

19. Previts and Merino, *A History of Accountancy in the United States*, 46; Jack Rakove, *Revolutionaries: A New History of the Invention of America* (New York: Houghton Mifflin Harcourt, 2010), 233.

20. Marvin Kitman, *George Washington's Expense Account* (New York: Grove Press, 1970), 15.

21. Facsimile of the *Accounts of G. Washington with the United States, Commencing June 1775, and Ending June 1783, Comprehending a Space of 8 Years* (Washington, DC: Treasury Department, 1833), 65–66.

22. Ibid., 5–6; Kitman, *George Washington's Expense Account*, 127–129, 276.

23. Thomas K. McCraw, *The Founders and Finance: How Hamilton, Gallatin, and Other Immigrants Forged a New Economy* (Cambridge, MA: Harvard University Press, 2012), 65–66.

24. Michael P. Schoderbek, "Robert Morris and Reporting for the Treasury Under the U.S. Continental Congress," *Accounting Historians Journal* 26, no. 2 (1999): 5–7.

25. Ibid., 7–8; Charles Rappleye, *Robert Morris: Financier of the American Revolution* (New York: Simon and Schuster, 2010), 231.

26. Rappleye, *Robert Morris*, 234; Schoderbek, "Robert Morris and Reporting for the Treasury Under the U.S. Continental Congress," 10–11.

27. Schoderbek, "Robert Morris and Reporting for the Treasury Under the U.S. Continental Congress," 12.

28. Ibid., 16–17.

29. Robert Morris, *A State of the Receipts and Expenditures of Public Monies upon Warrants from the Superintendent of Finance, from the 1st of January, 1782, to the 1st of January 1783.* Cited in Schoderbek, "Robert Morris and Reporting for the Treasury Under the U.S. Continental Congress," 18, 28.

30. Quotations from McCraw, *The Founders and Finance*, 16.

31. Ibid., 17–18.

32. Ibid., 24, 54.

33. Jack Rackove, *Original Meanings: Politics and Ideas in the Making of the Constitution* (New York: Vintage Books, 1997), 236.

34. Ron Chernow, *Alexander Hamilton* (New York: Penguin Books, 2004), 249.

35. Albert Gallatin, the Genevan one-time French tutor at Harvard and longest serving secretary of the Treasury in U.S. history wrote his own detailed *Sketch of the Finances of the United States* in 1796; *Journal of the First Session of the Second House of Representatives of the Commonwealth of Pennsylvania* (Philadelphia: Francis Bailey and Thomas Lang, 1791), last two pages of "Appendix"; John Nicholson, *Accounts of Pennsylvania* (Philadelphia: Comptroller-General's Office, 1785), 1 of the "Advertisement."

第十一章

1. Lady Holland, *A Memoir of the Reverend Sydney Smith* (London: Longman, Brown, Green and Longmans, 1855) 2:215.

2. Hugh Coombs, John Edwards, and Hugh Greener, eds., *Double-Entry Bookkeeping in British Central Government, 1822–1856* (London: Routledge, 1997), 3–5.

3. John Bowring, *Report on the Public Accounts of the Netherlands* (London: House of Commons, 1832); Nikitin, "The Birth of a Modern Public Sector Accounting System in France and Britain, 90. Quotations from John Bowring, *Report of the Public Accounts of France to the Right Honorable the Lords Commissioners of His Majesty's Treasury* (London: House of Commons, 1831), 3–7.

4. Oliver Evans, "Steamboats and Steam Wagons," *Hazard's Register of Pennsylvania* 16 (July–January 1836): 12.

5. Hobsbawm, *Industry and Empire*, 88, 93.

6. Previts and Merino, *A History of Accountancy in the United States*, 69, 110, 134; Alfred D. Chandler, *The Visible Hand: The Managerial Revolution in American Business* (Cambridge, MA: Harvard University Press, 1977), 122.

7. Theodore M. Porter, *Trust in Numbers: The Pursuit of Objectivity in Science and Public Life* (Princeton, NJ: Princeton University Press, 1995), 60.

8. Ibid., 87–88.

9. Chandler, *The Visible Hand*, 11, 110; Vanessa Ogle, *Contesting Time: The Global Struggle for Uniformity and Its Unintended Consequences, 1870s–1940s* (Cambridge, MA: Harvard University Press, forthcoming).

10. Chandler, *The Visible Hand*, 110–112; Previts and Merino, *A History of Accountancy in the United States*, 99.

11. Drew quotation from Previts and Merino, *A History of Accountancy in the United States*, 112; Mark Twain, Letter to *The San Francisco Alta California*, May 26, 1867.

12. “Reports of Cases Decided on All the Courts of Equity and Common Law in Ireland for the Year 1855,” *The Irish Jurist* 1 (1856): 386–387; *Times of London*, February 18, 1856; Dickens quotation from *The Dictionary of National Biography*, ed. Sydney Lee (New York: Macmillan, 1897), 50:103.

13. Brown, *A History of Accounting and Accountants*, chaps. 3–4; Previts and Merino, *A History of Accountancy in the United States*, 69.

14. Brown, *A History of Accounting and Accountants*, 285.

15. David Grayson Allen and Kathleen McDermott, *Accounting for Success: A History of Price Waterhouse in America 1890–1990* (Cambridge, MA: Harvard Business School Press, 1993), 4; Previts and Merino, *A History of Accountancy in the United States*, 99; Porter, *Trust in Numbers*, 91, 103.

16. Allen and McDermott, *Accounting for Success*, 14, 34.

17. John Moody, *How to Analyze Railroad Reports* (New York: Analyses, 1912), 18–21; Previts and Merino, *A History of Accountancy in the United States*, 216.

18. Previts and Merino, *A History of Accountancy in the United States*, 157.

19. Ibid., 116–117.

20. Ibid., 98.

21. Ibid., 132; D. A. Keister, “The Public Accountant,” *The Book-Keeper* 8, no. 6 (1896): 21–23.

22. Charles Waldo Haskins, *Business Education and Accountancy* (New York: Harper & Brothers, 1904), 32, 54.

23. Charles Waldo Haskins, *How to Keep Household Accounts: A Manual of Family Accounts* (New York: Harper & Brothers, 1903), v, 13–14.

第十二章

1. Honoré de Balzac, *L'Interdiction* (Paris: Éditions Garnier Frères, 1964), 37.

2. Charles Dickens, *A Christmas Carol* (Clayton, DE: Prestwick House, 2010), 21.

3. Charles Dickens, *Little Dorrit*, ed. by Peter Preston (Ware, UK: Wordsworth Editions, 1996), 102.

4. Henry David Thoreau, *Walden or Life in the Woods* (Mansfield Centre, CT: Martino, 2009), 26.

5. Ibid., 17, 28.

6. Amanda Vickerey, “His and Hers: Gender, Consumption and Household Accounting in Eighteenth-Century England,” *Past and Present* 1, Supplement 1 (2006): 12–38.

7. Porter, *Trust in Numbers*, 17–30.

8. Thomas Malthus, *An Essay on the Principle of Population* (New York: Oxford University Press, 1999), 61.

9. Janet Browne, “The Natural Economy of Households: Charles Darwin's Account Books,” in *Aurora Torealis: Studies in the History of Science and Ideas in the Honor Tore Frängsmyr*, ed. Marco Beretta, Karl Grandin, and Svante Lindqvist (Sagamore Beach, MA: Watson, 2008), 104.

10. The questionnaire is reproduced in Francis Darwin, ed., *The Life and Letters of Charles Darwin* (London, 1887), 3:178–179. All citations come from it.

11. Browne, "The Natural Economy of Households," 88–99.

12. Ibid., 92–94.

13. Ibid., 97; Charles Darwin, *The Descent of Man, and Selection in Relation to Sex* (London: John Murray, 1871), 1:167–182.

14. Joseph Conrad, *Heart of Darkness*, ed. Ross C. Murfin (Boston: Bedford/St. Martin's, 1989), 33.

15. Rosita S. Chen and Sheng-Der Pan, "Frederick Winslow Taylor's Contributions to Cost Accounting," *Accounting Historians Journal* 7, no. 2 (1980): 2.

16. Daniel J. Boorstin, *The Americans: The Democratic Experience* (New York: Vintage Books, 1973).

17. Cited by John Huer, *Auschwitz USA* (Lanham, MD: Hamilton Books, 2010), 31.

18. Alfred C. Mierzejewski, *Most Valuable Asset of the Reich: A History of the German National Railway* (Chapel Hill: University of North Carolina Press, 2000), 2:20–21.

第十三章

1. Allen and McDermott, *Accounting for Success*, 32–37.

2. Ibid., 31.

3. Ibid., 45, 61.

4. William Z. Ripley, "Stop, Look, Listen! The Shareholder's Right to Adequate Information," *Atlantic Monthly*, January 1, 1926.

5. Allen and McDermott, *Accounting for Success*, 67.

6. Ibid., 64; John Kenneth Galbraith, *The Great Crash of 1929* (New York: Houghton Mifflin Harcourt, 2000), 64.

7. Previts and Merino, *A History of Accountancy in the United States*, 275.

8. Securities Act of 1933, www.sec.gov/about/laws/sa33.pdf, section 19; Stephen A. Zeff, "The SEC Rules Historical Cost Accounting: 1934 to the 1970s," *Accounting and Business Research* 37, suppl. 1 (2007): 1; Mike Brewster, *Unaccountable: How the Accounting Profession Forfeited a Public Trust* (Hoboken, NJ: John Wiley & Sons, 2003), 81.

9. Allen and McDermott, *Accounting for Success*, 71; Previts and Merino, *A History of Accountancy in the United States*, 70, 270.

10. Kees Camfferman and Stephen A. Zeff, *Financial Reporting and Global Capital Markets: A History of the International Accounting Standards Committee 1973–2000* (Oxford: Oxford University Press, 2006), 21–24; "The Norwalk Agreement," www.fasb.org/news/memorandum.pdf.

11. Barbara Ley Toffler, *Final Accounting: Ambition, Greed and the Fall of Arthur Andersen* (New York: Crown, 2003), 18; Robert A. G. Monks and Nell Minow, *Corporate Governance* (New York: John Wiley & Sons, 2008), 563.

12. Toffler, *Final Accounting*, 28, 41.

13. Ibid., 14.

14. Allen and McDermott, *Accounting for Success*, 171–172.

15. Ibid., 173.

16. Ibid., 175–181.

17. Philip G. Joyce, *Congressional Budget Office: Honest Numbers, Power, and Policymaking* (Washington, DC: Georgetown University Press, 2011), 16–17.

18. Richard Cantor and Frank Packer, "Sovereign Credit Ratings," *Current Issues in Economics and Finance of the Federal Reserve Board of New York* 1, no. 3 (1995): 41.

19. Allen and McDermott, *Accounting for Success*, 181.

20. Mark Stevens, *The Big Six: The Selling Out of America's Accounting Firms* (New York: Simon and Schuster, 19991), 28.

21. Richard Melcher, "Where Are the Accountants?" *BusinessWeek*, October 5, 1998.

22. Toffler, *Final Accounting*, 203.

23. Ibid., 138.

24. William Jefferson Clinton, "Statement on Signing the Gramm-Leach-Bliley, Act November 12, 1999," www.presidency.ucsb.edu/ws/?pid=56922.

25. For the SEC's charges against Andersen in relation to WorldCom and Waste Management, see www.sec.gov/litigation/complaints/comp17753.htm and www.sec.gov/litigation/litreleases/lr17039.htm.

26. Toffler, *Final Accounting*, 217.

27. Ibid., 213.

28. Elizabeth Bumiller, "Bush Signs Bill Aimed at Fraud in Corporations," *New York Times*, July 31, 2002. Note also that in 2002, President Bush cut SEC funding by 27 percent, causing its chairman, Harvey Pitt, to publicly warn that "the administration's level of financing will not allow it to undertake important initiatives": Stephen Labaton, "Bush Tries to Shrink S.E.C. Raise Intended for Corporate Cleanup," *New York Times*, October 19, 2002.

29. Adam Jones, "Auditors Criticized for Role in Financial Crisis," *Financial Times*, March 30, 2011; Adam Jones, "Big Four Rivals Welcome Audit Shake-up," *Financial Times*, February 2, 2013.

30. Andrew Ross Sorkin, "Realities Behind Prosecuting Big Banks," *New York Times*, March 11, 2013.

31. Matt Taibbi, "The People vs. Goldman Sachs," *Rolling Stone*, May 11, 2011; "Government Accounting Book-Cooking Guide: The Public Sector Has Too Much Freedom to Dress Up the Accounts," *Economist*, April 7, 2012; Peter J. Henning, "Justice Department Again Signals Interest to Pursue Financial Crisis Cases," *New York Times*, August 26, 2013.

结语

1. Dickens, *Little Dorrit*, 107.

2. "Government Accounting Book-Cooking Guide: The Public Sector Has Too Much Freedom to Dress Up the Accounts," *Economist*, April 7, 2012.

3. "An Aberrant Abacus: Coming to Terms with China's Untrustworthy Numbers," *Economist,* May 1, 2008; Timothy Irwin, "Accounting Devices and Fiscal Illusions," *IMF Staff Discussion Note*, March 28, 2012, www.imf.org/external/pubs/ft/sdn/2012/sdn1202.pdf; Alan J. Blinder, "Financial Collapse: A Ten-Step Recovery Plan," *New York Times,* January 19, 2013.

4. Jean-Baptiste Say, *Traité d'économie politique ou simple exposition de la manière dont se forment, se distribuent et se composent les richesses* (Paris: Crapalet, 1803).

参考文献

Aho, J. A. *Confession and Bookkeeping: The Religious, Moral, and Rhetorical Roots of Modern Accounting*. Albany: State University of New York Press, 2005.

Alberti, Leon Battista. *The Family in Renaissance Florence*. Book 3. Translated by Renée Neu Watkins. Long Grove, IL: Waveland Press, 1994.

Alcott, Louisa May. *Little Women*. Boston: Roberts Brothers, 1868.

Allen, David Grayson, and Kathleen McDermott. *Accounting for Success: A History of Price Waterhouse in America 1890–1990*. Cambridge, MA: Harvard Business School Press, 1993.

Antoine, Michel. *Le coeur de l'État*. Paris: Fayard, 2003.

Arcelli, Federico. *Il banchiere del Papa: Antonio della Casa, mercante e banchiere a Roma, 1438–1440*. Soveria Manelli, Italy: Rubbettino Editore, 2001.

Aristotle. *The Athenian Constitution*. Translated by P. J. Rhodes. London: Penguin Books, 1984.

———. *Nichomachean Ethics*. Translated by H. Rackham. Cambridge, MA: Loeb Classical Library, 1926.

Ashton, T. S. *Economic Fluctuations in England, 1700–1800*. Oxford: Oxford University Press, 1959.

Astbury, Raymond. "The Renewal of the Licensing Act in 1693 and Its Lapse in 1695." *The Library* 5, no. 4 (1978): 296–322.

Augéard, Jacques-Mathieu. *Letter from Monsieur Turgot to Monsieur Necker*. 1780.

———. *Mémoires Sécrets*. Paris: Plon, 1866.

Augustus. *Res gestae divi Augusti*. Translated by P. A. Brunt and J. M. Moore. Oxford: Oxford University Press, 1973.

Authentic Copy of the New Constitution of France, Adopted by the National Convention, June 23, 1793. London: J. Debrett, 1793.

Bachaumont, Louis-Petit de. *Mémoires secrets pour servir à l'histoire de la République des lettres en France*. 36 vols. London: John Adamson, 1777–1787.

Bailly, M. A. *Histoire financière de la France depuis l'origine de la Monarchie jusqu'à la fin de 1786. Un tableau général des anciennes impositions et un état des recettes et des dépenses du trésor royal à la même époque*. 2 vols. Paris: Moutardier, 1830.

Bailyn, Bernard. *The New England Merchants in the Seventeenth Century*. New York: Harper Torchbook, 1964.

Baker, Keith Michael. "Politics and Social Science in Eighteenth-Century France: The 'Société de 1789.'" In *French Government and Society 1500–1850: Essays in Memory of Alfred Cobban*, edited by J. F. Bosher, 208–230. London: Athlone Press, 1973.

Balzac, Honoré de. *L'Interdiction*. Paris: Éditions Garnier Frères, 1964.

Barlaeus, Caspar. *Marie de Medicis entrant dans l'Amsterdam; ou Histoire de la reception faicte à la Reyne Mère du Roy très-Chrestien, par les Bourgmaistres et Bourgeoisie de la Ville d'Amsterdam*. Amsterdam: Jean & Corneille Blaeu, 1638.

Bautier, Robert-Henri. "Chancellerie et culture au moyen age." In vol. 1 of *Chartes, sceaux et chancelleries: Études de diplomatique et de sigillographie médiévales*, edited by Robert-Henri Bautier, 47–75. Paris: École des Chartes, 1990.

Baxter, Douglas Clark. *Servants of the Sword: French Intendants of the Army 1630–1670*. Urbana: University of Illinois Press, 1976.

Baxter, W. T. "Accounting in Colonial America." In *Studies in the History of Accounting*, edited by Charles Littleton and Basil S. Yamey, 272–287. New York: Arno Press, 1978.

Bentham, Jeremy. *An Introduction to the Principles of Morals and Legislation*. 1789.

Bentley, Richard. *Sermons Preached at Boyle's Lecture*. Edited by Alexander Dyce. London: Francis Macpherson, 1838.

Bergin, J. A. "Cardinal Mazarin and His Benefices." *French History* 1, no. 1 (1987): 3–26.

Binney, J. E. D. *British Public Finance and Administration 1774–92*. Oxford: Oxford University Press, 1958.

Black, Jeremy. *Robert Walpole and the Nature of Politics in Early Eighteenth Century England*. New York: St. Martin's Press, 1990.

Blinder, Alan J. "Financial Collapse: A Ten-Step Recovery Plan." *New York Times*, January 19, 2013.

Bocaccio, Giovanni. *The Decameron*. Translated by J. M. Rigg. London: A. H. Bullen, 1903.

Boeckh, Augustus. *The Public Economy of Athens*. London: John W. Parker, 1842.

Boislisle, Arthur André Gabriel Michel de, and Pierre de Brotonne, eds. *Correspondance des Contrôleurs Généraux des Finances*. 3 vols. Paris: Imprimérie Nationale, 1874.

Bondi, Yuri. "Schumpeter's Economic Theory and the Dynamic Accounting View of the Firm: Neglected Pages from the *Theory of Economic Development*." *Economy and Society* 37, no. 4 (2008): 525–547.

Bonney, Richard. "Vindication of the Fronde? The Cost of Louis XIV's Versailles Building Programme." *French History* 21, no. 2 (2006): 205–225.
Boorstin, Daniel J. *The Americans: The Democratic Experience*. New York: Vintage Books, 1973.
Bosher, J. F. *French Finances 1770–1795: From Business to Bureaucracy*. Cambridge: Cambridge University Press, 1970.
Bowring, John. *Report of the Public Accounts of France to the Right Honorable the Lords Commissioners of His Majesty's Treasury*. London: House of Commons, 1831.
———. *Report on the Public Accounts of the Netherlands*. London: House of Commons, 1832.
Braudel, Fernand. *Civilisation materielle, économie et capitalisme XVe–XVIIIe siècle*. 2 vols. Paris: Armand Colin, 1979.
Brewer, John. *The Sinews of Power: War, Money and the English State 1688–1783*. New York: Alfred A. Knopf, 1989.
Brewster, Mike. *Unaccountable: How the Accounting Profession Forfeited a Public Trust*. Hoboken, NJ: John Wiley & Sons, 2003.
Brisco, Norris Arthur. *The Economic Policy of Robert Walpole*. New York: Columbia University Press, 1907.
Brown, Richard. *A History of Accounting and Accountants*. Edinburgh: T. C. & E. C. Jack, 1905.
Browne, Janet. "The Natural Economy of Households: Charles Darwin's Account Books." In *Aurora Torealis: Studies in the History of Science and Ideas in the Honor Tore Frängsmyr*, edited by Marco Beretta, Karl Grandin, and Svante Lindqvist, 87–110. Sagamore Beach, MA: Watson, 2008.
Bumiller, Elizabeth. "Bush Signs Bill Aimed at Fraud in Corporations." *New York Times*, July 31, 2002.
Burke, Edmund. *Reflections on the French Revolution*. In *Readings in Western Civilization: The Old Regime and the French Revolution*, edited by Keith Michael Baker. Chicago: University of Chicago Press, 1987.
Burke, Peter. *The Fortunes of the Courtier: The European Reception of Castiglione's Cortegiano*. Cambridge: Polity Press, 1995.
———. *A Social History of Knowledge from Gutenberg to Diderot*. Cambridge: Polity Press, 2000.
Burnand, Léonard. *Les Pamphlets contre Necker. Médias et imginaire politique au XVIIIe siècle*. Paris: Éditions Classiques Garnier, 2009.
Burté, Antoine. *Pour L'Assemblée Nationale. Observations rapides sur les conditions d'eligibilité des Commissaires de la Comptabilité*. Paris: Imprimérie Nationale, 1792.
———. "Rapid Observations on the Conditions of Eligibility of the Commissars of Accountability." 1792. University of Pennsylvania, Special Collections Library, Maclure 735:5.
Bywater, M. F., and B. S. Yamey. *Historic Accounting Literature: A Companion Guide*. London: Scholar Press, 1982.

Calabria, Antonio. *The Cost of Empire: The Finances of the Kingdom of Naples in the Time of the Spanish Rule*. Cambridge: Cambridge University Press, 1991.

Camfferman, Kees, and Stephen A. Zeff. *Financial Reporting and Global Capital Markets: A History of the International Accounting Standards Committee 1973–2000*. Oxford: Oxford University Press, 2006.

Cantor, Richard, and Frank Packer. "Sovereign Credit Ratings." *Current Issues in Economics and Finance of the Federal Reserve Board of New York* 1, no. 3 (1995): 37–54.

Carande, Ramon. *Carlos V y sus banqueros. Los caminos del oro y de la plata (Deuda exterior y tesoros ultramarinos)*. Madrid: Sociedad de Estudios y Publicaciones, 1967.

Carmona, Salvador, and Mahmous Ezzamel. "Ancient Accounting." In *The Routledge Companion to Accounting History*, edited by John Richard Edwards and Stephen P. Walker. Oxford: Routledge, 2009.

Carruthers, Bruce G., and Wendy Nelson Espeland. "Accounting for Rationality: Double-Entry Bookkeeping and the Rhetoric of Economic Rationality." *American Journal of Sociology* 97, no. 1 (1991): 30–67.

Carswell, John. *The South Sea Bubble*. Stanford, CA: Stanford University Press, 1960.

Carter, F. E. L., and D. E. Greenway. *Dialogus de Scaccario (the Course of the Exchequer), and Constitutio Domus Regis (The Establishment of the Royal Household)*. London: Charles Johnson, 1950.

Castiglione, Baldesar. *The Book of the Courtier*. Translated and edited by George Bull. London: Penguin Books, 1976.

Cervantes Saavedra, Miguel de. *The History of don Quixote de la Mancha*. London: James Burns, 1847.

Chandler, Alfred D. *The Visible Hand: The Managerial Revolution in American Business*. Cambridge, MA: Harvard University Press, 1977.

Chatfield, Michael. *A History of Accounting Thought*. Hisdale, IL: Dryden Press, 1974.

Chen, Rosita S., and Sheng-Der Pan. "Frederick Winslow Taylor's Contributions to Cost Accounting." *The Accounting Historians Journal* 7, no. 2 (1980): 1–22.

Chernow, Ron. *Alexander Hamilton*. New York: Penguin Books, 2004.

Chéruel, Pierre-Adolphe, ed. *Mémoires sur la vie publique et privée de Fouquet, Surintendant des finances. D'après ses lettres et des pièces inédites conservées à la Bibliothèque Impériale*. 2 vols. Paris: Charpentier Éditeur, 1862.

Cicero. *The Orations of Marcus Tullius Cicero (Philippics)*. Translated by C. D. Yonge. London: Henry J. Bohn, 1852.

Clanchy, M. T. *From Memory to Written Record: England 1066–1307*. London: Blackwell, 1979.

Clinton, William Jefferson. *Statement on Signing the Gramm-Leach-Bliley Act*. November 12, 1999. www.presidency.ucsb.edu/ws/?pid=56922.

Cohen, Patricia Cline. *A Calculating People: The Spread of Numeracy in Early America*. Chicago: University of Chicago Press, 1982.

Cohn, Ellen R. "The Printer at Passy." In *Benjamin Franklin in Search of a Better World*, edited by Page Talbott, 236–259. New Haven, CT: Yale University Press, 2005.

Colbert, Jean-Baptiste. *Abrégé des finances 1665*. Bnf. Ms. Fr. 6771, fols. 4 verso–7 recto.

———. *Abrégé des finances 1671*. Bnf. Ms. Fr. 6777, final "table."

———. *Lettres, instructions et mémoires*. Edited by Pierre Clement. 7 vols. Paris: Imprimerie Impériale, 1865.

———. *Receuil de Finances de Colbert*. Bnf. Ms. Fr. 7753.

Colbert 1619–1683. Paris: Ministère de la Culture, 1983.

Colinson, Robert. *Idea rationaria, or the Perfect Accomptant*. Edinburgh: David Lindsay, 1683.

Collection complette de tous les ouvrages pour et contre M. Necker, avec des notes critiques, politiques et secretes. 3 vols. Utrecht, 1782.

Colonna, Francesco. *Hypnerotomachia Poliphili*. Venice: Aldus Manutius, 1499.

Compte rendu par le Ministre de la Marine à l'Assemblée Nationale 31 Oct. 1791. Paris: Imprimérie Nationale, 1791. University of Pennsylvania, Special Collections Library, Maclure 974:19.

Cone, Carl B. "Richard Price and Pitt's Sinking Fund of 1786." *Economic History Review* 4, no. 2 (1951): 243–251.

Conrad, Joseph. *Heart of Darkness*. Edited by Ross C. Murfin. Boston: Bedford/St. Martin's, 1989.

Convention Nationale: Projet d'organisation du Bureau de Comptabilité. Paris: Par Ordre de la Convention Nationale, 1792. University of Pennsylvania, Special Collections Library, Maclure 1156:1.

Cook, Harold John. *Matters of Exchange: Commerce, Medicine, and Science in the Dutch Golden Age*. New Haven, CT: Yale University Press, 2007.

Coombs, Hugh, John Edwards, and Hugh Greener, eds. *Double-Entry Bookkeeping in British Central Government, 1822–1856*. London: Routledge, 1997.

Cosnac, Gabriel-Jules, comte de. *Mazarin et Colbert*. 2 vols. Paris: Plon, 1892.

Coxe, William. *Memoires of the Life and Administration of Sir Robert Walpole*. 4 vols. London: Longman, Hurst, Reese, Orme and Brown, 1816.

Dainville, François de. *L'éducation des jésuites XVI–XVIII siècles*. Edited by Marie-Madeleine Compère. Paris: Éditions de Minuit, 1978.

Dale, Richard. *The First Crash: Lessons from the South Sea Bubble*. Princeton, NJ: Princeton University Press, 2004.

Dante. *The Divine Comedy*. Translated by Allen Mandelbaum. 3 vols. Berkeley: University of California Press, 1981.

———. *The Inferno*. Translated by Robert Pinsky. New York: Farrar, Straus and Giroux, 1995.

Darnton, Robert. "The Memoirs of Lenoir, Lieutenant of Police of Paris, 1774–1785." *English Historical Review* 85, no. 336 (1970): 532–559.

———. "Trends in Radical Propaganda on the Eve of the French Revolution (1782–1788)." DPhil diss., Oxford University, 1964.

Darwin, Charles. *The Descent of Man, and Selection in Relation to Sex*. Vol. 1. London: John Murray, 1871.

———. *On the Origin of the Species*. London, 1859.

Darwin, Francis, ed. *The Life and Letters of Charles Darwin*. Vol. 3. London, 1887.

Davenant, Charles. *Discourses on the Publick Revenues*. 2 vols. London: James Knapton, 1698.

Davids, Karel. "The Bookkeepers Tale: Learning Merchant Skills in the Northern Netherlands in the Sixteenth Century." In *Education and Learning in the Netherlands 1400–1600. Essays in Honour of Hilde de Ridder-Symeons*, edited by Koen Goodriaan, Jaap van Moolenbroek, and Ad Tervoort, 235–251. Leiden: Brill, 2004.

De Calonne, Vicomte, Charles Alexandre. *Réponse de M. de Calonne à l'Écrit de M. Necker; contenant l'Examen des comptes de la situation des Finances Rendus en 1774, 1776, 1781, 1783 & 1787 avec des Observations sur les Résultats de l'Assemblée des Notables*. London: T. Spilsbury, 1788.

Declaration du Roy concernant la tenue des Registres Journaux. Versailles: October 4, 1723.

De Cosnac, Comte, Gabriel-Jules. *Mazarin et Colbert*. 2 vols. Paris: Plon, 1892.

De Créquy, Marquise, Renée-Caroline. *Souvenirs de 1710 à 1803*. 10 vols. Paris: Garnier Frères, 1873.

De Diego, José Luis Rodríguez, ed. *Instrucción para el gobierno del archivo de Simancas (año 1588)*. Madrid: Dirección General de Bellas Artes y Archivos, 1989.

———. "La formación del Archivo de Simancas en el siglo xvi. Función y orden interno." In *El libro antiguo español IV*, edited by Maria Luisa López Vidriero and Pedro M. Cátedra. Salamanca: Ediciones Universidad de Salamanca, 1998.

De Diego, José Luis Rodríguez, and Francisco Javier Alvarez Pinedo. *Los Archivos de Simancas*. Madrid: Lunwerg Editores, 1993.

Defoe, Daniel. *The Complete English Tradesman*. Edinburgh, 1839.

———. *The Life and Strange Surprizing Adventures of Robinson Crusoe*. London: Taylor, 1719.

De Jongh, J. Matthijs. "Shareholder Activism at the Dutch East India Company in 1622: *Redde Rationem Villicationis Tuae! Give an Account of Your Stewardship!*" Paper presented at the Conference on the Origins and History of Shareholder Advocacy, Yale School of Management, Millstein

Center for Corporate Governance and Performance, November 6 and 7, 2009.

De la Court, Pieter, and Jan de Witt. *The True Interest and Political Maxims of the Republic of Holland*. London: John Campbell, 1746.

Della Mirandola, Giovanni Pico. *On The Dignity of Man*. Translated by Charles Glenn Wallis, Paul J. W. Miller, and Douglas Carmichael. Indianapolis: Hackett, 1998.

Delumeau, Jean. *Sin and Fear: The Emergence of a Western Guilt Culture 13th–18th Centuries*. Translated by Eric Nicholson. New York: St. Martin's Press, 1990.

Deringer, William Peter. "Calculated Values: The Politics and Epistemology of Economic Numbers in Britain, 1688–1738." PhD diss., Princeton University, 2012.

De Roover, Florence Edler. "Francesco Sassetti and the Downfall of the Medici Banking House." *Bulletin of the Business Historical Society* 17, no. 4 (1943): 65–80.

De Roover, Raymond. "Aux origins d'une technique intellectuelle. La formation et l'expansion de la comptabilité à partie double." *Annales d'histoire économique et sociale* 9, no. 45 (1937): 270–298.

———. "The Development of Accounting Prior to Luca Pacioli." In *Business, Banking and Economic Thought in Late Medieval and Early Modern Europe: Selected Studies of Raymond de Roover*, edited by Julius Kirschner, 119–180. Chicago: University of Chicago Press, 1974.

———. "The Development of Accounting Prior to Luca Pacioli According to the Account-Books of Medieval Merchants." In *Studies in the History of Accounting*, edited by A. C. Littleton and B. S. Yamey, 114–174. London: Richard D. Irwin, 1956.

———. *Money, Banking and Credit in Medieval Bruges*. Cambridge, MA: The Medieval Academy of America, 1948.

———. *The Rise and Decline of the Medici Bank 1397–1494*. Cambridge, MA: Harvard University Press, 1963.

Desan, Philippe. *L'imaginaire économiqe de la Renaissance*. Paris: Presses Université de Paris-Sorbonne, 2002.

De Solórzano, Bartolomé Salvador. *Libro de Caxa y Manual de cuentas de Mercaderes, y otras personas, con la declaracion dellos*. Madrid: Pedro Madrigal, 1590.

Desrosières, Alain. *The Politics of Large Numbers: A History of Statistical Reasoning*. Translated by Camille Nash. Cambridge, MA: Harvard University Press, 1998.

Dessert, Daniel. *Argent, pouvoir, et société au Grand Siècle*. Paris: Fayard, 1984.

———. *Colbert ou le serpent venimeux*. Paris: Éditions Complexe, 2000.

Dessert, Daniel, and Jean-Louis Journet. "Le lobby Colbert." *Annales* 30, no. 6 (1975): 1303–1329.

De Vergennes, Vicomte, Charles Alexandre. "Lettre de M. le marquis de Caraccioli à M. d'Alembert." In *Collection complette de tous les ouvrages pour et contre M. Necker, avec des notes critiques, politiques et secretes*. Vol. 3, 42–64. Utrecht, 1782.

Devreese, J. T., and G. Vanden Berghe, *"Magic Is No Magic," The Wonderful World of Simon Stevin*. Boston: WIT Press, 2008.

De Vries, Jan. "The Economic Crisis of the Seventeenth Century After Fifty Years." *Journal of Interdisciplinary History* 40, no. 2 (2009): 151–194.

———. "The Industrial Revolution and the Industrious Revolution." *Journal of Economic History* 54, no. 2 (1994): 249–270.

De Vries, Jan, and Ad van der Woude. *The First Modern Economy: Success, Failure, and Perseverance of the Dutch Economy, 1500–1815*. Cambridge: Cambridge University Press, 1997.

De Witt, Jan. *Elementa curvarum linearum liber primus*. Translated and edited by Albert W. Grootendorst and Miente Bakker. New York: Springer Verlag, 2000.

De Witt, Johan. *Treatise on Life Annuities*. 1671. www.stat.ucla.edu/history/dewitt.pdf.

Dickens, Charles. *A Christmas Carol*. Clayton, DE: Prestwick House, 2010.

———. *Little Dorrit*. Edited by Peter Preston. Ware, UK: Wordsworth Editions, 1996.

Dickinson, Arthur Lowes. *Accounting Practice and Procedure*. New York: Ronald Press, 1918.

Dickson, Peter G. M. *The Financial Revolution in England: A Study in the Development of Public Credit 1688–1756*. London: Macmillan, 1967.

Dictionary of National Biography. Edited by Sydney Lee. Vol. 50. London: Smith, Elder, 1897.

Dobija, Dorota. *Early Evolution of Corporate Control and Auditing: The British East India Company (1600–1643 CE)*. July 16, 2011. http://ssrn.com/abstract=1886945.

Dolan, Brian. *Josiah Wedgwood: Entrepreneur to the Enlightenment*. London: Harper Perennial, 2005.

Donoso Anes, Rafael. "Accounting for the Estates of Deceased Travellers: An Example of Early Spanish Double-Entry Bookkeeping." *Accounting History* 7, no. 1 (2002): 80–99.

———. "The Casa de la Contratación de Indias and the Application of the Double Entry Bookkeeping to the Sale of Precious Metals in Spain 1557–83." *Accounting, Business and Financial History* 4, no. 1 (1994): 83–98.

———. *Una Contribución a la Historia de la Contabilidad. Análisis de las Práticas Contables Desarrolladas por la Tesorería de la Casa de la Contratación de la Indias en Sevilla, 1503–1717*. Seville: Universidad de Sevilla, 1996.

Durham, John W. "The Introduction of 'Arabic' Numerals in European Accounting." *Accounting Historians Journal* 19, no. 2 (1992): 25–55.

The Economist. "An Aberrant Abacus: Coming to Terms with China's Untrustworthy Numbers," May 1, 2008.

———. "Government Accounting Book-Cooking Guide: The Public Sector Has Too Much Freedom to Dress Up the Accounts," April 7, 2012.

Edelstein, Dan. *The Terror of Natural Right: Republicanism, the State of Nature and the French Revolution*. Chicago: University of Chicago Press, 2009.

Edwards, John Richard. "Teaching 'Merchants Accompts' in Britain During the Early Modern Period." *Cardiff Business School Working Paper Series in Accounting and Finance* A2009/2 (2009): 1–38.

Edwards, John Richard, and Stephen P. Walker, eds. *The Routledge Companion to Accounting History*. London: Routledge, 2009.

Egret, Jean. *Necker, ministre de Louis XVI 1776–1790*. Paris: Honoré Champion, 1975.

———. *Parlement de Dauphiné et les affaires publiques dans la deuxième moitié du XVIIIe siècle*. 2 vols. Paris: B. Arthuad, 1942.

Erasmus, Desiderius. *The Education of a Christian Prince*. Edited and translated by Lisa Jardine. Cambridge: Cambridge University Press, 1997.

Evans, Oliver. "Steamboats and Steam Wagons." *Hazard's Register of Pennsylvania* 16 (July–January 1836): 12.

The Federalist (The Gideon Edition). Edited by George W. Carey and James McClellan. Indianapolis, IN: Liberty Fund, 2001.

Félix, Joël. *Finances et politiques au siècle des Lumières. Le ministère L'Averdy, 1763–1768*. Paris: Comité pour l'Histoire Économique et Financière de la France, 1999.

Ficino, Marsilio. *Epistle to Giovanni Rucellai*. In *The Renewal of Pagan Antiquity: Contributions to the Cultural History of the European Renaissance*, edited by Aby Warburg and translated by David Britt, 222–264. Los Angeles: Getty Research Institute, 1999.

Fielding, Henry. *Shamela*. Edited by Jack Lynch. http://andromeda.rutgers.edu/~jlynch /Texts/shamela.html.

Financial Accounting Standards Board and the International Accounting Standards Board. *The Norwalk Agreement*. Norwalk, CT, 2002. www.fasb.org/news/memorandum.pdf.

Finley, Moses I. *The Ancient Economy*. Berkeley: University of California Press, 1973.

Franklin, Benjamin. *The Autobiography and Other Writings on Politics, Economics and Virtue*. Edited by Alan Houston. Cambridge: Cambridge University Press, 2004.

———. *Directions to the Deputy Post-Masters, for Keeping Their Accounts*. Broadside, Philadelphia, 1753. Pennsylvania Historical Society, Ab [1775].

———. *Instructions Given by Benjamin Franklin, and William Hunter, Esquires, His Majesty's Deputy Post-Masters General of All his Dominions on the Continent of North America*. University of Pennsylvania Library, 1753.

———. *The Ledger of Doctor Benjamin Franklin, Postmaster General, 1776. A Facsimile of the Original Manuscript Now on File on the Records of the Post Office Department of the United States*. Washington, DC, 1865.
———. *Papers of Franklin*. Edited by Leonard W. Lebaree and Whitfield Bell Jr. 40 vols. New Haven, CT: Yale University Press, 1960.
———. *The Writings of Benjamin Franklin*. Edited by Albert Henry Smyth. 10 vols. New York: Macmillan, 1907.
Franklin, Benjamin, and George Simpson Eddy. "Account Book of Benjamin Franklin Kept by Him During His First Mission to England as Provincial Agent 1757–1762." *Pennsylvania Magazine of History and Biography* 55, no. 2 (1931): 97–133.
Fritschy, Wantje. "The Efficiency of Taxation in Holland." In *The Political Economy of the Dutch Republic* , edited by Oscar Gelderblom. London: Ashgate, 2009.
———. "'A Financial Revolution' Reconsidered: Public Finance in Holland During the Dutch Revolt 1568–1648." *Economic History Review* 56, no. 1 (2003): 57–89.
———. "Three Centuries of Urban and Provincial Public Debt: Amsterdam and Holland." In *Urban Public Debts: Urban Government and the Market for Annuities in Western Europe (14th–18th Centuries)*, edited by M. Boone, K. Davids, and P. Janssens, 75–92. Turnhout: Brepols, 2003.
Galbraith, John Kenneth. *The Great Crash of 1929*. New York: Houghton, Mifflin, Harcourt, 2000.
Gallatin, Albert. *Sketch of the Finances of the United States*. New York, 1796.
Geijsbeek, John B. *Ancient Double-Entry Bookkeeping: Luca Pacioli's Treatise 1494*. Denver, 1914.
Gelderblom, Oscar. "The Governance of Early Modern Trade: The Case of Hans Thijs, 1556–1611." *Enterprise and Society* 4, no. 4 (2003): 606–639.
Gibbon, Edward. *History of the Decline and Fall of the Roman Empire*. 4th ed. 6 vols. London: W. and T. Cadell, 1781–1788.
Glamann, Kristof. *Dutch Asiatic Trade 1620–1740*. The Hague: Martinus Nijhof, 1981.
Goldberg, Louis. *Journey into Accounting Thought*. Edited by Stewart A. Leech. London: Routledge, 2001.
Goodman, David C. *Power and Penury: Government, Technology and Science in Philip II's Spain*. Cambridge: Cambridge University Press, 1988.
Grafton, Anthony. *Leon Battista Alberti: Master Builder of the Renaissance*. London: Allen Lane/Penguin Press, 2000.
Graves, Robert. *I Claudius*. London: Arthur Barker, 1934.
Grendler, Paul F. *Schooling in Renaissance Italy: Literacy and Learning 130--1600*. Baltimore: Johns Hopkins University Press, 1989.
Gutkind, Curt S. *Cosimo de' Medici: Pater Patriae, 1389–1464*. Oxford: Clarendon Press, 1938.

Hall, Hubert. "The Sources for the History of Sir Robert Walpole's Financial Administration." *Transactions of the Royal Historical Society* 4, no. 1 (1910): 33–45.

Hamilton, Alexander. *The Papers of Alexander Hamilton*. Edited by Harold C. Syrett et al. 26 vols. New York: Columbia University Press, 1961–1979.

Hans, N. A. *New Trends in Education in the Eighteenth Century*. London: Routledge & Keegan Paul, 1951.

Harkness, Deborah. "Accounting for Science: How a Merchant Kept His Books in Elizabethan London." In *Self-Perception and Early Modern Capitalists*, edited by Margaret Jacob and Catherine Secretan, 205–228. London: Palgrave Macmillan, 2008.

Harris, Robert D. "Necker's Compte Rendu of 1781: A Reconsideration." *Journal of Modern History* 42, no. 2 (1970): 161–183.

Haskins, Charles Waldo. *Business Education and Accountancy*. New York: Harper & Brothers, 1904.

———. *How to Keep Household Accounts: A Manual of Family Accounts*. New York: Harper & Brothers, 1903.

Henning, Peter J. "Justice Department Again Signals Interest to Pursue Financial Crisis Cases." *New York Times*, August 26, 2013.

Hernández-Esteve, Esteban. "The Life of Bartolomé Salvador de Solórzano: Some Further Evidence." *Accounting Historians Journal* 1 (1989): 87–99.

———. "Pedro Luis de Torregrosa, primer contador del libro de Caxa de Felipe II: Introducción de la contabilidad por partida doble en la Real Hacienda de Castilla (1592)." *Revista de Historia Económica* 3, no. 2 (1985): 221–245.

Hobbes, Thomas. *Leviathan*. Edited by Richard Tuck. Cambridge: Cambridge University Press, 1996.

Hobsbawm, Eric. *Industry and Empire: The Birth of the Industrial Revolution*. New York: Free Press, 1998.

Holland, Saba, Lady. *A Memoir of the Reverend Sydney Smith*. 2 vols. London: Longman, Brown, Green and Longmans, 1855.

Hont, Istvan. "The Rhapsody of Public Debt: David Hume and Voluntary State Bankruptcy." In *Jealousy of Trade: International Competition and the Nation-State in Historical Perspective*, edited by Istvan Hont, 325–253. Cambridge, MA: Belknap Press of Harvard University Press, 2005.

Horn, Jeff. *The Path Not Taken: French Industrialization in the Age of Revolution*. Cambridge, MA: MIT Press, 2008.

Huer, John. *Auschwitz USA*. Lanham, MD: Hamilton Books, 2010.

Hume, David. "Of Public Credit." In *Essays, Moral, Political and Literary*. Vol. 2, *Political Discourses*. Edinburgh: Fleming, 1752.

Hutcheson, Archibald. *A Collection of Calculations and Remarks Relating to the South Sea Scheme & Stock, Which have been already Published with an Addition of Some Others, which have not been made Publick 'till Now*. London, 1720.

———. *Some Calculations and Remarks Relating to the Present State of the Public Debts and Funds*. London, 1718.

———. *Some Calculations Relating to the Proposals Made by the South Sea Company and the Bank of England, to the House of Commons*. London: Morphew, 1720.

The Irish Jurist: Reports of Cases Decided on All the Courts of Equity and Common Law in Ireland for the Year 1855. Dublin, 1849–1855.

Irwin, Timothy. "Accounting Devices and Fiscal Illusions." *IMF Staff Discussion Note*, March 28, 2012. www.imf.org/external/pubs/ft/sdn/2012/sdn1202.pdf.

Jacob, Margaret C. "Commerce, Industry and the Laws of Newtonian Science: Weber Revisited and Revised." *Canadian Journal of History* 35, no. 2 (2000): 272–292.

———. *The Newtonians and the English Revolution 1689–1720*. Ithaca, NY: Cornell University Press, 1976.

———. *Scientific Culture and the Making of the Industrial West*. Oxford: Oxford University Press, 1997.

Jeannin, Pierre. *Merchants of the Sixteenth Century*. Translated by Paul Fittingoff. New York: Harper and Row, 1972.

Jefferson, Thomas. "Inscription for an African Slave." In *The Works of Thomas Jefferson*, Federal Edition, vol. 2. New York: G. P. Putnam's Sons, 1904–1905.

Johnson, Samuel. *London: A Poem*. London: R. Dodsley, 1738. Edited by Jack Lynch. http://andromeda.rutgers.edu/~jlynch/Texts/london.html.

Jones, Adam. "Auditors Criticized for Role in Financial Crisis." *Financial Times*, March 30, 2011.

———. "Big Four Rivals Welcome Audit Shake-Up." *Financial Times*, February 2, 2013.

Jouanique, Pierre. "Three Medieval Merchants: Francesco di Marco Datini, Jacques Coeur, and Benedetto Cotrugli." *Accounting, Business and Financial History* 6, no. 3 (1996): 261–275.

Journal of the First Session of the Second House of Representatives of the Commonwealth of Pennsylvania. Philadelphia: Francis Bailey and Thomas Lang, 1791.

Joyce, Philip G. *Congressional Budget Office: Honest Numbers, Power, and Policymaking*. Washington, DC: Georgetown University Press, 2011.

Kadane, Matthew. *The Watchful Clothier: The Life of an Eighteenth-Century Protestant Capitalist*. New Haven, CT: Yale University Press, 2013.

Kamen, Henry. *Philip of Spain*. New Haven, CT: Yale University Press, 1997.

Kaplan, Steven L. *Bread, Politics, and Political Economy in the Reign of Louis XIV*. 2 vols. The Hague: Martinus Nijhof, 1976.

Keister, D. A. "The Public Accountant." *The Book-Keeper* 8, no. 6 (1896): 21–23.

Kitman, Marvin. *George Washington's Expense Account*. New York: Grove Press, 1970.

Koehn, Nancy F. "Josiah Wedgwood and the First Industrial Revolution." In *Creating Modern Capitalism: How Entrepreneurs, Companies, and Countries Triumphed in Three Industrial Revolutions*, edited by Thomas K. McCraw, 19–48. Cambridge, MA: Harvard University Press, 1997.

Labaton, Stephen. "Bush Tries to Shrink S.E.C. Raise Intended for Corporate Cleanup." *New York Times*, October 19, 2002.

Landes, David. *The Wealth and Poverty of Nations: Why Some Are Rich and Some Are Poor.* New York: W. W. Norton, 1998.

La Roncière, Charles de, and Paul M. Bondois. *Catalogue des Manuscrits de la Collection des Mélanges Colbert*. Paris: Éditions Ernest Leroux, 1920.

Lee, Geoffrey Alan. "The Coming of Age of Double Entry: The Giovanni Farolfi Ledger of 1299–1300." *Accounting Historians Journal* 4, no. 2 (1977): 79–95.

———. "The Development of Italian Bookkeeping 1211–1300." *Abacus* 9, no. 2 (1973): 137–155.

———. "The Oldest European Account Book: A Florentine Bank Ledger of 1211." *Nottingham Medieval Studies* 16, no. 1 (1972): 28–60.

Legay, Marie-Laure. "The Beginnings of Public Management: Administrative Science and Political Choices in the Eighteenth Century in France, Austria, and the Austrian Netherlands." *Journal of Modern History* 81, no. 2 (2009): 253–293.

———, ed. *Dictionnaire historique de la comptabilité publique 1500–1850*. Rennes: Presses Universitaires de Rennes, 2010.

Lemarchand, Yannick. "Accounting, the State and Democracy: A Long-Term Perspective on the French Experiment, 1716–1967," *LEMNA* WP 2010 43 (2010): 1–26

———."Comptabilité, discipline, et finances publiques: Une expérience d'introduction de la partie double sous la Régence." *Politiques et Management Public* 18, no. 2 (2000): 93–118.

———. "Introducing Double-Entry Bookkeeping in Public Finance." *Accounting, Business, and Financial History* 9 (1999): 225–254.

Lesger, Clé. *The Rise of the Amsterdam Market and Information Exchange: Merchants, Commercial Expansion and Change in the Spatial Economy of the Low Countries c.1550–1630.* Translated by J. C. Grayson. London: Ashgate, 2006.

Littleton, A. C. *Accounting Evolution to 1900.* New York: American Institute, 1933.

Littleton, Charles, and Basil S. Yamey, eds. *Studies in the History of Accounting.* New York: Arno Press, 1978.

Littleton, Charles, and V. K. Zimmerman. *Accounting Theory: Continuity and Change*. Englewood Cliffs, NJ: Prentice Hall, 1962.

Locke, John. *Two Treatises of Government.* Edited by Peter Laslett. Cambridge: Cambridge University Press, 1988.

Louis XIV. *Mémoires for the Instruction of the Dauphin*. Translated and edited by Paul Sonnino. New York: Free Press, 1970.

Lovett, A. W. "The Castillian Bankruptcy of 1575." *Historical Journal* 23, no. 4 (1980): 899–911.

———. "Juan de Ovando and the Council of Finance (1573–1575)." *Historical Journal* 15, no. 1 (1972): 1–21.

Lynch, Jack. *The Hispanic World in Crisis and Change, 1598–1700*. Oxford: Oxford University Press, 1992.

Machiavelli. *The Discourses*. Translated by Leslie J. Walker. London: Penguin Books, 1983.

Madox, Thomas. *The Anqituities and the History of the Exchequer of the Kings of England*. London: Matthews and Knaplock, 1711.

Mair, John. *Book-Keeping Methodiz'd; or A Methodical Treatise of Merchant-Accompts, According to the Italian Form*. Edinburgh: W. Sands, A. Murray, and J. Cochran, 1765.

Malthus, Thomas. *An Essay on the Principle of Population*. New York: Oxford University Press, 1999.

Manzoni, Domenico. *Quaderno doppio col suo giornale*. Venice: Comin de Tridino, 1540.

Marshall, Richard K. *The Local Merchants of Prato: Small Entrepreneurs in the Late Medieval Economy*. Baltimore: Johns Hopkins University Press, 1999.

Martinelli, Alvaro. "The Ledger of Cristianus Lomellinus and Dominicus De Garibaldo, Stewards of the City of Genoa (1340–41)." *Abacus* 19, no. 2 (1983): 83–118.

Martines, Lauro. *The Social World of the Florentine Humanists 1390–1460*. Princeton, NJ: Princeton University Press, 1963.

Mathon de la Cour, Charles-Joseph. *Collection de Compte-Rendu, pièces authentiques, états et tableaux, concernant les finances de France depuis 1758 jusqu'en 1787*. Paris: Chez Cuchet, Chez Gatteu, 1788.

Maynwaring, Arthur. *A Letter to a Friend Concerning the Publick Debts, particularly that of the Navy*. London, 1711.

McCraw, Thomas K. *The Founders and Finance: How Hamilton, Gallatin, and Other Immigrants Forged a New Economy*. Cambridge, MA: Harvard University Press, 2012.

McKendrick, Neil. "Josiah Wedgwood and Cost Accounting in the Industrial Revolution." *Economic History Review* 23, no. 1 (1970): 45–67.

Melcher, Richard. "Where Are the Accountants?" *BusinessWeek*, October 5, 1998.

Melis, Federigo. *Documenti per la storia economica dei secoli XIII–XVI*. Firenze: Olschki, 1972.

———. *Storia della ragioneria*. Bologna: Cesare Zuffi, 1950.

Meyer, Jean. *Colbert*. Paris: Hachette, 1981.

Mierzejewski, Alfred C. *Most Valuable Asset of the Reich: A History of the German National Railway*. 2 vols. Chapel Hill: University of North Carolina Press, 2000.

Mignet, François-Auguste-Marie-Alexis. *History of the French Revolution, from 1789–1814*. London: George Bell and Sons, 1891.

Modelles des Registres Journaux que le Roy, en son Conseil, Veut et ordonne estre tenus par les Receveurs Généraux des Finances, Caissier de leur Caisse commune, Commis aux Recettes générales, Receveurs des Tailles, Et autres Receveurs des Impositions . . . Execution de l'Edit du mois du juin 1716. des Déclarations des 10 Juin 1716. 4 Octobre & 7 Décembre 1723. Et de l'Arrest du Conseil du 15 Mars 1724 portant Réglement pour la tenuë desdits Registres-Journaux. 1724.

Molho, Anthony. "Cosimo de' Medici: *Pater Patriae* or *Padrino*?" In *The Italian Renaissance: The Essential Readings*, edited by Paula Findlen, 64–90. Malden, MA: Wiley-Blackwell, 2002.

———. *Firenze nel quattrocento*. Rome: Edizioni di Storia e Letteratura, 2006.

Monks, Robert A. G., and Nell Minow. *Corporate Governance*. New York: John Wiley & Sons, 2008.

Montaigne, Michel de. *The Complete Essays*. Translated by M. A. Screech. London: Penguin, 2003.

Moody, John. *How to Analyze Railroad Reports*. New York: Analyses, 1912.

Morineau, Michel. "Or brésilien et gazettes hollandaises." *Revue d'Histoire Moderne et Contemporaine* 25, no. 1 (1978): 3–30.

Morris, Robert. *A general View of Receipts and Expenditures of Public Monies, by Authority from the Superintendent of Finance, from the Time of his entering on the Administration of the Finances, to the 31st December, 1781*. Philadelphia: Register's Office, 1782.

———. *A State of the Receipts and Expenditures of Public Monies upon Warrants from the Superintendent of Finance, from the 1st of January, 1782, to the 1st of January 1783*. Philadelphia: Register's Office, 1783.

Murat, Inès. *Colbert*. Translated by Robert Francis Cook and Jeannie Van Asselt. Charlottesville: University Press of Virginia, 1984.

Musson, A. E., and Eric Robinson. *Science and Technology in the Industrial Revolution*. Manchester, UK: Manchester University Press, 1969.

The Necessary Discourse. 1622.

Necker, Jacques. *Compte rendu au roi*. Paris: Imprimerie du Cabinet du Roi, 1781.

———. *De l'administration des finances de la France*. 1784.

———. *Nouveaux éclaircissemens par M. Necker*. Paris: Hôtel de Thou, 1788.

———. *Sur le Compte Rendu au Roi en 1781. Nouveaux éclaircissemens par M. Necker*. Paris: Hôtel de Thou, 1788.

Nicholson, John. *Accounts of Pennsylvania*. Philadelphia: Comptroller-General's Office, 1785.

Nikitin, Marc. "The Birth of a Modern Public Sector Accounting System in France and Britain and the Influence of Count Mollien." *Accounting History* 6, no. 1 (2001): 75–101.

North, Roger. *Gentleman Accomptant*. London: E. Curll, 1714.

Ogle, Vanessa. *Contesting Time: The Global Struggle for Uniformity and Its Unintended Consequences, 1870s–1940s*. Cambridge, MA: Harvard University Press, forthcoming.

Oldroyd, David. "The Role of Accounting in Public Expenditure and Monetary Policy in the First Century AD Roman Empire." *Accounting Historians Journal* 22, no. 2 (December 1995): 117–129.

Origo, Iris. *The Merchant of Prato: Daily Life in a Medieval Italian City*. London: Penguin Books, 1992.

Pâris La Montagne, Claude. *Traitté des Administrations des Recettes et des Dépenses du Royaume*. 1733. Archives Nationales, 1005, 2.

Parker, Geoffrey. *The Grand Strategy of Philip II*. New Haven, CT: Yale University Press, 1998.

Parks, Tim. *Medici Money: Banking, Metaphysics and Art in Fifteenth-Century Florence*. New York: W. W. Norton, 2006.

Parrott, David. *Richelieu's Army: War, Government and Society in France 1624–1642*. Cambridge: Cambridge University Press, 2001.

Paul, Helen. "Limiting the Witch-Hunt: Recovering from the South Sea Bubble." *Past, Present and Policy Conference* 3–4 (2011): 1–12.

Pearce, Edward. *The Great Man: Sir Robert Walpole: Scoundrel, Genius and Britain's First Prime Minister*. London: Jonathan Cape, 2007.

Peden, William. "Thomas Jefferson: The Man as Reflected in His Account Books." *Virginia Quarterly Review* 64, no. 4 (1988): 686–694.

Pepys, Samuel. *Diary of Samuel Pepys*. www.pepysdiary.com.

Peragallo, Edward. *Origin and Evolution of Double Entry Bookkeeping: A Study of Italian Practice from the Fourteenth Century*. New York: American Institute, 1938.

Perrot, Jean-Claude. "Nouveautés: L'économie politique et ses livres." In *L'Histoire de l'édition française*, edited by Roger Chartier and Henri-Jean Martin. Vol. 2, 298–328. Paris: Fayard/Promodis, 1984.

———. *Une histoire intellectuelle de l'économie politique XVIIe–XVIIIe siècle*. Paris: Éditions de l'EHESS, 1992.

Pico della Mirandola, Giovanni. *On the Dignity of Man*. Translated by Charles Glenn Wallis, Paul J. W. Miller, and Douglas Carmichael. Indianapolis, IN: Hackett, 1998.

Plato. *The Republic*. Book 7. Translated by Benjamin Jowett. Oxford: Oxford University Press, 1892.

Pliny the Elder. *Natural History*. Translated by H. Rackham. Cambridge, MA: Loeb Classical Library, 1942.

Plumb, J. H. *Sir Robert Walpole: The Making of a Statesman*. 2 vols. Boston: Houghton Mifflin, 1956.

Pocock, J. G. A. *The Machiavellian Moment: Florentine Political Thought and the Atlantic Republican Tradition*. Princeton, NJ: Princeton University Press, 1975.

Pollard, Sidney. *The Genesis of Modern Management: A Study of the Industrial Revolution in Great Britain*. London: Edward Arnold, 1965.

Pontalis, Antonin Lefèvre. *Vingt années de république parlementaire au dix-septième siècle. Jan de Witt, Grand Pensionnaire de Hollande*. 2 vols. Paris: E. Plon, Nourrit, 1884.

Poole, Stafford. *Juan de Ovando: Governing the Spanish Empire in the Reign of Philip II*. Norman: University of Oklahoma Press, 2004.

Poovey, Mary. *A History of the Modern Fact: Problems of Knowledge in the Sciences of Wealth and Society*. Chicago: University of Chicago Press, 1998.

Popkin, Jeremy. "Pamphlet Journalism at the End of the Old Regime." *Eighteenth-Century Studies* 22, no. 3 (1989): 351–367.

Porter, Theodore M. *Trust in Numbers: The Pursuit of Objectivity in Science and Public Life*. Princeton, NJ: Princeton University Press, 1995.

Previts, Gary John, and Barbara Dubis Merino. *A History of Accountancy in the United States*. Columbus: Ohio State University Press, 1998.

Price, Munro. *Preserving the Monarchy: The Comte de Vergennes 1784–1787*. Cambridge: Cambridge University Press, 1995.

Price, Richard. *Two Tracts on Civil Liberty, the War with America, and the Debts and Finances of the Kingdom with a General Introduction and Supplement*. London: T. Cadell, 1778.

Quattrone, Paolo. "Accounting for God: Accounting and Accountability Practices in the Society of Jesus (Italy, XVI–XVII centuries)." *Accounting Organizations and Society* 29, no. 7 (2004): 647–683.

Rakove, Jack. *Original Meanings: Politics and Ideas in the Making of the Constitution*. New York: Vintage Books, 1997.

———. *Revolutionaries: A New History of the Invention of America*. New York: Houghton Mifflin Harcourt, 2010.

Rappleye, Charles. *Robert Morris: Financier of the American Revolution*. New York: Simon and Schuster, 2010.

Reales Ordenancas y Pragmáticas 1527–1567. Valladolid, Spain: Editorial Lex Nova, 1987.

Reinert, Sophus. *Translating Empire: Emulation and the Origins of Political Economy*. Cambridge, MA: Harvard University Press, 2011.

Richardson, Samuel. *Pamela; or, Virtue Rewarded*. London: Riverton and Osborn, 1741.

Ripley, William Z. "Stop, Look, Listen! The Shareholder's Right to Adequate Information," *Atlantic Monthly*, January 1, 1926.

Robertson, Jeffrey, and Warwick Funnell. "The Dutch East India Company and Accounting for Social Capital at the Dawn of Modern Capitalism 1602–1623." *Accounting Organizations and Society* 37, no. 5 (2012): 342–360.
Roseveare, Henry. *The Treasury, 1660–1870: The Foundations of Control*. London: Allen and Unwin, 1973.
Rothkrug, Lionel. *Opposition to Louis XIV: The Political and Social Origins of the French Enlightenment*. Princeton, NJ: Princeton University Press, 1965.
Rowen, Herbert H. *John de Witt. Grand Pensionary of Holland 1625–1672*. Princeton, NJ: Princeton University Press, 1978.
Rowland, Ingrid D. *The Culture of the High Renaissance: Ancients and Moderns in Sixteenth-Century Rome*. Cambridge: Cambridge University Press, 1998.
Rubenstein, Nicolai. *The Government of Florence Under the Medici 1434–1494*. Oxford: Oxford University Press, 1998.
Santini, Pietro. "Frammenti di un libro di banchieri fiorentini scritto in volgare nel 1211." *Giornale storico della litteratura italiana* 10 (1887): 161–177.
Sarjeant, Thomas. *An Introduction to the Counting House*. Philadelphia: Dobson, 1789.
Savary, Jacques. *Le parfait Pégociant*. Paris, 1675.
Say, Jean-Baptiste. *Traité d'économie politique ou simple exposition de la manière dont se forment, se distribuent et se composent les richesses*. Paris: Crapalet, 1803.
Schaffern, Robert W. *The Penitent's Treasury: Indulgences in Latin Christendom, 1175–1375*. Scranton, PA: University of Scranton Press, 2007.
Schama, Simon. *The Embarrassment of Riches: An Interpretation of Dutch Culture in the Golden Age*. 2nd ed. New York: Vintage, 1997.
Schiff, Stacy. *A Great Improvisation: Franklin, France, and the Birth of America*. New York: Henry Holt, 2005.
Schoderbek, Michael P. "Robert Morris and Reporting for the Treasury Under the U.S. Continental Congress." *Accounting Historians Journal* 26, no. 2 (1999): 1–34.
Schumpeter, Joseph A. *History of Economic Analysis*. Edited by Elizabeth Boody Schumpeter. New York: Oxford University Press, 1954.
Seaward, Paul. "Parliament and the Idea of Political Accountability in Early Modern Britain." In *Realities of Representation: State Building in Early Modern Europe and European America*, edited by Maija Jansson, 45–62. New York: Palgrave Macmillan, 2007.
Sebregondi, Ludovica, and Tim Parks, eds. *Money and Beauty: Bankers, Botticelli and the Bonfire of the Vanities*. Florence: Giunti Editore, 2011.
Sévigné, Marie de Rabutin-Chantal. *Lettres de Mme de Sévigné*. Paris: Firmin Didot, 1846.
Shovlin, John. *The Political Economy of Virtue: Luxury, Patriotism, and the Origins of the French Revolution*. Ithaca, NY: Cornell University Press, 2006.

Skinner, Quentin. *The Foundations of Modern Political Thought*. 2 vols. Cambridge: Cambridge University Press, 1978.

Smallwood, Stephanie E. *Saltwater Slavery: A Middle Passage from Africa to American Diaspora*. Cambridge, MA: Harvard University Press, 2008.

Smith, Adam. *An Inquiry into the Nature and Causes of the Wealth of Nations*. Amherst, NY: Prometheus Books, 1991.

Smith, Woodruff D. "The Function of Commercial Centers in the Modernization of European Capitalism: Amsterdam as an Information Exchange in the Seventeenth Century." *Journal of Economic History* 44, no. 4 (1984): 985–1005.

Smyth, Adam. *Autobiography in Early Modern Britain*. Cambridge: Cambridge University Press, 2010.

Snell, Charles. *Accompts for landed-men: or; a plain and easie form which they may observe, in keeping accompts of their estates*. London: Thomas Baker, 1711.

Soll, Jacob. "Accounting for Government: Holland and the Rise of Political Economy in Seventeenth Century Europe." *Journal of Interdisciplinary History* 40, no. 2 (2009): 215–238.

———. *The Information Master: Jean-Baptiste Colbert's Secret State Information System*. Ann Arbor: University of Michigan Press, 2009.

Sombart, Werner. *Der Moderne Kapitalismus*. 6th ed. Leipzig, 1924.

Sonenscher, Michael. *Before the Deluge: Public Debt, Inequality, and the Intellectual Origins of the French Revolution*. Princeton, NJ: Princeton University Press, 2007.

Sorkin, Andrew Ross. "Realities Behind Prosecuting Big Banks." *New York Times*, March 11, 2013.

Soulavie, Jean-Louis. *Mémoires historiques et politiques du règne de Louis XIV*. 6 vols. Paris: Treuttel et Würtz, 1801.

Stallybrass, Peter, Roger Chartier, J. Franklin Mowrey, and Heather Wolfe. "Hamlet's Tables and the Technologies of Writing in Renaissance England." *Shakespeare Quarterly* 55, no. 4 (2004): 379–419.

Stevens, Mark. *The Big Six: The Selling Out of America's Accounting Firms*. New York: Simon and Schuster, 1991.

Stevin, Simon. *Livre de Compte de Prince à la manière de l'Italie*. Leiden: J. Paedts Jacobsz, 1608.

———. *Vorstelicke Bouckhouding op de Italiaensche wyse*. Leiden: Ian Bouwensz, 1607.

Stourm, René. *Les finances de l'Ancien Régime et de la Révolution. Origins du système actuel*. 2 vols. New York: Burt Franklin, 1968.

Suetonius. *The Twelve Caesars*. Translated by Robert Graves. Harmondsworth, UK: Penguin Books, 1982.

Sullivan, Ceri. *The Rhetoric of Credit: Merchants in Early Modern Writing*. Madison, WI: Associated University Presses, 2002.

Taibbi, Matt. "The People vs. Goldman Sachs," *Rolling Stone*, May 11, 2011.
Ten Have, O. "Simon Stevin of Bruges." In *Studies in the History of Accounting*, edited by A. C. Littleton and B. S. Yamey, 236–246. New York: Arno Press, 1978.
Thomas, Keith. "Numeracy in Early Modern England." *Transactions of the Royal Historical Society* 37 (1987): 103–132.
Thoreau, Henry David. *Walden or Life in the Woods*. Mansfield Centre, CT: Martino, 2009.
Toffler, Barbara Ley. *Final Accounting: Ambition, Greed and the Fall of Arthur Andersen*. New York: Crown, 2003.
Torrance, John. "Social Class and Bureaucratic Innovation: The Commissioners for Examining the Public Accounts 1780–1787." *Past and Present* 78 (1978): 56–81.
Tracy, James D. *A Financial Revolution in the Habsburg Netherlands: Renten and Renteniers in the County of Holland, 1515–1565*. Berkeley: University of California Press, 1985.
A Translation of the Charter of the Dutch East India Company (Verenigde Oostindische Compagnie, or VOC). Translated by Peter Reynders. Canberra: Map Division of the Australasian Hydrographic Society, 2009.
Trenchard, John. *An Examination and Explanation of the South Sea Company's Scheme for Taking in the Publick Debts. Shewing, That it is Not Encouraging to Those Who Shall Become Proprietors of the Company, at Any Advanced Price. And That it is Against the Interest of Those Proprietors Who Shall Remain with Their Stock Till They are Paid Off by the Government, That the Company Should Make Annually Great Dividend Than Their Profits Will Warrant. With Some National Considerations and Useful Observations*. London, 1720.
Trenchard, John, and Thomas Gordon. *Cato's Letter's, or, Essays on Liberty, Civil and Religious, and Other Important Subjects*. Edited and annotated by Ronald Hamowy. 2 vols. Indianapolis, IN: Liberty Fund, 1995.
Twain, Mark. Letter to *The San Francisco Alta California*, May 26, 1867.
Ungar, Miles. *Magnifico: The Brilliant Life and Violent Times of Lorenzo de' Medici*. New York: Simon and Schuster, 2008.
U.S. Congress. *Securities Act of 1933*. Washington, DC, 1933. www.sec.gov/about/laws/sa33.pdf.
U.S. District Court. *Securities and Exchange Commission v. David F. Myers*. New York and Washington, DC, 2002. www.sec.gov/litigation/complaints/comp17753.htm.
Vasari, Giorgio. *The Lives of the Artists*. Translated by Julia Conaway Bonadella and Peter Bonadella. Oxford: Oxford University Press, 1991.
Vickerey, Amanda. "His and Hers: Gender, Consumption and Household Accounting in Eighteenth-Century England." *Past and Present* 1 (2006): S12–S38.
Villain, Jean. *Mazarin, homme d'argent*. Paris: Club du Livre d'Histoire, 1956.

Vine, Angus. "Francis Bacon's Composition Books." *Transactions of the Cambridge Bibliographical Society* 14, no. 1 (2008): 1–31.

Wagenaar, Lodewijk J. "Les mécanismes de la prospérité." In *Amsterdam XVIIe siècle. Marchands et philosophes: les bénéfices de la tolerance*, edited by Henri Méchoulan. Paris: Editions Autrement, 1993.

Walpole, Robert. *A State of the Five and Thirty Millions mention'd in the Report of a Committee of the House of Commons*. London: E. Baldwin, 1712.

Warburg, Aby. "Francesco Sassetti's Last Injunctions to His Sons." In *The Renewal of Pagan Antiquity: Contributions to the Cultural History of the European Renaissance*, translated by David Britt, 222–264. Los Angeles: Getty Research Institute, 1999.

Washington, George. Facsimile of the *Accounts of G. Washington with the United States, Commencing June 1775, and Ending June 1783, Comprehending a Space of 8 Years*. Washington, DC: Treasury Department, 1833. http://memory.loc.gov /ammem/gwhtml/gwseries5.html.

Watt, James. *James Watt to his father, 21 July 1755*. James Watt Papers, MS 4/11, letters to father, 1754–74, Birmingham City Library.

Weber, Max. *General Economic History*. Translated by Frank Hyneman Knight. New York: Free Press, 1950.

———. *The Protestant Ethic and the Spirit of Capitalism*. Translated by Talcott Parsons. New York: Charles Scribner's Sons, 1958.

———. *The Theory of Social and Economic Organizations*. Translated and edited by A. M. Henderson and Talcott Parsons. New York: Free Press, 1947.

Wedgwood, Josiah. *Correspondence of Josiah Wedgwood*. Edited by Katherine Eufemia Farrer. 3 vols. Cambridge: Cambridge University Press, 2010.

White, Eugene Nelson. "The French Revolution and the Politics of Government Finance, 1770–1815." *Journal of Economic History* 55, no. 2 (1995): 227–255.

Willoughby, William F., Westel W. Willoughby, and Samuel McCune Lindsay. *The System of Financial Administration of Great Britain: A Report*. New York: D. Appleton, 1917.

Witt, Ronald. "What Did Giovanni Read and Write? Literacy in Early Renaissance Florence." *I Tatti Studies* 6 (1995): 83–114.

Woloch, Isser. *The New Régime: Transformations of the French Civic Order, 1789–1820s*. New York: W. W. Norton, 1994.

Yamey, Basil S. *Art and Accounting*. New Haven, CT: Yale University Press, 1989.

———. "Fifteenth and Sixteenth Century Manuscripts on the Art of Bookkeeping." *Journal of Accounting Research* 5, no. 1 (1967): 51–76.

———. "Scientific Bookkeeping and the Rise of Capitalism." *Economic History Review* 1, no. 2–3 (1949): 99–113.

Ympyn De Christoffels, Yan. *Nieuwe instructie ende bewijs der looffelijcker consten des Rekenboecks. Ghedruckt . . . in . . . Antwerpen: Ten versoecke ende aenlegghene*

van Anna Swinters, der weduwen wylen Jan Ympyns . . . duer Gillis Copyns van Diest. Antwerp, 1543.
Zandvliet, Kees. *Maurits Prins van Oranje [Exhibition catalogue Rijksmuseum]*. Amsterdam: Rijksmuseum Amsterdam/Waanders Uitgevers Zwolle, 2000.
Zeff, Stephen A. "The SEC Rules Historical Cost Accounting: 1934 to the 1970s." *Accounting and Business Research* 37 (2007): S1–S14.